EVROPA

Auch in Deutschland wird inzwischen wieder ernsthaft über Folter als staatliches Instrument der »Wahrheitsfindung« und als Mittel, »innere Sicherheit« zu garantieren, diskutiert.

Themen des Buches sind der öffentliche Charakter der Folter und die rechtlichen, moralischen und gefühlsmäßigen Definitionen, die zu verschiedenen Zeiten ihrer Geschichte Gültigkeit gehabt haben. Der Rechtshistoriker Peters zeigt, daß die Folter kein pathologischer Exzeß ist, keine atypische Brutalität, kein Rückfall in sogenannte primitive Epochen, weder eine »Seuche« noch ein »Krebs«, sondern immer ein reguläres legales staatliches Instrument – und dies bis heute.

Peters analysiert die Ursachen für das Wiederaufleben der Folterpraxis im 20. Jahrhundert und liefert gleichzeitig die Begründung, warum Folter nicht Bestandteil des modernen Rechtsstaats sein kann.

Die »Geschichte der Peinlichen Befragung« ist längst ein Standardwerk, das beweist, Folter ist nicht nur eine schreckliche intellektuelle Fehlleistung, ihre Duldung bedeutet, daß wir freiwillig den Kampf für das Recht aufgeben und uns vor der Macht selbst entwaffnen.

Edward M. Peters ist Historiker und Professor an der University of Pennsylvania / USA. Zahlreiche Veröffentlichungen zur Geschichte der Antike und zur mittelalterlichen Geschichte Europas sowie zur Rechts- und Kirchengeschichte, u. a. »Europe and the Middle Ages« (1989) und »Inquisition« (1989). Zuletzt sind erschienen: »Witchcraft in Europe« (2000) und »Limits of Thought and Power in Middle Europe« (2001).

EDWARD PETERS

Folter

Geschichte der Peinlichen Befragung

Aus dem Amerikanischen übersetzt
von Jobst Christian Rojahn

Mit einem aktualisierten Vorwort
zur deutschen Taschenbuchausgabe
von Kurt Groenewold

Europäische Verlagsanstalt

Die Originalausgabe ist 1985 unter dem Titel »Torture«
bei Basil Blackwell, Oxford, England, erschienen.

© Basil Blackwell Limited, Oxford, England

Informationen zu unseren Verlagsprogrammen finden Sie
im Internet unter www.europaeische-verlagsanstalt.de

Bibliografische Information Der Deutschen Bibliothek

Die Deutsche Bibliothek verzeichnet diese Publikation in
der Deutschen Nationalbibliografie; detaillierte bibliografische Angaben
sind im Internet über http://dnb.ddb.de abrufbar.

© Europäische Verlagsanstalt | Sabine Groenewold Verlage,
Hamburg 2003
zuerst © Europäische Verlagsanstalt, Hamburg 1991
Umschlaggestaltung: Projekt ®, Hamburg
Signet: Dorothee Wallner nach Caspar Neher »Europa« (1945)
Druck und Bindung: Druckerei Himmer, Augsburg

ISBN 3-434-46195-7

INHALT

Im Völkerrecht ist die Definition von Folter in § 1 Abs. 1 des UN-Übereinkommens gegen Folter und andere grausame, unmenschliche oder erniedrigende Behandlung festgelegt. Folter ist danach »jede Handlung, durch die einer Person vorsätzlich große körperliche oder seelische Schmerzen und Leiden zugefügt werden, z.B. um von ihr oder einem Dritten eine Aussage oder ein Geständnis zu erlangen [...], wenn diese Schmerzen oder Leiden durch einen Angehörigen des Öffentlichen Dienstes oder eine andere in amtlicher Eigenschaft handelnde Person, auf deren Veranlassung oder mit deren ausdrücklichem oder stillschweigendem Einverständnis verursacht werden«. Das Übereinkommen ist vom Deutschen Bundestag übernommen worden. (BGBL 1190 II S. 246)

Folter ist verboten und international geächtet. Dennoch, Folter ist wieder ins Gespräch gekommen. Der bedeutende amerikanische Strafverteidiger Alan M. Dershowitz gehörte zu den ersten, die den Einsatz der Folter gegen weltweit operierende Terroristen forderten. Sogar Mitglieder der Regierung George W. Bush sprechen über Folter. So denkt der Justizminister Ashcroft daran, terroristischer Aktivitäten Verdächtige in Ländern verhören zu lassen, von denen man weiß, daß »die Gesetze dort nicht so strikt gehandhabt werden«. Wenn selbst der Präsident die Meinung äußert, der Außenminister des Irak, Tarik Asis, sei »nicht kooperativ«, weil er sich weigere, Auskunft über den Aufenthaltsort des früheren Präsidenten Saddam Hussein oder über die Lagerung von Massenvernichtungswaffen zu geben, und hinzufügt, Tarik Asis habe »noch nichts gelernt«, so läßt dies vermuten, daß die Vernehmung nicht der Aufklärung von Verbrechen dient, sondern in Wahrheit die Zerstörung einer in der Weltöffentlichkeit bekannten Persönlichkeit zum Ziel hat. Im Gegensatz zu den als »Siegerjustiz« bezeichneten Nürnberger Prozessen geht es hier um direkte Politik der Sieger, die nicht durch die Formalien eines Prozesses eingeengt werden soll.

In Deutschland wurden die Ermittlungsmethoden gegen den Entführer und, wie sich herausstellte: Mörder des Kindes Jakob von Metzler Anlaß für eine heftige Diskussion über den staatlichen Einsatz von Folter. Nicht nur Politiker äußerten sich befürwortend, sogar Juristen: Die Professoren Olaf Miehe (NJW 2003, S. 1219) und Winfried Brugger (JZ 2003, S. 165) vertreten den Standpunkt, Folter sei kein Problem des Strafrechts, sondern ausschließlich des Polizeirechts. Wenn Folter dem Ziel diene, eine drohende Gefahr abzuwenden, dann sei die Polizei berechtigt, die Gefahren abzuwägen. Im Falle von Metzler geht es um die Gefahr des Todes des Entführungsopfers auf der einen und um das Verbot der Aussageerpressung und Folter auf der anderen Seite. Als Polizeiproblem wäre es unter dem Gesichtspunkt der Gefahrenabwehr zu betrachten. Jede Entscheidung wäre richtig, wenn sie zu dem polizeilich erwünschten Ziel führt.

Mit Recht haben Rechtsanwalt Reinhard Hamm (NJW 2003, S. 946) und der frühere Generalstaatsanwalt von Hessen, Hans-Christoph Schaefer (NJW 2003, S. 947), ein Ende der Debatte über die Ausnahmen vom Folterverbot gefordert.

Bei einer Abwägung unter polizeilichen Gesichtspunkten definiert die Polizei, welche Situation der öffentlichen Ordnung das Folterverbot außer Kraft setzt. Bei einem solchen Ermessen spielt die Stimmung, d. h. die berechtigte Erregung der Öffentlichkeit oder des handelnden Polizeibeamten und der Ehrgeiz, einen Fall zu lösen, eine große Rolle. Im nachhinein haben Politik und Justiz nur zu prüfen, ob eine Abwägung stattgefunden hat. Daß in solchen Situationen Übergriffe von Polizisten oder der Polizei nicht ernsthaft verfolgt werden, ist nicht nur ein deutsches Phänomen.

Die Völkerrechtsgemeinschaft und die innerdeutsche Rechtsgemeinschaft haben deshalb entschieden, das Verbot des Folterns absolut zu setzen. Wie Amnesty International in seinem Jahresbericht 2003 zeigt, gibt es zu viele Staaten, die aus Gründen der Staatsräson und des Schutzes der öffentlichen Ordnung von diesem absoluten Verbot abweichen. Man erinnere sich an den Satz von Jean Améry, der Auschwitz überlebte: »Wer der Folter erlag, kann nicht mehr heimisch werden in der Welt.« Das Folterverbot dient in erster Linie der Würde des Einzelnen und dem Schutz der Gesellschaft.

Edward Peters zeigt in seinem Werk, wie sich die erlaubten Anlässe für Folter im Laufe der Geschichte immer wieder ausgeweitet haben, je nachdem, wie ein Staat seine Interessen und die Gefahr für die Ordnung definiert.

Wer das Buch von Peters liest, erkennt, daß nur das absolute Verbot geeignet ist, jede Versuchung zurückzuweisen, die Ächtung der Folter aufzuheben.

Kurt Groenewold
Hamburg, Mai 2003

»Ich glaube, keine dieser Personen starb aufgrund der Willensentscheidung des Tötenden, aufgrund der Tatsache, daß ein Verhör mit Tötungsabsicht geführt wurde. Sie starben aufgrund von Auswüchsen, weil jene, die verhörten, die Kontrolle verloren, sei es durch die Fortsetzung der Folter oder aus Eile.«

General Hugo Medina Verteidigungsminister von Uruguay während der Militärherrschaft (1985–90) in einem Interview mit der Zeitschrift »Busqueda«

»Das Komitee wollte alle Angehörigen der Mitgliedstaaten nicht nur vor ›Geständnissen‹ geschützt sehen, die von Staats wegen erzwungen werden, sondern auch vor jenen widerwärtigen Methoden des polizeilichen Verhörs oder des gerichtlichen Verfahrens, die den Verdächtigen oder Angeklagten seines Gewissens und der Kontrolle über seine intellektuellen Fähigkeiten berauben.«

Pierre-Henri Teitgen, Frankreich, in der Diskussion über die Europäische Konvention zum Schutz der Menschenrechte (1950)

Das Bewußtsein meiner Generation, geboren nach 1933, also in der Nazizeit, ist geprägt durch die Verbrechen des Nationalsozialismus. Wir mußten erkennen, daß es sich um Verbrechen des deutschen Staates handelte, um Staatsverbrechen. Wir haben die Berichte und Beschreibungen gelesen, in denen die Konzentrationslager, in denen die soziale Demütigung und die Vernichtung der Juden, in denen die Sondereinsätze der SS und Wehrmacht in besetzten Gebieten, in denen die Ermordung der russischen Kriegsgefangenen, in denen Menschenversuche und Folter beschrieben wurden. Später, nach Gründung der Bundesrepublik Deutschland und während des Kalten Krieges, traten Berichte über Gulags in der Sowjetunion, verbunden mit dem Hinweis auf Folter und Gehirnwäsche hinzu. Alle Berichte hinterließen den Eindruck, daß solche Verbrechen nur zustande kommen könnten, wenn es ein verbrecherisches System gab, Regime, in denen Mord, Lager, Freiheitsberaubung und Folter als Mittel der Herrschaftssicherung eingesetzt wurden. In der Welt, in der wir lebten, konnte so etwas nicht geschehen: das war die offizielle Meinung, und das war auch unser Eindruck. Gleichwohl ahnten wir, daß sich so etwas wiederholen könnte, daß es unsere Aufgabe sei, für die Menschenrechte zu kämpfen, für die Freiheiten der Menschen, gegen Krieg und gegen Diktaturen, uns sozusagen als Bollwerk zu verstehen und uns für ein neues Europa und für eine Verständigung mit allen Völkern Europas und der Welt einzusetzen. Damals wußte ich noch nicht, daß der Abgeordnete Cocks im Europarat den Antrag gestellt hat, konkret Formen der Haft zu verbieten: Übermaß an Helligkeit, Übermaß an Dunkelheit, Lärm oder Stille; und daß er festgelegt haben wollte, daß diese Verbote absolut seien und nicht einmal mißachtet werden dürften, wenn es darum ging, Leben zu retten oder die Sicherheit des Staates. Diese Konkretisierung wurde ihm damals vom Leiter der britischen Delegation Maxwell Fyfe ausgeredet als etwas, das der jeweiligen Rechtsprechung zu überlassen sei.

Die Haltung meiner Generation nach dem Krieg als Reaktion auf die Verbrechen des Nationalsozialismus kann man auch so beschreiben: Damals entschlossen sich viele, lieber Antigone zu sein als Kreon, also lieber den toten Bruder zu begraben und dem eigenen Gewissen zu folgen, als der unmenschlichen und nur auf Machterhaltung gewidmeten Staatsraison sich zu unterwerfen. Aber schon damals hatten die Berichte aus den Konzentrationslagern und den Gulags uns gelehrt, daß auch Verrat und Schwäche menschlicher sind als alle Taten der Folterer, alle Handlungen eines Staates, der Wahrheit und Demütigung erpreßt, der seine Gegner und ihr Gewissen und ihre Selbstachtung zerstören will.

Als Mitte der fünfziger Jahre bekannt wurde, daß Frankreich Folter gegen Algerier einsetzte, gleich ob sie um ihre nationale Unabhängigkeit kämpften oder mit den Kämpfenden sympathisierten, wollte man berichten. Es blieb ein Tabu, und es blieb ein Wissen der politisch Interessierten, vor allen Dingen der Linken, der Sympathisanten der Kommunisten und der schmalen Gruppe der Skeptiker gegenüber der Westorientierung der Bundesrepublik Deutschland. Man sprach von Übergriffen, und das führte zu Zweifeln am Wahrheitsgehalt der Berichte über Folter. Das Schweigen, das in Frankreich zwischen folternder Polizei und Armee sowie der Justiz erkennbar wurde, zwischen veröffentlichter Meinung und Regierung, fand auch hier statt. Kein Politiker wurde grundsätzlich, richtete Anfragen an die französische Regierung oder stellte Fragen im Europarat. Dabei hatte die französische Regierung bereits 1955, als in Frankreich Proteste laut wurden, einen offiziellen Bericht des Präfekten Wuillaume eingeholt. Der Bericht wurde veröffentlicht. Obwohl Wuillaume nur Polizisten und ausgewählte Gefangene eines bestimmten Bezirkes befragt hatte, teilt er mit, daß die Polizei bestimmte »Methoden« einsetzte, Methoden, die schon immer eingesetzt worden waren. Er verlangte nur, daß gewisse »Exzesse« eingestellt würden und daß die Behörden solche Exzesse auch verbieten sollten. Dazu gehörte Folter aus persönlichen Gründen. Verboten werden sollte es auch, einen Moslem in seinen religiösen Gefühlen zu demütigen, z. B. dadurch, daß er gezwungen wurde, sich öffentlich nackt vor seiner Familie zu zeigen, oder daß ein Gefangener zu unnatürlichen Handlungen gezwungen wurde. Er verlangte also eine Konkretisierung der Verantwortlichkeit und der Methoden, aber er setzte sich für die Aufrechterhaltung der verschärften Methoden ein. Er sagte, man müsse von diesen Praktiken der Polizei den Schirm der Scheinheiligkeit zerren:

> »Nur so können wir das Vertrauen in die Polizei, die nur ihren Auftrag ausführt, wiederherstellen. Algerien braucht in dieser Zeit eine effizientere Polizei als gewöhnlich. Die Effizienz der Polizei beruht darauf, daß sie in die Lage gesetzt wird, bestimmte ›Methoden zu benutzen‹.«

Er verlangte die Haltung, mit einem blinden Auge auf das zu sehen, was die Polizei tut, vorausgesetzt, daß keine Zeichen der Folterungen bleiben und nichts bewiesen werden kann, aufzugeben. Als Beispiel für Methoden, die erlaubt sein sollten, nennt er solche mit Wasser und Elektrizität unter der Voraussetzung, daß sie »sorgfältig« und »verantwortlich« eingesetzt werden.

Der offizielle Bericht von Wuillaume führte nicht zu einer Änderung der Methoden. Der damalige Innenminister Mitterand reagierte ausweichend. Er lobte den Einsatz der Polizei und sprach von »Exzessen«. Nur der damalige Ministerpräsident Mendes-France verlangte ein Ende der Exzesse. Allerdings wurde er am selben Tag, am 5. Februar 1955, zum Rücktritt gezwungen. In den folgenden Jahren wurde Folter noch stärker eingesetzt. Die Justiz weigerte sich, öffentlich über den Vorwurf der Folter und erpreßter Aussagen zu verhandeln. Die Regierung leugnete den systematischen und generellen Einsatz.

Erst als Folterungen auch in Frankreich stattfanden, als Jerome Lindon in seinem Verlag Les Edition de Minuit den Mut hatte, 1958 die Bücher von Henri Alleg »La Question« (Die Folter) und »Pour Djamila Bouhired« von Jacques Verges und Georges Arnaud zu veröffentlichen, änderte sich das öffentliche Bewußtsein. Der Einsatz zahlreicher Intellektueller, der Einsatz von Jean-Paul Sartre und nun auch der Proteste im Ausland führte zur Rückkehr General de Gaulles an die Macht, führte zum Ende des Krieges in Algerien und zum Frieden von Evian. Als erstes allerdings folgte dem Frieden eine Amnestie. Die Amnestie erfolgte nicht irgendwann, sondern fünf Tage nach Unterzeichnung des Vertrages von Evian. Diese Amnestie hatte nicht in erster Linie den Zweck, die einzelnen Folterer außer Strafverfolgung zu setzen, sondern die Verbrechen des Staates selbst außer jeder Diskussion zu stellen.

Hier liegt die besondere Bedeutung des Buches von Edward Peters. Er weist nach, daß Folter von Anfang an eine rechtliche Praxis war, deren Wesen durch ihren öffentlichen Charakter bestimmt wird. Folter ist Bestandteil des gerichtlichen Verfahrens oder eine Methode des Staates, jenseits der gerichtlichen Verfahren, ausgeübt von Militär, Polizei oder gar Todesschwadronen. Die Untersuchung erlaubt uns, Folter nicht als Ausdruck einer neurotischen Störung zu sehen, von sittlicher Primitivität oder rassistischer Brutalität, sondern als Ausdruck der Auffassung einer Regierung über die staatliche Ordnung. Das Buch führt zu dem eigentlichen Problem des zwanzigsten Jahrhunderts: Zu der Frage, wie geht die internationale Rechtsgemeinschaft, die internationale Staatengemeinschaft, wie gehen wir mit den Folterern, mit den Tätern um? Darf ein einzelner Staat Folter amnestieren? Darf er es insbesondere dann, wenn seine eigene Regierung die Folter angeordnet oder geduldet hat?

Die Möglichkeit, heute das Ausmaß der Folterungen zu erkennen, verdankt man insbesondere Amnesty International. Amnesty International, 1961 in London gegründet als Reaktion auf die Folterungen in Griechenland und Algerien, begann 1973 in Paris eine Kampagne zur Abschaffung der Folter. Ich beobachtete die Konferenz als Verteidiger der politischen Gefangenen in der Bundesrepublik Deutschland. Amnesty veröffentlichte Länderberichte. Amnesty gab jährliche Übersichten, aus denen sich ergab, daß in mehr als 50 % aller Staaten der Welt die Menschenrechte mißachtet werden und gefoltert wird. Das Prinzip von Amnesty, sich politisch nicht auf die Seite der Gefolterten, natürlich auch nicht auf die Seite der Folterer zu stellen, hat den Wert und die Glaubwürdigkeit der Berichte erhöht. Die Wirkung ist groß, obwohl noch heute alle Regierungen der Welt, auch die, die foltern lassen, in großen Worten Folter verabscheuen. Getan jedoch wird nichts. Da aber keine Regierung der Welt als Folterregierung angeprangert werden will, leugnet sie die Folter und die Verletzung der Menschenrechte; im Einzelfall gibt sie auch Gefangene frei, wenn es Amnesty gelingt, die Umstände im einzelnen zu veröffentlichen.

Als 1973 gegen die deutsche Regierung der Vorwurf erhoben wurde, politische Gefangene, Gegner der herrschenden Staatsauffassung, Mitglieder der Stadtguerilla-Gruppe RAF, durch Isolation, durch Dauerlicht, durch Geräuschentzug, durch Besuchsverbote zu foltern, die Gefangenen zu desorientieren und zu zerstören oder ihrer Identität zu berauben, leugnete die Regierung. Dabei war es offensichtlich und ein offenes Geheimnis, daß die Anordnungen einheitlich und zentral getroffen wurden, einem Gesamtkonzept entsprachen und mit dem gesetzlichen Haftgrund der Fluchtgefahr nicht zu rechtfertigen waren. Die Reaktion der Regierung bestand nicht darin, die Haftbedingungen zu verbessern, sondern gegen die Verteidiger Strafverfahren wegen ideeller Unterstützung ihrer Mandanten zu eröffnen. Im Mittelpunkt aller Bemühungen stand nicht die Korrektur von Maßnahmen, die im Interesse einer Staatsraison getroffen worden waren, sondern heuchlerische und verschleiernde Erklärungen, um böse Absichten zu leugnen. Die Reaktion war also ganz typisch für ähnliche Situationen in der ganzen Welt.

Vidal-Naquet hat 1963 in seinem Buch »Folter, Krebs der Demokratie« hervorgehoben, daß die europäischen Mächte in ihren Kolonien auch im 19. Jahrhundert Folter angewendet haben, in dem Jahrhundert, in dem es in Europa selbst und Nordamerika die Folter nicht mehr gab. Für die sogenannten Eingeborenen gab es keine Garantie individueller Freiheiten, und es gab keine Presse, kein Rechtssystem; für sie gab es keine öffentliche Meinung, die in westlichen Ländern erreicht werden kann. Warum es so ist, wird auch in der geschichtlichen Betrachtung von Edward Peters deutlich: Nie war es erlaubt, ausnahmslos zu foltern. Im Altertum richtete sich die Folter gegen die Sklaven der freien Römer, die durch Folter Tatsachen bekannt machten, die sie aus ihrem Umgang mit dem verdächtigen Herrn erfahren hatten und die diese nunmehr überführen konnten. Im Mittelalter durften Angehörige des Adels nicht gefoltert werden. Überhaupt durfte nur gefoltert werden, wenn es sich um schwere Verbrechen handelte. Damit waren anfangs Verbrechen gegen den Staat oder gegen das Interesse des Herrschers oder Königs gemeint. Später kamen Verbrechen gegen die Kirche hinzu, insbesondere also Hexerei. Es genügte nicht, eines Mordes oder einer Vergewaltigung beschuldigt zu werden. Nur die Verbrechen, die die Herrschaft bedrohten oder deren Verfolgung die Macht stabilisierten, galten als schwer.

Diese Unterscheidung ist bekanntlich bis heute geblieben. Auch in Deutschland werden Rechte und Strafprozeßgesetze eher eingeschränkt oder außer Kraft gesetzt, wenn es sich um politische Delikte handelt (kriminelle Vereinigung, § 129, 129 a StPO)*, als wenn es sich um Mord oder Vergewaltigung handelt. Die Schwere des Verdachts, wie zweifelhaft auch immer der Verdacht entsteht, reguliert die Rechte der Beschuldigten und des Staates und reguliert so das Gewicht der individuellen Freiheiten. In den Kolonien war es nicht die Schwere des Verdachtes, sondern die rassistische Unterscheidung zwischen Eingeborenen und Angehörigen des Staatsvolkes.

So hat auch in Deutschland der Bundesgerichtshof in Anwendung eines besonders für Baader und Meinhof geschaffenen Gesetzes (§ 231 a StPO) gesagt, daß die Folgen der Isolationshaft von den inhaftierten Beschuldigten und Angehörigen der RAF zu verantworten seien und auch ihre gesundheitliche Zerrüttung und damit ihre Verhandlungsunfähigkeit, und nicht etwa von den Behörden, die gezwungen worden seien, solche gesundheitszerstörenden Anordnungen zu

---

* Vgl. Grusler, EVA 1990.

treffen, weil die Angeklagten an ihren Gesinnungen festhielten (so BGH St 26. 228; NJW 1976, 116 ff. vom 22. 10. 1975).

Die Untersuchung von Peters bestärkt die Forderung, daß Folter nicht beendet sein wird, solange es keine internationale Kontrolle gibt. Wenn die Staaten selbst die von ihnen angeordneten Folterungen amnestieren können, gibt es eine solche Kontrolle nicht. Es ist notwendig, daß es nicht nur eine internationale Konvention gegen Folter gibt, eine Konvention, die die Regierung der Bundesrepublik Deutschland erst zehn Jahre später unterzeichnet und ratifiziert hat, sondern es ist notwendig, daß Folterer in jedem Land, in dem sie sich aufhalten, verfolgt und vor Gericht gestellt werden können. Eine einzige örtliche Zuständigkeit sollte es nicht geben. Ein Weltgerichtshof, vielleicht als Appellationsgericht zu wünschen, ist unpraktisch. Es ist bekannt, daß viele Folterer in fremden Ländern leben und daß sie weder ausgeliefert werden noch dort vor Gericht gestellt werden. Das Versteck von Eichmann und Barbie in Lateinamerika sind Beispiele dafür, ebenso Duvalier in Frankreich.

Die Meinung, die bekämpft werden muß, zeigt sich deutlich in der Auseinandersetzung zwischen den USA und Panama. Panama wird mit Krieg überzogen, der Präsident Noriega inhaftiert, weil er in den USA als Drogendealer verfolgt werden soll und weil er sich politischen Bestrebungen der USA in Lateinamerika entgegenstellt. Sein Land wird nicht überfallen, weil es im Sinne der traditionellen Außenpolitik das Territorium der USA angegriffen hat, sondern aus Gründen, die die USA und keinen Staat der Welt sonst veranlassen, einen Krieg zu beginnen. Noriega ist aber in der ganzen Welt als einer der grausamsten Folterer bekannt. Menschenrechte gab es in seinem Lande nicht. Er selbst nahm an Folterungen teil. Die Berichte sind veröffentlicht und natürlich auch der Regierung der USA bekannt. Aber sie klagt ihn nicht deshalb an, sondern nur wegen seiner Beteiligung am Kokainhandel. Das ging sogar der Frankfurter Allgemeinen Zeitung zu weit, und sie zeigte sich überrascht, daß von Folter keine Rede ist.

Es ist aber allgemeine Praxis, daß Präsidenten, die abgesetzt werden, in dem Gastland Schutz vor Verfolgung wegen ihrer Politik der Menschenrechtsverletzungen genießen. Denn die Menschenrechtsverletzungen werden als politische Taten bewertet. Niemand hat den Schah von Persien nach seiner Flucht wegen Mord und Folter angeklagt. Niemand Somoza, der sich eines luxuriösen Aufenthalts in den USA bis zu seinem Tode erfreute; niemand Duvalier von Haiti, der sich heute in Frankreich aufhält.

Die großen Ausnahmen werden wirkungslos gemacht. In den Nürnberger Prozessen gegen die NS-Kriegsverbrecher wurde der Rechtssatz aufgestellt, jede Einzelperson habe internationale Pflichten, die dem Gehorsam gegenüber dem eigenen Staat vorangehen. In den Prozessen wurden deshalb die angeklagten Personen wegen Kriegsverbrechen und Verbrechen gegen die Menschheit verurteilt. Wie bereits der frühere Chefankläger in den Nürnberger Prozessen Telford Taylor in seinem Buch »Nürnberg und Vietnam« untersucht hat, weigern sich aber die Staatsführer, aus dem Nürnberger Urteil Konsequenzen zu ziehen.

Es gibt ein Beispiel, das alle ermutigen sollte: Der Präsident von Argentinien Raoul Alfonsin hat die Mitglieder der Militärregierung wegen Folterungen vor Gericht gestellt. Sie sind zu hohen Strafen verurteilt worden, einige zu lebenslangen Strafen. Alfonsin hat allerdings unter politischem Druck den Grundsatz, jeden Folterer vor Gericht zu stellen, weitgehend aufgegeben. Sein Nachfolger Menem hat schließlich die als Mörder verurteilten Generäle und Admiräle begnadigt. Die Mütter der Ermordeten und Verschwundenen, die Madras de la Plaza de Mayo, die am Ende der Militärherrschaft und seit der Präsidentschaft von Alfonsin und Menem jeden Donnerstag vor dem Palast des Präsidenten stehen und demonstrieren, hat Menem allerdings inzwischen als Vaterlandsverräter verleumdet mit der Folge, daß jetzt ihre Büros bereits mehrfach überfallen worden sind. Das Entsetzliche ist, daß die mörderischen Militärs weiterhin öffentlich erklären, ihre Verfolgungsmaßnahmen, mit Mord und Folter verbunden, waren richtig und rechtmäßig im Interesse der Staatssicherheit. Medina, der frühere Verteidigungsminister von Uruguay, hat das in einem Interview gesagt, dasselbe Videla, der frühere Präsident und Militärbefehlshaber von Argentinien, unmittelbar nach seiner Haftentlassung Ende Dezember 1990. Videla fordert darüber hinaus die Rehabilitierung des Heeres und die Wiederherstellung der militärischen Ehre, nämlich der Institutionen, die die Nation gegen die subversive Aggression verteidigt hätten.

Die Entwicklung zeigt, daß es eine der großen Aufgaben der nächsten Jahre sein wird, in Kenntnis der von Peters ausgebreiteten Tatsachen und Geschichte der Folter ein internationales Gesetz gegen Folter zu fordern, das in allen Ländern gilt und das jedermann überall das Recht gibt, eine Strafverfolgung gegen Folterer in Gang zu setzen, und das jeden Staatsanwalt und Richter verpflichtet, Folterer zu verfolgen. Das in den Nürnberger Prozessen festgestellte Prinzip, daß die Pflicht zum Gehorsam einen Täter nicht entschuldigen kann, muß ebenfalls ein international anerkannter Rechtsgrundsatz sein.

Die Forderung des deutschen Innenministers Schäuble, verdeckte Fahnder müßten auch milieubedingte Straftaten begehen können, darf keine Geltung haben (1991). Die Grenze zwischen Recht und Unrecht steht nicht zur Disposition der jeweiligen Staatsführung.

Die Unwissenheit hat viele Formen, und alle sind gefährlich. Im 19.
und 20. Jahrhundert haben wir besondere Anstrengungen gemacht,
uns in zentralen Fragen von Tradition und Aberglauben, in weniger
gewichtigen von den Irrtümern, die diesen zugrunde liegen, zu
befreien, indem wir die verschiedenen Wissensgebiete neu definiert
und spezifische, der Weiterentwicklung dienende Methoden entwik-
kelt haben. Dabei ist unermeßlich viel erreicht worden, jedoch nicht
ohne Preis. Da jeder neue Bereich eine eigene Terminologie entwickelt
hat, um den schnellen und präzisen Rückgriff auf den eigenen rapide
anwachsenden Vorrat an Ideen und Entdeckungen zu ermöglichen,
und da dies von den jeweiligen Experten immer mehr Fachwissen
fordert, sind die Gelehrten durch ihre eigene Gelehrsamkeit nicht nur
von der Menschheit allgemein, sondern auch von den Entdeckungen in
anderen Bereichen der Wissenschaft einschließlich ihrer eigenen abge-
schnitten worden. Die Isolation aber verringert nicht allein den Nutzen, sondern auch den Sinn ihrer Arbeit, zumal wenn die Energien
ausschließlich dem Bemühen gewidmet werden, die kleinen Mängel zu
eliminieren, die für den Kollegen peinlich offensichtlich sind, anstatt
andere zu vermeiden, die, von einem distanzierteren Standpunkt aus
gesehen, sehr viel beklemmender ins Gewicht fallen. Marc Bloch hat
auf einen Widerspruch in der Einstellung vieler Historiker hingewiesen: »Wenn es darum geht festzustellen, ob Menschen wirklich das
eine oder andere getan haben oder nicht, können sie gar nicht akribisch
genug sein. Wenn sie dann aber zu den Gründen für dieses Handeln
kommen, begnügen sie sich mit dem bloßen Anschein, der für
gewöhnlich auf einer jener Maximen der Allerweltspsychologie

basiert, die weder wahrer noch weniger wahr als ihr Gegenteil sind.« Wenn der Historiker über seinen Gartenzaun hinwegschaut, dann sieht er, wie sich seine Nachbarn, Literaturwissenschaftler vielleicht oder Soziologen, genauso selbstzufrieden auf allerlei historische Platitüden verlassen, die naiv, simplifizierend oder auch überholt sind.

Die Reihe »*New Perspectives on the Past*« *(Die Vergangenheit in neuer Sicht)*[*] soll keine Reaktion gegen die Spezialisierung sein, was eine romantische Unsinnigkeit wäre, sondern ein Versuch, diese in den Griff zu bekommen. Die einzelnen Autoren sind natürlich Spezialisten, und ihre Gedanken und Schlußfolgerungen basieren auf einer anerkannten, professionellen Forschung, die verschiedenen Zeiten und Gebieten gewidmet ist. Hier jedoch wird sich jeder soweit wie möglich von den Einschränkungen des Themas, Gebietes oder Zeitraums, dem sonst seine Aufmerksamkeit gilt, freimachen, um Probleme als solche zu erörtern, d. h. nicht als Funktion der »Geschichte« oder der »Politik« oder der »Ökonomie«. Jeder wird für Spezialisten schreiben, weil wir heutzutage alle Spezialisten sind, und für Laien, weil wir alle zugleich auch Laien sind.

Die Folter sagt sehr viel über den Charakter von Staaten und Gesellschaften aus und über das Verhältnis zwischen der Macht und dem Einzelnen. Unsere Urgroßväter haben die Abschaffung der Folter als eine der wahrhaft großen Leistungen ihrer Zeit, als überragendes Symbol der Befreiung von der langen Herrschaft des Aberglaubens und der Gewalt angesehen, die das Mittelalter und das *Ancien régime* bestimmt hatte. Das Wiederaufleben der Folter – von drei Regierungen setzt heute eine die Folter ein – ist einer der grausamsten Beweise für die Brüchigkeit des Glaubens an menschlichen Fortschritt. Aber obwohl die Folter die größte moralische Herausforderung ist, ist weder ihr Rückgang noch ihr Wiedererscheinen einfach als moralisches Problem zu erklären. Beides muß im Zusammenhang sehr viel komplexerer Veränderungen gesehen werden, wobei es weder nur fordernde noch nur hindernde Veränderungen waren. In dem vorliegenden bemerkenswerten Buch macht sich Edward Peters die Ressourcen der Rechts- und Geistesgeschichte, der politischen Analyse und der zeitge-

---

[*] in der die Originalfassung, »Torture«, bei Basil Blackwell erschien, Hrsg. der Reihe ist R.-I. Moore.

nössischen Erfahrung zunutze, um dieses abstoßendste Thema einer systematischen Erforschung zu erschließen. Wie überall ist auch in diesem Falle das Verstehen die Vorbedingung für die Heilung.

R.I. Moore

Kollegen an verschiedenen Instituten der University of Pennsylvania und die Mitarbeiter der Van Pelt Library haben mir bei den Vorarbeiten zu diesem Buch und bei der Abfassung sehr geholfen, desgleichen Professor James Muldoon von der Rutgers University, Camden, und John T. Conroy, MD, West Hartford, Connecticut. Mein besonderer Dank gilt Alan Kors, Martin Wolfe, Jack Reece, Thomas Childers und David Ludden. Elliott Mossman ist mir in Fragen der sowjetischen Rechtstheorie eine große Hilfe gewesen, und Elaine Scarry hat mich während einer langen Diskussion über ihr eigenes, demnächst unter dem Titel *The Making and Unmaking of the World: The Body and Pain* erscheinendes Buch angehalten, zwischen moralischen und gefühlsmäßigen Definitionen der Folter zu unterscheiden. Die Fernleih-Abteilung der Van Pelt Library hat schnell und sachkundig Bücher herbeigeschafft, an die ich sonst nur schwer herangekommen wäre. Ms Joan Plonski verwandelte mit großer Schnelligkeit unordentlich getippte Manuskripte und handschriftliche Korrekturen in einen sauberen und korrekten Text. Ohne ihre Mithilfe hätte es sehr viel länger gedauert, bis dieses Buch fertig geworden wäre. Wenn ich mich in den letzten Kapiteln weit über die Grenzen meiner Forschungsgebiete hinausgewagt habe, so tat ich das mit Hilfe aller Kollegen und mit der Ermutigung von R.I. Moore und Patrick Wormald – und ich bin R.I. Moore sehr dankbar dafür, daß er mich in einem Augenblick aufgefordert hat, dieses Buch zu schreiben, in dem keiner von uns beiden auch nur die geringste Ahnung hatte, was am Ende dabei herauskommen würde.

Das vorliegende Buch ist allen Mitarbeitern und Patienten des Rehabiliterings- og Forskningscenter for Torturofre (RCT) in Kopenhagen sowie dem Andenken F.S. Cocks' gewidmet.

Vollständige Angaben zu Quellen, die im Text in Klammern genannt sind, finden sich im »Bibliographischen Essay«.

E.P.

Was ist Folter? Von den römischen Rechtsgelehrten des zweiten und dritten Jahrhunderts bis zu den Historikern und Juristen unserer Zeit haben alle, die sich mit dieser Frage befaßt haben, bemerkenswert ähnliche Antworten gegeben. So erklärte im 3. Jahrhundert der Rechtsgelehrte Ulpian:

> Unter *quaestio* (Folter) verstehen wir die Marter und Peinigung des Leibes, um so die Wahrheit herauszubekommen. Weder das bloße Verhör noch leicht erregte Furcht fallen im eigentlichen Sinn unter diesen Erlaß. Da also unter *quaestio* Gewalt und Marterung zu verstehen ist, sind es eben diese beiden Elemente, die die Bedeutung des Begriffs ausmachen. [Digesten, 47. 10.]

Im 13. Jahrhundert gelangte der römische Jurist Azo zu der folgenden Definition:

> Folter ist die Suche nach der Wahrheit mit den Mitteln der Peinigung.

Und im 17. Jahrhundert schrieb der Zivilrechtler Bocer:

> Folter ist die Befragung unter Peinigung des Leibes, bei der es um ein tatsächlich begangenes Verbrechen geht und die in rechtmäßiger Weise von einem Richter zu dem Zweck angeordnet worden ist, die Wahrheit über das besagte Verbrechen zu erfahren.

In unserem Jahrhundert schließlich schrieb der Rechtshistoriker John Langbein:

> Wenn wir von gerichtlich angeordneter Folter sprechen, so meinen wir damit die Anwendung physischer Gewalt durch Bedienstete des Staates, um bei Gerichtsprozessen verwendbare Beweise zu erlangen... Im Falle von Staatsangelegenheiten wurde die Folter ebenfalls eingesetzt, um unter Bedingungen, die nicht in direktem Zusammenhang mit Gerichtsverfahren standen, Informationen zu erhalten.

Der Artikel 1 des Zusatzes zur Resolution gegen die Folter, die von der Vollversammlung der Vereinten Nationen am 9. Dezember 1975 angenommen wurde, lautet:

> Im Sinne dieser Resolution ist Folter jeder Art, bei der einem Menschen starke Schmerzen oder Qualen, seien es körperliche oder geistige, durch einen Angehörigen der staatlichen Organe oder auf seine Veranlassung hin mit Bedacht und dem Ziel zugefügt werden, von ihm oder einer dritten Person Informationen oder Geständnisse zu erhalten, ihn für eine Tat zu bestrafen, die er begangen hat, oder ihn oder andere Personen einzuschüchtern. Das schließt nicht Schmerzen oder Leiden ein, die Begleiterscheinung oder Folge rechtlich sanktionierter Maßnahmen sind, soweit sich diese im Rahmen der allgemein akzeptierten, für die Behandlung von Gefangenen geltenden Regeln halten.

Schließlich gibt es da noch die etwas elaboratere Definition von John Heath, einem anderen Rechtshistoriker unseres Jahrhunderts:

> Unter *Folter* verstehe ich die Zufügung physisch bedingten Leidens oder die Androhung ihrer unmittelbaren Zufügung, soweit diese Zufügung oder Androhung die Absicht verfolgt bzw. solche Zufügung Begleiterscheinung von Maßnahmen ist, die bezwecken, nachrichtendienstliche Informationen oder forensische Beweise zu erhalten, und deren Motiv ein militärisches, staatliches oder kirchliches Interesse ist.

Die drei ersten Definitionen beziehen sich auf die Folter als Bestandteil zunächst des römischen bürgerlichen Rechts und dann der bis ins 19. Jahrhundert gültigen Rechtssysteme ganz Europas. Die vierte ist die von einem heutigen Rechtshistoriker stammende Definition der Folter, wie sie in diesem langen Zeitraum zu praktischer Anwendung kam. Die fünfte stellt die neueste diplomatische Definition dar. Die letztzitierte schließlich zielt auf die historischen Umstände ab, berücksichtigt aber auch das in jüngerer Zeit zu verzeichnende Wiederaufleben der Praktik des Folterns und die Besorgnisse, die dies seit dem Ende des Zweiten Weltkrieges hervorgerufen hat, so daß sie sowohl auf die Gegenwart als auch auf die Vergangenheit anwendbar ist.

Dennoch ist wahrscheinlich, daß diejenigen, die diesen Begriff heute, also in der zweiten Hälfte des 20. Jahrhunderts, benutzen, alle von uns zitierten Definitionen als zu eng ansehen. Ist nicht der Schlüssel zum Begriff »Folter« nicht mehr und nicht weniger als das körperliche oder geistige Leiden, das einem menschlichen Wesen von einem anderen mit voller Absicht zugefügt wird? In vielerlei Hinsicht mag der heute in den meisten westlichen Sprachen übliche Gebrauch des

Wortes diese Auffassung untermauern. Seit dem 17. Jahrhundert ist die rein rechtliche Definition der Folter allmählich durch eine moralische ersetzt, diese wiederum seit dem 19. Jahrhundert durch eine gefühlsbetonte verdrängt worden, so daß der Begriff heute jede Bedeutung annehmen kann, die man ihm geben möchte, d. h. er ist zu einem moralisch-emotionalen Begriff geworden, der das Leiden (wie immer definiert) meint, das irgendwem aus irgendeinem – oder auch aus gar keinem – Grund zugefügt wird.

Die Fähigkeit des Menschen, anderen Menschen im Namen des Gesetzes oder des Staates oder einfach nur zur persönlichen Befriedigung Schmerz zuzufügen, ist so weitverbreitet und anhaltend gegeben, daß es ungerechtfertigt oder pedantisch erscheinen mag, nur einen einzigen Aspekt herauszulösen, um sich allein mit ihm – und noch dazu seiner historischen Dimension – eingehender zu befassen. Und doch ist trotz aller moralischen und gefühlsmäßigen Entrüstung, die der Begriff im 20. Jahrhundert auslöst, seine am längsten gültig gebliebene und verläßlichste Definition eine rechtliche oder zumindest staatlich-öffentliche. Alle oben zitierten Rechtsgelehrten und Historiker verbindet der Hinweis auf ein spezielles Element der Folter – es ist dies die Quälerei, der jemand seitens einer staatlichen Instanz aus vorgeblich öffentllichem Interesse unterworfen wird. Die semantische Geschichte des Begriffes »Folter« hat unausweichlich eine öffentliche Dimension – in ganz ähnlicher Weise wie etwa die Begriffe »Hinrichtung« und »Attentat«. Analog ließe sich sagen, daß die Folter in einer gleichen Beziehung zu privaten Verstößen wie Besitzstörung, Körperverletzung oder Vergewaltigung steht wie eine durch den Staat verfügte Hinrichtung zu Mord. Folter ist also etwas, was eine öffentliche Instanz tut oder sanktioniert. Von Ulpian bis Heath wird die Folter von anderen Formen der Gewalt und Brutalität durch diese ihre öffentliche Dimension unterschieden. Ein Teil des vorliegenden Buches ist der Erörterung der verschiedenen Bedeutungen gewidmet, die der Begriff »Folter« gehabt hat, und dem Versuch, diese Bedeutungen zur Realität der Folter im 20. Jahrhundert in Beziehung zu setzen. Eine der weniger bekannten Funktionen der erwähnten, scheinbar ungerechtfertigten oder pedantischen Vereinzelung eines Phänomens könnte die Unausweichlichkeit klarer Definitionen sein. Als Mittel der Objektivierung und folglich des besseren Verständnisses einiger unserer bedrängendsten aber am wenigsten überdachten Vorstellungen und Begriffe mögen die sonst vielleicht unfairen oder pedantischen Analysen, wie wir hoffen, sich einer kleinen kognitiven Investition als wert erweisen.

Die hier versuchte Auseinandersetzung mit der Folter stimmt nicht mit heute gängigen Betrachtungsweisen überein. Eine jüngst in der Reihe *Concilium: Religion in the Seventies* erschienene Sammlung von Aufsätzen hat den Titel *The Death Penalty and Torture*. Beide Phänomene werden von den Autoren im Lichte neuester staatlicher Praktiken erörtert, und die Frage der Folter allgemein im Zusammenhang mit der besorgniserregenden Machtfülle des modernen Staates diskutiert. Auch wenn dies eine durchaus zulässige Betrachtungsweise ist, ist es gleichwohl nicht die des vorliegenden Buches. Ich habe vielmehr versucht, das Problem der Folter für eine analytische Darstellung zu isolieren, wobei ich mir bewußt bin, daß dabei einige verwandte Vorstellungen und Praktiken vernachlässigt werden müssen. So geht dieses Buch weder auf die Todesstrafe ein noch auf andere Formen staatlicher Gewalt oder öffentlichen Schreckens. Es fällt kein Wort über die Religionskriege oder den Holocaust, und nur wenig wird zu den verschiedenen Inquisitionsarten gesagt. Ich habe versucht, durch die Isolierung des Phänomens Folter die Geschichte einer einzigen Praxis nachzuzeichnen. Die Ausklammerung anderer erfolgt also bewußt, bedeutet aber nicht, daß ich ihnen gegenüber etwa indifferent wäre. Ich habe die Geschichte eines Gegenstandes geschrieben, der einer detaillierten Geschichte bedarf. Die Konzentration darauf kommt der intensiveren Auseinandersetzung zugute – und das Thema »Folter« verdient die größte Aufmerksamkeit, derer wir fähig sind.

So wenig es in diesem Buch um die Folter und ihre Beziehung zur Todesstrafe geht, so wenig geht es – allenfalls beiläufig – um ihre Beziehung zu anderen Formen der verschärften Strafe, welche auch immer das seien. Im letzten Kapitel wird zwar die gegenwärtige internationale Beschäftigung sowohl mit der Folter als auch mit dem Thema der »grausamen, unmenschlichen oder erniedrigenden Behandlung oder Bestrafung« (einschließlich der strafenden Verstümmelung) behandelt, aber die Praxis heutiger Gesetzgeber, die sich mit den Menschenrechten befassen, unterscheidet zwischen diesen beiden Bereichen, und das vorliegende Buch trägt dem Rechnung. Es ist durchaus so, daß man im Hinblick auf den Gesamtkomplex von Folter, Todesstrafe und verschiedenen anderen gesetzlichen Strafen eine moralische Position beziehen kann, genausogut aber auch eine emotionale. Uns geht es hier jedoch ausschließlich um die Folter. Obwohl dieses Buch die historischen Beziehungen zwischen rechtlichem Verfahren und moralischem Denken in die Diskussion einbezieht, geschieht dies nur mit Blick auf die Folter und nicht auch auf jene Aspekte staatlicher Gewalt, die oft damit verbunden werden.

Der Autor hat sich diese Beschränkungen nicht auferlegt, um sich die Arbeit zu erleichtern. Die Folter war am Anfang eine rechtliche Praxis, und ihr Wesen wird seit jeher durch ihren öffentlichen Charakter bestimmt, sei sie nun Bestandteil des gerichtlichen Verfahrens oder aber eine jenseits der eigentlichen richterlichen Gewalt von Beamten des Staates geübte Praxis. In der jüdisch-christlichen wie in der islamischen Welt wurde dem Begriff der Folter immer wieder eine moralische Dimension zuerkannt, und seit dem 18. Jahrhundert außerdem eine emotionale. Und so kann im 20. Jahrhundert sein Bedeutungsgehalt vom Technischen und Rechtlichen (wie dies bei verschiedensten Instrumentarien des internationalen Rechts der Fall ist) bis hin zum Gefühlsbetonten reichen (wie so häufig im alltäglichen Sprachgebrauch, den journalistischen eingeschlossen).

Die Geschichte der verschiedenen Bedeutungen wird im vorliegenden Buch zwar berücksichtigt, »Folter« aber immer als ein öffentliches Geschehen aufgefaßt, wie weit oder eng man das Wort »öffentlich« auch immer verstehen will.

Andere Menschen, die den Begriff verwenden, könnten auch die folgenden Fragen stellen: Muß das Wiedererstehen der Folter im 20. Jahrhundert als Wiederbelebung einer alten, lediglich unterbrochenen Tradition angesehen werden oder aber als Ausgeburt einer ganz bestimmten Form des Staatswesens? Schließlich ist es im 18. und frühen 19. Jahrhunderts in ganz Europa zur Abschaffung der Folter gekommen – und dies in einem Maße, daß Victor Hugo 1874 verkünden konnte, die Folter habe »aufgehört zu existieren«. Ist die Folter des 20. Jahrhunderts also etwas vollkommen Neues, das in gar keiner Beziehung zu der bis in die Antike zurückreichenden Geschichte der früheren Folter steht? Alle Historiker und alle Studenten der Geschichte sind gehalten, stets zwischen dem Besonderen, Einmaligen und dem Allgemeinen, ständig Gegebenen zu unterscheiden; jede Methode eignet sich für einen anderen Zweck. Wir wollen uns zunächst die »Langzeitgeschichte« ansehen.

Obwohl viele antike Gesellschaften den Übergang von primitiven und familienbezogenen zu komplizierteren und öffentlichen Rechtssystemen vollzogen haben, haben doch nicht alle so ausgiebig Gebrauch von der Folter gemacht wie die Ägypter, Perser, Griechen und Römer. Einige Gesellschaften – vor allem die der Babylonier, der Hindus und der Hebräer – scheinen ein System von Gottesurteil entwickelt zu haben, das nie die Einführung der Folter zuließ. Diese Gottesurteile hatten die Form körperlicher Prüfungen, denen sich eine der streitenden Parteien unterzog, wobei man davon ausging, daß Erfolg und Scheitern von göttlicher Intervention abhängig waren. Auch im nördlichen Europa der Zeit vor dem 12. Jahrhundert erlaubte das germanische Recht eine Fülle verschiedener Gottesurteile, so daß sich keine eigenständige Folterdoktrin entwickelte, was offenbar auch für die noch frühere keltische Gesetzgebung gilt. Während in Westeuropa die Folter nach dem 12. Jahrhundert in die Rechtspraxis eingeführt wurde, hielt das östliche Europa bis zum Beginn der Neuzeit am Gottesurteil fest.

Was Westeuropa anbelangt, läßt sich die Geschichte der Folter also von den Griechen über die Römer und durch das Mittelalter hindurch bis zu den Rechtsreformen des 18. Jahrhunderts und der dann im ersten Viertel des 19. Jahrhunderts praktisch überall durchgeführten Abschaffung der Folter als Bestandteil des strafrechtlichen Verfahrens verfolgen. Trotz der Abschaffung ist die Folter jedoch seit dem ausgehenden 19. Jahrhundert in vielen Gegenden Europas und in seinen Kolonien wieder eingeführt worden – eine Entwicklung, welche erheblich beschleunigt wurde durch die im Laufe des 20. Jahrhunderts sich ändernden Auffassungen vom politischen Verbrechen. Die verläßlichsten und aktuellsten Informationsmaterialien lassen den Schluß zu, daß heute – offiziell oder inoffiziell – in einem von drei Ländern gefoltert wird.

Eine solche geschichtliche Entwicklung mag zunächst verwirrend erscheinen, aber sie hat sich so vollzogen. Seit dem 19. Jahrhundert hat man das politische Verbrechen weitgehend so verstanden wie früher das einfache Strafrecht, und die Beamten und Juristen der Staaten unserer Tage, die die Folter anwenden oder dulden, treibt ein ähnliches Verlangen nach Geständnissen wie die Juristen des Mittelalters oder des *Ancien régime*, die sich der verfahrensrechtlichen oder taktischen Notwendigkeit eines Geständnisses konfrontiert sahen.

Viele der oberflächlichen Untersuchungen zur Geschichte der Folter folgen ganz einfach der Vorstellung, sie werde zyklisch durch die Gesetzgebung sanktioniert und dann wieder abgeschafft. Eine solche Auffassung setzt leicht voraus, daß die Folter etwas sei, das eine natürliche Geschichte habe, und macht ihre Geschichte dann zu einer Darstellung dieser Zyklen. Aber die Vorstellung abstrakter Dinge, die in Zyklen auftreten, hilft unserem Verständnis nicht sehr viel weiter. Zudem legt sie den Gedanken an eine gewisse Unabänderlichkeit des gesamten Prozesses nahe – eine Unabänderlichkeit, die auf diese Weise angesichts eines Phänomens, das zu einem Naturgesetz wird, nur in die Resignation treiben kann.

Die Geschichte der Folter ist aber nichts derartig Abstraktes und Gesetzmäßiges. Zum Beispiel ist gar nicht klar, in welchem Umfang die Griechen ihre Foltermethoden den Ägyptern und Persern verdankten. Das macht es möglich und einleuchtend, mit dem zu beginnen, was wir von den Griechen wissen – weil ihr Recht zum Teil das Recht Roms beeinflußt hat, und dies wiederum die Rechtssysteme des mittelalterlichen und frühneuzeitlichen Europas. Der Aufruhr der erfolgreichen Anti-Folter-Bewegungen während des 18. und frühen 19. Jahrhunerts führte in der Hauptsache zu einer Abschaffung der Folter als Teil des strafrechtlichen Verfahrens, und hier wurden diese Bewegungen nicht nur von Herrschern und gesetzgebenden Körperschaften getragen, sondern von der Juristenzunft insgesamt, die in Verfahrensfragen konservativ war. Im späten 19. Jahrhundert repräsentierten aber Richter und Anwälte nicht mehr allein die rechtliche Macht des Staates. Denn nun wurden vor allem da, wo die Macht der Staatsvertreter keiner regelmäßigen gesetzlichen Kontrolle und Überprüfung unterlag, und in Bereichen, die noch relativ neu waren (wie der militärische Nachrichtendienst, die Spionage, die polizeiliche Arbeit und die politische Überwachung), neue staatliche Machtinstrumente entwickelt. Das gilt insbesondere für diejenigen Bereiche, bei denen die europäischen Staaten schon immer sehr empfindlich gewesen waren, nämlich für jene, die ihren Fortbestand und ihre Sicherheit berührten.

Spätestens seit dem 13. Jahrhundert gab es die von den Rechtsgelehrten entwickelte Kategorie des außergewöhnlichen Verbrechens, das *crimen exceptum*. Gemeint war damit eine Straftat, die so gefährlich für die Gesellschaft und so frevelhaft gegen Gott war, daß dem Strafverfolgungsverfahren enorme Freiheiten zugestanden wurden. Nachdem aber dann die Folter aus dem Strafrecht gestrichen worden war, gestattete erst die Möglichkeit einer neuen Art von außergewöhnlichem Verbrechen ihre Wiedereinführung, um auf diese Weise mit »außergewöhnlichen Situationen« fertig werden zu können. Ein Großteil der neuesten Geschichte, d. h. des 20. Jahrhunderts, ist durch außergewöhnliche Situationen geprägt, mit denen die Regierungen konfrontiert zu sein meinten, und den außergewöhnlichen Maßnahmen, die sie zu ihrem eigenen Schutz ergriffen. Paradoxerweise beruht in unserem Zeitalter der ungeheueren Machtfülle des Staates, der hochentwickelten Fähigkeit, Ressourcen zu mobilisieren, und der Verfügbarkeit eines schier unerschöpflichen Gewaltpotentials ein großer Teil des staatspolitischen Handelns auf der Vorstellung extremer Verwundbarkeit des Staates durch Feinde, seien es nun äußere oder innere. Diese beunruhigende Verbindung von Machtfülle und Verwundbarkeit hat viele Staaten im 20. Jahrhundert wo nicht neurotisch, so doch zwiespältig reagieren lassen in Fragen der Menschenrechte oder eigener Bereitschaft (die Staaten würden hier von Notwendigkeit sprechen), sich solcher Verfahren zu bedienen, an die sie andernfalls nach eigener Darstellung selbst nicht denken würden. In diesem Sinne hat die Folter eine eigene Geschichte, und diese Geschichte ist sowohl Teil der Geschichte des gerichtlichen Verfahrens als auch späterer staatlicher Machtausübung, sei es die offizielle oder die nicht offizielle. Ziel einer umfassenderen Geschichte der Folter ist, ihre öffentliche Dimension zu verdeutlichen und dem Leser zu ermöglichen, sowohl das 20. Jahrhundert in einem größeren Zusammenhang zu sehen, als auch die ältere europäische Geschichte von einem ungewöhnlichen Standpunkt aus zu betrachten. Durch die Konzentration auf den öffentlichen Charakter der Folter – ob nun als Instrument des Rechts oder aber sub- oder paralegaler Instanzen – wird es möglich, die Folter im 20. Jahrhundert statt simplifizierend als Ausdruck von Persönlichkeitsstörungen, ethnischer oder rassistischer Brutalität, einer verbliebenen Primitivität oder der Säkularisation kirchlicher Gewalttheorien zu sehen, in ihr eine Begleiterscheinung des öffentlichen Lebens unseres Jahrhunderts zu erkennen, d. h. nicht – wie in der Vergangenheit – als auf das formale strafrechtliche Verfahren beschränkt, sondern als etwas, das auch in anderen der staatlichen Autorität unterstellten Bereichen zu finden ist, die weniger straff geregelt sind als das Rechtswesen und auch weniger überwacht werden, deshalb aber nicht weniger wichtig für die vom Staat vertretene Auffassung von Ordnung sind.

Das vorliegende Buch befaßt sich mit der historischen Dimension dessen, was Ulpian, Bocer, Langbein und Heath – implizit oder explizit – als *gerichtlich angeordnete* Folter bezeichnen, wird sich aber dieser Kennzeichnung nicht bedienen. Es wird statt dessen davon ausgehen, daß die gerichtlich angeordnete Folter die *einzige* Art von Folter ist, ob sie nun von einem öffentlichen Vertreter der richterlichen Gewalt oder durch andere Werkzeuge des Staates ausgeführt wird. Es wird auch dafür eintreten, daß andere, dem Begriff »Folter« aus emotionalen Gründen zugerechnete Dinge, anders benannt werden sollten. Die der dramatischen Wirkung dienende Ausweitung vertrauter Begriffe von einem Bedeutungsbereich auf einen anderen ist ein Mittel der Rhetorik, nicht aber der Analyse historischer oder gesellschaftlicher Gegebenheiten. Und semantische Entropie vergrößert unser Verständnis nicht. Obwohl ich mich hinsichtlich der Möglichkeiten eines einzelnen Buches, eine semantische Revolution auszulösen, keinerlei Illusionen hingebe, hoffe ich doch, daß das in den folgenden Kapiteln Vorgetragene zum möglichst überzeugenden Plädoyer für verbale Präzision gerät – vor allem mit Blick auf Fragen der Art, wie sie hier zur Diskussion stehen. Moralische Entrüstung und Sympathie erfordern eigentlich kein historisches Verständnis, gleichwohl aber könnte ein solches Verständnis beide Regungen verstärken. Und beide müssen verstärkt werden.

Wir fangen also mit der Geschichte an. Das erste Kapitel berichtet vom Aufkommen der Folter in der westlichen Kultur, d. h. in Griechenland und Rom, das zweite vom langwährenden, von der frühen europäischen Rechtsprechung bis zu der des ausgehenden 18. Jahrhunderts dauernden Zeitalter der Folter. Das dritte Kapitel befaßt sich mit ihrer gesetzlichen Abschaffung und mit der moralischen Dimension, die dem Begriff in den Polemiken von Reformern der Aufklärung zuwächst. Das vierte Kapitel spürt den Umständen nach, die im 19. und 20. Jahrhundert ein Wiedererstehen der Praxis des Folterns begünstigt haben – als ein »Werkzeug des Staates, nicht des Gesetzes«, um uns der Formulierung des im 18. Jahrhundert wirkenden englischen Juristen William Blackstone zu bedienen *(Commentaries on the Laws of England,* 4 vols., Oxford, 1765–1769, IV : 321). Das abschließende Kapitel nimmt die allerjüngste Vergangenheit in Augenschein, d. h. die Zeit zwischen der 1948 von den Vereinten Nationen verabschiedeten Menschenrechtserklärung und dem im März 1984 von Amnesty

International unter dem Titel *Torture in the Eighties* veröffentlichten Bericht.

Aus Gründen der Genauigkeit habe ich eine Reihe von Begriffen und Wendungen in der Originalsprache belassen, aber durchweg Übersetzungen beigegeben. Da es ein Ziel dieses Buches ist, auf die Unterschiede zwischen einem professionell-technischen Vokabular (wie etwa dem des Gesetzes) und einer im weiteren Sinne moralischen und gefühlsbetonten Ausdrucksweise aufmerksam zu machen, bleibt die verbale Präzision von Anfang bis Ende wesentlich, was auch die Genauigkeit in der Beschreibung der oftmals absichtlich irreführenden Euphemismen einschließt, die häufig zur Bezeichnung der Folter im 20. Jahrhundert benutzt werden.

Eine Reihe neuerer, in unserem Jahrhundert verfaßter Arbeiten über die Folter bieten einen flüchtigen Blick auf ihre geschichtliche Entwicklung im frühen Europa, aber da das alles so weit zurückliegt und die Bedingungen der damaligen Zeit so anders zu sein scheinen als die der Folter im 20. Jahrhundert, sind diese historischen Rückblicke in vielen Fällen zu kurz, zu oberflächlich und sogar fehlerhaft. Die verläßlichsten, nämlich die von John Langbein – *Torture and the Law of Proof* (Chicago, 1977) – und Piero Fiorelli – *La tortura giudiziaria nel diritto comune* (Milano, 1953–54) – verdanken einen großen Teil ihrer Bedeutung der Fülle der konkreten, technischen Details. Langbein geht in seiner hervorragenden Untersuchung auf diesen Aspekt seiner Arbeit ein und merkt dann an, daß er es »anderen überlassen hat, die Schlußfolgerungen für die politische, administrative und geistige Geschichte Europas daraus zu ziehen«. Das vorliegende Buch stellt den Versuch dar, die Geschichte der Folter an diesem Punkte aufzugreifen. Wenn dies überhaupt zum Erfolg führen sollte, dann nur, weil mein Unternehmen der Arbeit von Gelehrten wie Langbein und Fiorelli, aber auch der jener Kollegen, die zu Anfang in der »Danksagung« genannt sind, so viel verdankt.

Gelehrte, die ohne Fußnoten zu schreiben gehalten sind, sind wie Arbeiter, die Backsteine ohne Stroh herstellen müssen. Der bibliographische Essay am Ende dieses Bandes verbindet Hinweise auf höchst nützliche Forschungsarbeiten mit Anmerkungen zu den im Text verwendeten Zitaten. Obwohl es nur wenige Einzelverweise gibt, können alle in den nachfolgenden Kapiteln gebrachten Zitate in einem der im Text selbst oder in der Bibliographie genannten Werke gefunden werden. Ich habe eine beträchtliche Anzahl von Zitaten – viele in Übersetzung – verwendet, weil sie wichtige dokumentarische oder kritische Belege darstellen und deshalb auch nicht gänzlich frei wiedergegeben werden sollten.

Hauptthemen dieses Buches sind der öffentliche Charakter der Folter (sowohl ihrer frühen als auch ihrer späteren Erscheinungsformen), und die rechtlichen, moralischen und gefühlsmäßigen Definitionen, die zu verschiedenen Zeiten ihrer Geschichte Gültigkeit gehabt haben. Es gibt noch ein drittes Thema, nämlich die Frage, welchen Platz die Rechtsgeschichte selbst in einer solchen Darstellung einnimmt. Es ist bemerkenswert, daß – von ein paar wenigen, erstaunlichen Ausnahmen abgesehen – die Rechtsgeschichte selten mit der Darstellung anderer historischer Phänomene verknüpft wird. Sie ist deshalb die am wenigsten verstandene. Mit Blick auf die Geschichte der Folter ist es jedoch unerläßlich, bestimmte technische, prozessuale Aspekte zu verstehen, die ihre frühe Geschichte als Bestandteil des Strafrechts kennzeichnen, und es ist gleichermaßen wichtig, den Stellenwert des Rechts in solchen modernen Staaten zu kennen, die dieses gezielt und ideologisch anderen öffentlichen Interessen und Institutionen unterordnen. Die letzten beiden Kapitel greifen diese Implikationen wieder auf, aber zunächst ist es angebracht, das Recht weder als eine unabhängige, förderliche Institution noch – in strukturalistisch-reduktionistischer Manier – einfach als weiteres Werkzeug einer herrschenden Klasse anzusehen. E.P. Thompson macht in seiner zu den wenigen erstaunlichen Ausnahmen gehörenden Arbeit *Whigs and Hunters* (New York, 1979, S.266) eine Beobachtung, der ich vollkommen zustimme:

Es besteht ein Unterschied zwischen willkürlicher Machtausübung und der Herrschaft des Rechts. Wir sollten die Täuschungen und Ungerechtigkeiten bloßstellen, die in diesem Recht verborgen sein können. Aber die Herrschaft des Rechts selbst, die Tatsache, daß es der Macht wirksame Verbote entgegenstellt und den Bürger gegen ihre alles erfassenden Ansprüche verteidigt, erscheint mir als ein absoluter menschlicher Wert. Diesen Wert zu versagen oder zu schmälern stellt in diesem gefährlichen Jahrhundert, in dem sich die Ressourcen und Ansprüche der Macht beständig erweitern, einen schrecklichen Fehler intellektueller Abstraktion dar. Und mehr noch als dies ist es ein sich selbst bewahrheitender Irrtum, der uns nur dazu ermutigt, den Kampf gegen schlechte Gesetze und klassengebundene Verfahren aufzugeben und uns vor der Macht selbst zu entwaffnen. Es bedeutet, das gesamte Erbe des beständigen Ringens *um* das

Recht und innerhalb der Formen des Rechts fortzuwerfen, dessen Fortbestand nicht angetastet werden kann, ohne die Menschen unmittelbar in Gefahr zu bringen.

In diesem so überaus gefährlichen Jahrhundert kann keine neue Auseinandersetzung mit seinen wichtigsten Werkzeugen ganz uninteressant oder gar nutzlos sein – selbst dann nicht, wenn es sich um eine historisch ausgerichtete handelt.

Das Auftauchen der Folter im griechischen Recht

Obwohl der Einzelne heute oft sehr schnell durchschaut, wenn Institutionen, die vorgeben, demokratisch und unpersönlich zu handeln, privilegien- und statusbedingte Unterschiede machen, ist nur wenig über Gesellschaften (oder Epochen der Geschichte) bekannt, bei denen das Vorrecht und der soziale Bezug die einzigen Faktoren waren, welche die gesellschaftliche Identität bestimmten; ebenso herrscht Unkenntnis über den die frühen europäischen Gesellschaften kennzeichnenden Entwicklungsprozeß, in dessen Verlauf aus Gemeinschaften, die auf Standesunterschieden basierten, solche wurden, deren Grundlge ein für alle geltendes Recht war. Dieser Wandel war jedoch – im Sinne der Rechtsgeschichte – von fundamentaler Bedeutung für die Entstehung der Idee des »Rechts« selbst und für die Rolle, die dieses Recht und seine Instrumente seither in der sozialen, kulturellen und politischen Geschichte gespielt haben. Nachdem die Griechen den Gedanken eines abstrakten »Gesetzes« *(nomos)* gefunden hatten und die Römer ihnen später mit der Invention einer Rechtswissenschaft gefolgt waren, trat etwas völlig Neues in die Geschichte der menschlichen Sozialbeziehungen. Über dessen Wesen und Bedeutung haben sich seither Bürger und Historiker den Kopf zerbrochen. Einzelne Faktoren des rechtlichen Verfahrens – nicht nur die Folter, sondern auch der Gedanke des Beweises, das Wesen der Zeugen und die Funktion von Anwälten und Richtern – entwickelten sich langsam aus früheren, schriftlich nicht fixierten Bräuchen und waren auf die Bedürfnisse neuer Kulturen abgestimmt, lenkten diese Kulturen aber auch in ganz bestimmte Richtungen. Das ist der Zusammenhang, in dem wir das Auftauchen der Folter als konkretes Phänomen sehen müssen.

Blicken wir nach Griechenland und auf den Beginn der Geschichte der Folter dort, so können wir den sich erstmals in der Geschichte des Westens vollziehenden Übergang von einem archaischen, weitgehend kommunalen Rechtssystem zu einem sehr viel komplexeren beobachten, bei dem das Problem des Beweises und die Unterscheidung zwischen dem freien Mann und dem Sklaven besonders ins Auge fallen. Das Problem des Beweises hatte sich aus den archaischen Bräuchen der Griechen ergeben, bei denen das »Recht« die Selbsthilfe des den Konflikt zweier streitender Parteien entscheidenden Wettkampfes *(agon)* gewesen war – eines Wettkampfes im Beisein der Familien, Freunde und Abhängigen, für den nur *themis*, der Brauch, und *epikeia*, das angemessene Betragen, als Richtlinien galten. *Themis* und *epikeia*, die für bestimmte Rechtsstreitigkeiten geltenden »Regeln«, wurden anfänglich von unabhängigen Schiedsmännern vertreten, deren Entscheidungen zugunsten der einen oder anderen Partei als *dikai*, Feststellungen, bezeichnet wurden. Diese häuften sich im Laufe der Zeit zu einer anerkannten Sammlung von Meinungen an, deren abstrakte moralische Qualität schließlich allgemein akzeptiert wurde, so daß das Wort *dike* allmählich gleichbedeutend mit »Gerechtigkeit« wurde. Bei den frühen Rechtsstreitigkeiten wurde wahrscheinlich noch kaum von Beweisen Gebrauch gemacht – ebensowenig spielte der Unterschied zwischen Verbrechen und persönlicher Schädigung eine große Rolle. Ihr Ergebnis hing weit eher von der sozialen Stellung der Streitenden und den Ansichten der wichtigsten Mitglieder der Gesellschaft ab. Gravierender als alles andere war das Vergehen der persönlichen Schädigung (d. h. von Person, Eigentum oder Ruf), und es war das Bestreben der Geschädigten, Anerkennung und Wiedergutmachung dieses Schadens zu erreichen.

Zu den zwischen dem 8. und dem 5. vorchristlichen Jahrhundert in der griechischen Gesellschaft sich vollziehenden Veränderungen gehört auch der Übergang von der Fehde, *agon*, zum Prozeß. Der Dichter Hesiod, selbst in einen Rechtsstreit verwickelt und über das Ergebnis verärgert, äußerte die Ansicht, daß aus Gründen der Fairneß Gesetze niedergeschrieben und Maßstäbe des Urteilens eindeutig festgelegt werden sollten und daß bei den am häufigsten auftretenden Streitfällen Zeugen anwesend sein sollten, um zu den Tatbeständen Stellung zu nehmen. Die Bedeutung der Zugehörigkeit zu einer *polis*, einer Stadtrepublik, lag darin, daß jeder Bürger in einen größeren rechtlichen Kontext eingebunden war, in welchem das »Gesetz« aus dem früher gültigen Geflecht spezieller Vorkommnisse, Beziehungen und Erfahrungen abstrahiert und zu einer autonomen Instanz gemacht wurde. Das »Gesetz« war nun nicht mehr Resultat einer Folge häuslicher Fehden. Das Recht der Stadt trat zu eben dieser Zeit an die Stelle des Familienrechts, als man privates und öffentliches Verhalten voneinander trennte. Geschriebenes Recht entstand fast unmittelbar nach der Gründung der ersten als solche erkennbaren Stadtrepubliken – und dieses geschriebene Recht legte das Verfahren fest und charakterisierte diejenigen, die Zugang zu ihm hatten.

Bis zum 6. Jahrhundert v.Chr. unterwarfen sich dann die Bürger der griechischen Stadtrepubliken bereitwillig den zahlreichen ihrem individuellen Handeln auferlegten Beschränkungen, die die aristokratischen Krieger des Homer noch empört hätten. Die Bürger aber unterwarfen sich deshalb so willig, weil sie die Gesetze kannten, diejenigen achteten, die sie vertraten, und wußten, daß das gerichtliche Verfahren für denjenigen, der frei war und Bürger, im allgemeinen eher zu- als abträglich war. Die übrigen, also jene, die keinen erkennbaren Ehren- oder Bürgerstatus hatten wie Fremde, Sklaven und Leute, die einer schmachvollen Tätigkeit nachgingen oder deren Ehrlosigkeit, *atimia*, öffentlich festgestellt worden war, besaßen auch kein Recht – weder das Recht, Zwangsmaßnahmen nicht ausgesetzt werden zu dürfen, noch das Recht, vor Gericht zu gehen.

Die städtische Gesellschaft Griechenlands war also nach Maßgabe der Ehre und des Standes gegliedert. Im 4. Jahrhundert faßte Aristoteles die Entwicklung zusammen, die sich im Hinblick auf den rechtlichen Schutz in den beiden vorangegangenen Jahrhunderten vollzogen hatte. Er wies darauf hin, daß nach den Reformen des Solon im frühen 6. Jahrhundert kein Bürger mehr aus Gründen persönlicher Schuld zum Sklaven gemacht werden durfte, daß bestimmte Taten von der Öffentlichkeit förmlich geahndet werden und Bürger gegen die Entscheidungen von Richtern bei Volksgerichten Berufung einlegen konnten. Diese Schutzmaßnahmen stärkten die Position des Bürgers ganz erheblich, indem sie seinen direkten Zugang zum Recht betonen, die Wichtigkeit seiner Kenntnis dieses Rechts und der rechtlichen Verfahren, die Verpflichtung, seinen Fall persönlich zu vertreten, und die Notwendigkeit der Erfahrung eigener Geschworenentätigkeit in der Versammlung. Ein solcher Bürger besaß Ehre *(time)*, und deshalb war das Maß an Zwang, dem er ausgesetzt werden durfte, ebenso eingeschränkt wie das Beweismaterial, das gegen ihn oder von ihm gegen andere verwendet werden konnte.

Die Ehre verlieh dem beeideten Wort des Bürgers großes Gewicht. Es läßt sich sogar sagen, daß die Beweisregeln entscheidend bestimmt wurden durch die Bedeutung, die man der Aussage eines Bürgers beimaß. So konnte niemand, der nicht den Status eines Bürgers hatte, »Beweise«, wie sie die Griechen verstanden, liefern. Der rechtliche, prozessuale Schutz des freien Bürgertums und dessen klare Unterscheidung von anderen, weitaus weniger privilegierten Klassen, ließen die Griechen zu der Schlußfolgerung gelangen, daß denjenigen, die über keine rechtlichen Privilegien verfügten, ein besonderer Status aufgezwungen werden müsse, der ihre Zeugenaussage annehmbar mache. Ihre Aussagen wurden vermöge physischer Gewaltmaßnahmen denen der freien Bürger gleichgestellt. Die Ursprünge dieser Vorstellung sind unklar, sie könnten aber in der Macht liegen, die ein Haushaltsvorstand über Sklaven und Abhängige hatte. Am Anfang führte also die Bedeutung der Bürgerehre zu einer Klassifizierung des Beweises, d. h. es gab einen »natürlichen« Beweis mittels der bereitwilligen Aussage eines Bürgers und einen erzwungenen Beweis, der allen anderen unter Einsatz von Gewalt abgerungen werden mußte.

Die Argumentation im Sinne der Ehre des Bürgers läßt sich durch einen Vorfall veranschaulichen, der sich im Jahre 415 v.Chr. zutrug. In diesem Jahr wurden in Athen einige Statuen des Gottes Hermes entweiht, was den Volkszorn erregte und zu einer großen Zahl von Klagen gegen Bürger führte. Einer dieser Beklagten, Andokides, beschuldigte nun seinerseits seine Ankläger, sie wollten nur »das Dekret abschaffen, das unter dem Archontat des Skamandrios erlassen wurde, und jene auf die Folter bringen, die Dioklides [der Entweihung der Hermes-Statuen] bezichtigt hat«. Wiewohl nichts weiteres über dieses »Dekret des Skamandrios« bekannt ist, scheint es sich dabei um ein Privileg gehandelt zu haben, das dem Bürger allgemein seine Rechtsfähigkeit bestätigt und ihn von der Folter befreit – und dann anerkannt genug war, um in einem Fall zitiert zu werden, bei dem der Druck, die Missetäter dingfest zu machen, groß war und bei dem offenbar angeregt worden war, einige Bürger vom Folterverbot auszunehmen.

Im 15. Kapitel seiner *Rhetorik* führt Aristoteles fünf Arten von »äußeren« Beweismitteln an, die bei einem gerichtlichen Prozeß zusätzlich zu den Redefiguren der Rhetorik verwendet werden können, nämlich die Gesetze, Zeugen, der Brauch, Folter und Eide. Aristoteles benutzt – wie die Griechen allgemein – für die Folter das Wort *basanos*, das sprachgeschichtlich mit der Vorstellung in Zusammenhang steht, nach der man einen Metallgegenstand mit einem Probierstein in Berührung bringen muß, um zu ermitteln, welche Bestandteile er enthält. Thukydides knüpft an diese Vorstellung an, um die Arbeit des Historikers zu beschreiben – dieser müsse mit kritischem Geist zu Werke gehen. Er dürfe nicht Berichte ohne jedes kritische Prinzip zusammentragen, sondern müsse sie mit einem Prüfstein auf ihren Wahrheitsgehalt untersuchen, d. h. er müsse sie kritisch befragen. »Dem Material zufolge, dem ich aufgrund sehr sorgfältiger Prüfung vertrauen kann« (*Peloponnesischer Krieg*, I.1) – so lautet bei Thukydides die formelhafte Charakterisierung der Aufgabe des Historikers. *Basanos*, »Folter« – das beinhaltete offensichtlich den Gedanken an eine Art notwendiger kritischer Prüfung, wobei es sich jedoch nicht um die Art von Befragung handelte, zu der man einen freien Bürger heranziehen konnte. Mit anderen Worten, *basanos* ist für Aristoteles eine Form der Ermittlung, deren Ergebnisse als Beweismaterial für ein Unterverfahren im Rahmen eines größeren gerichtlichen Verfahrens dienen können, dessen Kernpunkt zwar strittig ist, dessen dem Bürgerstand angehörende streitende Parteien aber nicht dem Unter-Verfahren des Folterverhörs ausgesetzt werden dürfen.

Was die Geschichte der Zeugenaussage und des gerichtlichen Verfahrens in Griechenland anbelangt, sind unsere Quellen in der Frage, wer der Folter, *basanos*, unterworfen werden durfte, einer Meinung: Es waren dies die Sklaven und – unter bestimmten Voraussetzungen – die Fremden. Die Griechen haben uns jedoch keine Werke hinterlassen, die sich mit zivil- oder strafrechtlichen Verfahren befassen, und unsere Hauptquellen hinsichtlich der Folterung von Sklaven sind die Rhetoren und Komödienschreiber. Von ersteren sind eine ganze Reihe schriftlich festgehaltener Reden überliefert, die von ihren Mandanten vor Gericht vorgetragen wurden oder die als Muster forensischer Rhetorik dienten, und von den letzteren Stücke, die das alltägliche Leben berührten. Allerdings kann man weder die Reden noch die Stücke zu den idealen Quellen des Juristen und Historikers rechnen, weshalb es immer wieder wissenschaftliche Auseinandersetzungen gegeben hat über die Einstellung der Athener zu Aussagen, die man durch Folterung von Sklaven erlangt hatte, und über die Häufigkeit, mit der Gebrauch von diesem Mittel gemacht wurde. Die bekannte Redensammlung des Antiphon, der im 5. Jahrhundert v.Chr. gelebt hat, enthält einen Fall, der die allgemeine Haltung in diesen Fragen veranschaulicht. Ein Choreg (also ein Bürger, dem es oblag, den bei religiösen Festlichkeiten – und später auch bei Theaterfesten – mitwirkenden Chor zu entlohnen), der beschuldigt worden war, einen der Jungen, die sich um einen Platz im Chor beworben hatten, ermordet zu haben, beschreibt dort die Bedingungen der Ermittlung:

> [Mein Ankläger] kann so viele Zeugen beibringen, wie er mag, und sie befragen. Er kann auch Zeugen, die freie Bürger sind, in der Weise vernehmen, wie es sich für die Befragung von freien Bürgern ziemt, und die aus Gründen der Selbstachtung und der Gerechtigkeit ganz natürlich geneigt sind, die Wahrheit über das Geschehene zu sagen. Was Sklaven betrifft, so kann er solche befragen, wenn ihm ihre Aussagen der Wahrheit zu entsprechen scheinen. Ist dies nicht der Fall, bin ich bereit, ihm meine eigenen Sklaven alle zu überantworten, damit er sie foltern lasse. Wenn er die Aussage von Sklaven verlangt, die nicht die meinen sind, so verspreche ich, daß ich sie ihm, nachdem ich die Erlaubnis ihres Herrn eingeholt habe, ebenfalls überstellen werde, damit er auch sie foltere, und zwar auf die Art und Weise, die ihm angebracht erscheint.

Es gibt im Zusammenhang mit diesem Abschnitt eine ganze Reihe von ungeklärten rechtlichen Fragen – so etwa die, daß sich der Choreg auf eine informelle Untersuchung zu beziehen scheint, deren Ziel es ist, einen Prozeß zu vermeiden. In jedem Falle aber scheint das Recht des Bürgers, bei einem strafrechtlichen (aber auch bei zivilrechtlichen) Verfahren die Folterung von Sklaven zu verlangen, allgemein anerkannt gewesen zu sein. In einer anderen Rede gibt Antiphon auch eine Begründung für die Praxis der Folter von Sklaven: einem eidbrüchigen Sklaven können nicht die gleichen Strafen auferlegt werden wie einem eidbrüchigen Bürger, d. h. er kann von Rechts wegen nicht für ehrlos *(atimos)* erklärt und zu den damit verbundenen Folgen für seinen sozialen Status verurteilt werden, ebensowenig zu einer Geldstrafe. Daß Sklaven gefoltert werden durften, geht auch aus einem Papyrosdokument aus dem griechischen Ägypten hervor, in dem es heißt, Richter, die sich nach Vorliegen allen Beweismaterials keine Meinung bilden könnten, dürften Sklaven der körperlichen Folterung unterziehen, nachdem diese im Beisein der beiden gegnerischen Parteien ihre Aussage gemacht hatten. Daß es sich dabei um eine in Griechenland übliche Praxis handelte, wird auch durch die Tatsache bestätigt, daß der römische Kaiser Hadrian sie in einem Reskript anführt, das sich offensichtlich auf eine andere griechische Quelle stützt (*Digesten*, 48.8.1.1).

Einige Foltermethoden werden wie beiläufig in der Komödie *Die Frösche* des Aristophanes genannt. Dionysos, der mit seinem Sklaven Xanthias Rolle und Gewand getauscht hat, vergißt völlig das Recht des Herren, seine Unschuld zu beweisen, indem er seine Sklaven für eine Folterung zur Verfügung stellt. Kurz nach dem Rollentausch wird Xanthias des Diebstahls beschuldigt und ist um einen Ausweg nicht verlegen. Er erklärt seinem Ankläger:

> *Xanthias:*
> Sieh her, ich will ganz ehrlich mit dir handeln!
> Nimm meinen Burschen da und foltre den,
> Und findest du mich schuldig, schlag mich tot!
> *Aiakos:*
> Ihn foltern? Wie?
> *Xanthias:*
> Wie du willst! Bind' ihn auf
> Die Leiter, häng' ihn, peitsch' ihm mit dem Haarseil
> Die Haut vom Leibe, schraub' ihn, gieß ihm Essig
> Ins Nasloch, glühend Eisen – alles gleich,
> Nur peitsch' ihn nicht mit Lauch und Zwiebelröhrchen!*

Es ist natürlich denkbar, daß diese Rede eine ungeheure Übertreibung darstellt und daß die Detailliertheit von Xanthias' *panta tropon* den Schluß zuläßt, die Vielzahl der Foltermethoden, die erwähnt werden, sei eher enzyklopädisch in einem komischen Sinne als der Beschreibung einer tatsächlichen Praxis dienlich.

Es ist auch notwendig, daran zu erinnern, daß die Befugnis der Herren, ihre Sklaven körperlich zu züchtigen, in Griechenland unumstritten war, weshalb Sklaven ja auch gelegentlich als *andrapoda*, als »menschenfüßiges Vieh«, bezeichnet wurden – im Unterschied zu *tetrapoda*, »vierfüßiges Vieh«. Obwohl die Einstellung der Griechen zu Sklaven und deren Behandlung in der Zeit zwischen dem 6. und 3. Jahrhundert um vieles besser wurde, läßt eine solche Machtbefugnis doch vermuten, von da sei nur ein kleiner Schritt zur richterlich

---

* Aristophanes: *Die Frösche*, 3. Szene, zit. nach: Aristophanes, *Komödien*, übers. v. Ludwig Seeger, Standard-Verlag, Hamburg 1958, S. 281.

verfügten Folterung der Sklaven, waren diese doch auch schon außerhalb der Einflußsphäre des Rechts schwerster physischer Drangsalierung ausgesetzt.

Obwohl mehr als ein Gelehrter behauptet hat, in der Folterung von Sklaven habe eine Art Gottesurteil überlebt, das in späterer Zeit in die athenischen Beweisregeln eingearbeitet worden sei, behandeln unsere frühesten Quellen, nämlich die griechischen Rhetoren des 5. Jahrhunderts, das Folterverhör von Sklaven doch so, als handele es sich dabei um eine ganz alltägliche Sache. Ein gutes Beispiel für diese Art der Darstellung ist der folgende Abschnitt, der von dem Redner Isaeus stammt:

> Sowohl privat als auch öffentlich seht Ihr die Folter als die sicherste Prüfungsmethode an. Wann immer freie Bürger und Sklaven als Zeugen auftreten und es notwendig ist, im verhandelten Fall die Wahrheit zu ermitteln, macht Ihr nicht Gebrauch von den Aussagen der Freien, sondern sucht durch Folterung der Sklaven die Wahrheit über die Vorgänge herauszufinden. Und das ist ganz natürlich, Männer des Gerichts, denn Ihr wißt wohl, daß einige der Zeugen erschienen sind, um falsches Zeugnis abzulegen, wohingegen Sklaven noch niemals nachgewiesen werden konnte, unter der Folter Falschaussagen gemacht zu haben.

Der Abschnitt verrät eine Überzeugtheit von der Verläßlichkeit der Folter, die in scharfem Gegensatz zu anderen Aspekten der athenischen Kultur steht. Folglich hat man diese und vergleichbare Aussagen anderer Redner als Fiktion verworfen, auch deshalb, weil es im athenischen Recht keinen Beleg für die weite Verbreitung oder gar Gebräuchlichkeit der Folterung von Sklaven gibt. Die gleichen Rhetoren, auf deren Zeugnis wir uns in dieser Frage verlassen müssen, geben auch zu verstehen, daß die Drohung, Sklaven foltern zu lassen, Teil der rhetorischen Darbietungen vor Gericht war und etliche Redner sehr wohl überzeugende Argumente *gegen* die Verläßlichkeit der Aussagen von Sklaven vorzutragen wußten. Kurz, das fünfte und das vierte Jahrhundert liefern uns keinen eindeutigen Beweis dafür, daß die gerichtliche Folterung von Sklaven in der Theorie akzeptiert war, und auch nur sehr wenige Belege dafür, daß Sklaven häufig gefoltert wurden oder daß die Athener eine hohe Meinung von derart erlangten Zeugenaussagen hatten.

Aber das griechische Recht hat zwei verschiedene Seiten – auf der einen entstand ganz allmählich ein bürgerliches Recht mit eigenen

Regeln und Verfahren, und auf der anderen war dieses Recht nicht selten in Gefahr, aus politischen Gründen mißbraucht zu werden. So gibt es Hinweise darauf, die Folter könnte bedeutend häufiger in politischen Streitfällen eingesetzt worden sein als in normalen zivil- oder strafrechtlichen.

Nach der Niederlage der Athener vor Syrakus im Jahre 413 v.Chr. richteten die Syrakusaner den athenischen Heerführer Nikias hin, weil, wie Thukydides berichtet, »gewisse Syrakusaner... fürchte-ten... er könne auf irgendeinen Verdacht ihrer Schuld hin gefoltert werden und ihnen in der Stunde des Glücks Unannehmlichkeiten bereiten.« (*Peloponnesischer Krieg,* VII.86) Die Möglichkeit, daß Nikias von den Lakedämoniern hätte gefoltert werden können, scheint von den Syrakusanern als gegeben angesehen worden zu sein – viel-leicht weil ein Folterverhör unter den besonderen Umständen des Krieges oder der Gefangenschaft nicht Teil des normalen Rechts der Griechen war und besagte Umstände uneingeschränktere Gelegenhei-ten zu Folter und verschärfter Bestrafung boten.

Der Ausnahmecharakter der Situation des Gefangenen – ob in der Hand des Feindes oder der des politischen Gegners daheim – legt nahe, daß (wie immer es um die Folterung von Sklaven bestellt sein mochte) die Folterung freier Bürger im Normalfall außerordentlich schwer zu erreichen war, und dies selbst in Zeiten allgemeiner Unruhe wie etwa jener nach der Entweihung der Hermes-Statuen. Die Furcht der Syra-kusaner vor belastenden Aussagen des Nikias war jedoch angesichts der politischen Atmosphäre des 5. Jahrhundert nicht unbegründet. Im Jahre 411 v.Chr. war Phrynichus, ein führender Angehöriger der athenischen Oligarchie der Vierhundert, einem Attentat zum Opfer gefallen, und da der Attentäter selbst, ein Soldat, entkommen konnte, wurde einer seiner Komplizen festgenommen und, wie Thukydides festhält (*Peloponnesischer Krieg,* VIII.92), auf Geheiß der Vierhundert gefoltert (wobei er allerdings kaum etwas preisgab). Auch wenn das Opfer der Vierhundert kein Athener, sondern ein Argivier war, scheint eine solche vorschriftswidrige Folterung eines freien Bürgers in Grie-chenland selten gewesen zu sein. Zu dem vielleicht bekanntesten Fall war es ein Jahrhundert zuvor gekommen, als nämlich 514 v.Chr. Aristogeiton wegen seiner Beteiligung an der Ermordung des Peisistra-tiden Hipparchos gefoltert worden war.

Die Folter im römischen Recht

Das römische, von griechischen Einflüssen mitgeprägte Recht stellt das umfangreichste Werk der Rechtsgelehrsamkeit dar, das die westliche Tradition kennt. Deshalb hat auch die darin enthaltende Folterdoktrin das zweimalige Wiederaufleben des Folterns, wie es die westliche Welt im 13. und im 20. Jahrhundert erlebt hat, stark beeinflußt.

Um es kurz zusammenzufassen, nach dem frühesten römischen Recht durften – wie im Falle des griechischen – ausschließlich Sklaven gefoltert werden, und dies auch nur dann, wenn sie eines Verbrechens angeklagt waren. Später konnten sie auch als Zeugen gefoltert werden, allerdings mit starken Einschränkungen. Ursprünglich war das nur zulässig, wenn auch der Angeklagte ein Sklave war. Vom 2. Jahrhundert an durften Sklaven auch gefoltert werden in Fällen, bei denen es um Geld ging. Auf die freien Bürger, die anfänglich von der Folter (wie von allen den Sklaven vorbehaltenen Formen einer verschärften Bestrafung) ausgenommen waren, fiel ihr Schatten dann während des Kaiserreiches – eine Folterung war zunächst bei Verrat, schließlich aber bei immer mehr Vergehen und Verbrechen möglich, die jeweils durch kaiserlichen Erlaß festgelegt wurden. Nach der im 2. Jahrhundert n.Chr. erfolgten Unterteilung der römischen Gesellschaft in die Klasse der *honestiores*, der Edlen, und die der *humiliores*, der Bürger, konnten anfänglich nur die Angehörigen der letzteren jenen Formen des Verhörs und der Bestrafung unterworfen werden, die man vorher nur Sklaven zugedacht hatte. Aber auch die Edlen konnten in Fällen von Verrat und bestimmten anderen Verbrechen gefoltert werden – als Angeklagte ebenso wie als Zeugen.

Wie in Griechenland hatten auch in Rom die Besitzer von Sklaven zu Zeiten der Republik das uneingeschränkte Recht, die eigenen Sklaven zu strafen und zu foltern, wenn sie diese verdächtigten, sich innerhalb der Grenzen ihres Besitzes eines Vergehens schuldig gemacht zu haben. Dieses Recht wurde erst 240 n.Chr. per Reskript des Kaisers Gordian abgeschafft (*Codex* 9.41.6). Cicero geht in seiner Rede *Pro Cluentio* auf den Fall der Sassia ein, der Schwiegermutter des Cluentius Avitus, die einen ihrer Sklaven in ihrem Haus gefoltert hatte. Der Sklave hatte gestanden, war ein zweites Mal gefoltert und dann getötet worden, weil, so Cicero, Sassia befürchtete, er könnte seine unter der Folter gemachte Aussage widerrufen. Eine derartige Behandlung von Sklaven scheint in Rom allgemein üblich gewesen zu sein, was den großen Historiker Theodor Mommsen zu der Auffassung gelangen ließ, daß die häusliche Disziplin die Grundlage des späteren römischen Strafprozesses im Zivil- und Strafrecht bildete, eine Ansicht, für die einiges spricht.

Da das römische Recht teilweise das Muster für die Regelung der Folter im späteren europäischen, bis ins 19. Jahrhundert geltenden Recht abgegeben hat, soll hier ausführlicher auf sein Wesen und seine entsprechenden Bestimmungen eingegangen werden. Und dafür gibt es keinen besseren Ausgangspunkt als den Bereich des häuslichen Lebens, auf den Mommsen hingewiesen hat.

In jeder Kultur ist die Weiterentwicklung des Rechts von der privaten Schlichtung persönlicher oder familiärer Konflikte zum öffentlichen Prozeß eine sehr komplizierte Sache. Ein großer Teil der während der Zeit der Republik üblichen rechtlichen Verfahrensweisen ist nur unter dem Gesichtspunkt einer privaten »Gerechtigkeit« zu verstehen. Von der Fehde – oder gar Blutfehde – und privater Rache führte ein nächster Schritt zu einem unabhängigen Schiedsspruch durch eine dritte Partei, von der schiedsrichterlichen Entscheidung durch einzelne oder die Gemeinschaft zu einer regelmäßigen, durch den Staat gemäß der *leges actiones* (Formen der gesetzlich geregelten Klage) erfolgenden Schlichtung, von dort zu einem umfänglicheren förmlichen Prozeß und schließlich zu dem Verfahren *cognitio extra ordinem*, bei dem der Staat allein Träger des Rechtswesens ist. Wie Alan Watson (*The Law of the Ancient Romans*, Dallas, 1970, p.10) anmerkt, haben sich in Rom einige dieser Entwicklungen schon sehr früh vollzogen. Im Falle des *cognitio extra ordinem* ist den Parteien eines Prozesses die Kontrolle über den Verlauf entzogen, und der private, als Schiedsmann fungierende Bürger wird durch einen öffentlichen Bediensteten ersetzt, der vom Kaiser oder von einem hohen Beamten der kaiserlichen Verwaltung mit diesem Amt betraut worden ist. Die Macht des Staates war nun noch größer als im Falle der nach den *leges actiones* kontrollierten Rache oder organisierten Schlichtung. Darüber hinaus wurden bestimmte Taten nun als *crimina*, als Verbrechen, angesehen, nämlich solche, die die Sicherheit der Gesellschaft und die *pax deorum*, das Wohlwollen der Götter, gefährdeten. Diese Verbrechen wurden von rein privaten Rechtsstreitigkeiten unterschieden, die die Bezeichnung *iudicia privata* trugen.

Diese kurze Zusammenfassung spiegelt die allgemein übliche Aufteilung der römischen Rechtsgeschichte wider: die Zeit des alten Rechts (die bis zum 3. Jahrhundert v.Chr. andauert), die klassische Periode (vom 2. vorchristlichen bis zum Beginn des 3. nachchristlichen Jahrhunderts) und die Zeit des späten Kaiserreiches (vom 3. bis zum 6. Jahrhundert). Historiker des römischen Rechts betrachten – anders als ihre mit der griechischen Rechtsgeschichte befaßten Kollegen – das rechtliche Verfahren der Römer bereits in seinen Anfängen eher als einen kollektiven Prozeß denn als ein ausschließlich auf der Selbsthilfe beruhendes – bei einem Rechtsstreit wurde die Stimme der Gemeinschaft schon früh und im Verlaufe des ganzen Verfahrens immer wieder gehört, sei es, daß sie durch den Mund eines unabhängigen Schiedsmannes sprach oder durch den eines öffentlichen Magistrats.

Man ist sich weitgehend darin einig, daß ein entscheidender Faktor bei der Weiterentwicklung des römischen Rechts von einer primitiv-sakralen zu einer rationalisiert-säkularen Ebene das seit dem 5. Jahrhundert sehr einflußreiche griechische Denken gewesen ist. Während dieses langen und langsamen Prozesses gewannen Eid und Zeugenaussage immer größeres Gewicht, desgleichen die Förmlichkeit der Klageerhebung und die Frage der Schlichtungsmethoden. Das förmliche Verfahren brachte eine wesentliche Verfeinerung in der Kategorisierung und Gewichtung des Beweismaterials mit sich, vor allem des schriftlichen. Im Laufe der Entwicklung wurde das staatliche Verfahren zur Standardform des römischen Gerichtsverfahrens, von nur einem Magistrat, normalerweise Mitglied einer gesellschaftlichen Klasse unterhalb der höchsten und von Berufs wegen mit rechtlichen Fragen vertraut.

Beim Gerichtsverfahren, wie es unter dem alten Recht üblich war, hielt man sich strikt an den Grundsatz der Unverletzbarkeit des freigeborenen Bürgers. Theodor Mommsen hat darauf hingewiesen, daß sich in der gesamten Geschichte der Republik nicht ein Verstoß gegen diesen Grundsatz findet. Und auch Sklaven, die nicht zu einem bestimmten Haushalt gehörten, scheinen nur im Falle von strafrechtlichen Verfahren von der Folter bedroht gewesen zu sein – und nicht, wie in Griechenland, unterschiedslos bei allen zivilrechtlichen Prozessen. In seiner um 45 v.Chr. entstandenen Schrift *De partitione oratoria* (34.117–18) befaßt sich Cicero mit der Einstellung des Rechtsvertreters zu Aussagen, die unter der Folter gemacht wurden.

Falls eine Vernehmung von Zeugen unter Einsatz der Folter oder die Forderung, eine solche Vernehmung durchzuführen, mit einiger Wahrscheinlichkeit weiterhelfen können, muß man sich erst einmal für diese Einrichtung aussprechen und über die Wirksamkeit des Schmerzes sprechen, dann aber auch über die Ansichten unserer Vorväter, die die ganze Sache doch zweifellos verworfen hätten, wenn sie nicht für sie gewesen wären; und man muß über die Einrichtungen der Athener und der Rhodier sprechen, höchst kultivierter Leute, bei denen sogar Freie und Bürger – so schockierend das sein mag – gefoltert werden; und man muß auch über die Institutionen unserer Landsleute sprechen, Menschen von größter Klugheit, die, obgleich sie es nicht gestattet haben, daß Sklaven gefoltert werden, um sie zu Aussagen gegen ihre eigenen Herren zu bringen, nichtsdestoweniger dem Gebrauch der Folter bei Fällen von Inzest und im Zusammenhang einer Verschwörung, zu der es während meiner Konsulschaft gekommen war, zugestimmt haben. Außerdem muß man das Argument, das für gewöhnlich vorgetragen wird, um unter Folter gemachte Aussagen als ungültig abzutun, als lächerlich zurückweisen und für doktrinär und kindisch erklären. Dann muß man das Vertrauen in die Gründlichkeit und Unparteilichkeit der Ermittlung wecken und die unter Folter gemachten Aussagen mit den Mitteln des Arguments und der Schlußfolgerung bewerten. Dies sind nun mehr oder weniger die wesentlichen Bestandteile einer Argumentation seitens der Anklage.

Cicero ist wohl zumindest im Hinblick auf das traditionelle athenische Recht im Irrtum, und was er über die Rhodier sagt, läßt sich nicht belegen. Seine Erwähnung der Verschwörung des Catilina liefert den einzigen Hinweis, daß 64 v.Chr. der Einsatz der Folter erfolgt oder erwogen worden sein könnte, und die Ablehnung, Sklaven zu foltern, um sie zu Aussagen gegen ihre eigenen Herren zu bewegen, entspricht einem allgemein anerkannten römischen Rechtsgrundsatz, der jedoch wahrscheinlich auf einen Senatserlaß zurückgeht und nicht auf ein seit Vorzeiten gepflegtes Brauchtum. Cicero verteidigt, wie unschwer zu sehen ist, den Einsatz der Folter durch die Anklage und führt ausschließlich Gründe auf, die in diesem Sinne für ihn sprechen, genauer gesagt, er führt die Art von Argumenten auf, die ein Rechtsvertreter vorbringen müßte, wenn er sich genötigt sähe, für die Anwendung der Folter zu plädieren. Seine Argumente erinnern an die, die Aristoteles als zum Rüstzeug des Redners gehörig aufgeführt hatte, Gedanken, an die vor allem Quintilian in seiner aus dem ersten nachchristlichen Jahrhundert stammenden *Institutio oratoria* (5.4.1.) anknüpft:

Eine ähnliche Situation ergibt sich im Falle von Aussagen, die durch Folter erzwungen wurden: die eine Partei wird die Folter als unfehlbare Methode der Wahrheitsfindung bezeichnen, während die andere geltend machen wird, daß sie oftmals auch zu falschem Zeugnis führt, denn es gibt Menschen, deren Durchstehvermögen die Lüge zu einer leichten Sache, und andere, deren Schwäche sie zu einer Notwendigkeit macht. Es lohnt sich hier kaum, noch mehr zu diesem Thema zu sagen, da sowohl frühere als auch heutige Redner sehr ausführlich darauf eingegangen sind. Einzelfälle können jedoch besondere diesbezügliche Überlegungen erforderlich machen. Denn wenn die zu entscheidende Frage die ist, ob die Folter angewendet werden sollte, dann ist von größter Bedeutung, wer es ist, der den Einsatz anbietet oder fordert, wer es ist, der gefoltert werden soll, gegen wen auf diese Weise erlangte Aussagen verwendet werden sollen und welches das Motiv der Forderung ist. Wenn andererseits die Folter schon angewandt worden ist, ist es von größter Bedeutung, unter wessen Leitung dies geschah, wer das Opfer war und welcher Art die Folterung, ob das Geständnis glaubwürdig ist und widerspruchsfrei, ob der Zeuge sich an seine erste Aussage gehalten und ob er sie gleich zu Beginn der Folter gemacht hat oder erst, nachdem er schon eine Weile gefoltert worden ist. Die Zahl dieser so überaus verschiedenen Fragen ist so groß wie die Zahl der tatsächlichen, gänzlich unterschiedlichen Fälle.

Die römischen Rhetoren befassen sich – wie die griechischen – mit ganz speziellen Aspekten und beleuchten deshalb nur einen Teil des Problems. Juristische Quellen im eigentlichen Sinn liefern uns zwei weitere sehr wichtige Informationen, die die Veränderung der römischen Gesellschaft und die Widerspiegelung dieser Veränderung im römischen Strafrecht betreffen. Die republikanische Unterscheidung freier Bürger und Sklave verlor nach der Gründung des Kaiserreichs in doppelter Weise an Bedeutung, nämlich zum einen auf Grund der Tatsache, daß es im 1. und 2. Jahrhundert n.Chr. zu kaiserlichen Erlassen und Herrschaftspraktiken kommt, die erhebliche Auswirkungen auf das Recht haben (speziell auf die den Verrat ahndenden Gesetze), und zum anderen auf Grund der neuen Unterteilung der Gesellschaft in die Klasse der *honestiores* und die der *humiliores*. Die erstere hatte großen Einfluß auf das Recht, während die letztere ganz neue Kategorien der Schuldhaftung entstehen ließ.

Henry C. Lea zitiert in seinem Essay über die Folter *Superstition and Force* von 1866 (1973 unter dem Titel *Torture* nachgedruckt) einen Abschnitt von Sueton (*Leben der Caesaren*, »Augustus«, xxii), in dem es um die Fragwürdigkeit der kaiserlichen Privilegien geht. Während des 2. Triumvirats hatte ein Prätor namens Z. Gallius, eine Schreibtafel unter seiner Toga tragend, dem Oktavian seinen Gruß entboten. Oktavian, der die Tafel für ein Schwert hielt und Gallius für einen Verschwörer, ließ diesen sogleich verhaften, foltern und schließlich umbringen. Der Gedanke der Majestät, einst kollektiv vom gesamten römischen Volk repräsentiert, war nun allein in der Person des Kaisers verkörpert. Dieser konnte nicht nur Gesetze erlassen, sondern ihm stand auch zu, Ausnahmen festzulegen, auf die die Gesetze nicht zutrafen, wobei die alten republikanischen Vorrechte der freien Bürger nicht mehr notwendig Berücksichtigung fanden – vor allem dann nicht, wenn die kaiserliche Sicherheit (tatsächlich oder vermeintlich) bedroht war.

Die Quellen der Rechtsgeschichte der Republik – das Zwölftafelgesetz, die Texte der Rhetoren, die Erlasse des Senats und die gelegentlichen Kommentare von Juristen, wie man sie in den *Institutes* des Gajus findet – versiegen im Kaiserreich. An ihre Stelle treten nun die Edikte und Reskripte einzelner Kaiser, die Kommentare dazu, die spätere Rechtsgelehrte wie etwa Paulus oder Ulpian verfaßten, und andere Schriften. Den Höhepunkt dieser Entwicklung stellt die Sammlung des *Corpus Juris Civilis* des Justinian dar, die im 6. Jahrhundert zusammengetragen wurde – ein beachtliches, rational angelegtes und erläutertes Gesetzeswerk, das von großem Einfluß für die weitere Rechtsgeschichte gewesen ist. Seit dem 16. Jahrhundert beschäftigt jedoch die Frage nach der Beziehung zwischen der Sammlung des Justinian und der Rechtsgeschichte der ihr vorausgehenden ersten sechs nachchristlichen Jahrhunderte Historiker und Juristen gleichermaßen. Man kann Justinians *Corpus* nicht einfach in der Erwartung aufschlagen, etwas über die bis dahin führende Rechtsgeschichte zu erfahren. Jedoch sind in diesem Werk so viele der Texte enthalten, die für die Rechtsgeschichte des römischen Kaiserreichs von grundlegender Bedeutung sind, daß eine Bezugnahme darauf wichtig und sinnvoll ist.

Da nun die Gestalt des Kaisers (wiewohl im Normalfall umgeben von juristischen Beratern) an der Spitze des römischen Rechts steht, müssen wir uns eingehender mit der Tatsache befassen, daß der kaiserliche Einfluß im Falle von politischen Verbrechen immer größer wurde, und ebenso mit den sozialen Veränderungen, die zu einer Aufteilung der römischen Gesellschaft in zwei Klassen von Bürgern führten und im römischen Recht zwei Arten von Schuldhaftung entstehen ließen.

Die Folterung des Gallius durch Octavian ist das erste, wenn auch nicht das schlimmste Beispiel für kaiserliches außer-gerichtliches Vorgehen gegen angebliche Verräter. Sueton beschreibt eingehend und mit großer Boshaftigkeit die Schritte, die Tiberius gegen tatsächliche oder eingebildete Verschwörungen unternahm, bis schließlich »jedes Verbrechen als Kapitalverbrechen« behandelt wurde (»Tiberius«, 61–2). Das führte sogar so weit, daß ein Freund des Kaisers aus Rhodos, der in Rom zu Besuch weilte, von diesem aus Zerstreutheit auf die Folter geschickt wurde, hatte der Kaiser ihn doch für einen neuen Informanten gehalten. »Während Caligula speiste oder sich vergnügte, wurden häufig Folterverhöre in seiner Gegenwart durchgeführt.« (»Caligula«, 32) Claudius »forderte immer Vernehmungen unter der Folter« (»Claudius«, 34), und von Domitian berichtet Sueton, daß er, »um verborgene Verschwörer ausfindig zu machen, viele Angehörige der gegnerischen Partei folterte und eine ganz neue Form des Folterverhörs praktizierte, nämlich Feuersglut in ihre Geschlechtsteile einführte und einigen die Hände abschlug« (»Domitian«, 10).

Bisher haben wir uns allein auf das konzentriert, was die Kaiser auf dem Gebiet des Folterverhörs geleistet haben, müssen nun aber auch festhalten, daß die Seiten von Sueton und Tacitus voll sind von exzessiven Grausamkeiten, Verdächtigungen und mörderischer, psychotischer Raserei – Erscheinungen, die die gesamte Geschichte des julisch-claudischen Hauses kennzeichnen. Es fällt manchmal schwer, in all dem Blut, das die frühe Geschichte des Kaiserreiches besudelt, noch Einzelheiten zu erkennen. Zu Zeiten machte der kaiserliche Zorn das gerichtliche Verfahren vorsätzlich zu einer Parodie seiner selbst – so beschreibt Tacitus, wie Tiberius einige rätselhafte Zeichen, die in den Papieren eines gewissen Libo neben den Namen der kaiserlichen Familie entdeckt worden waren, untersucht:

> Als der Angeklagte bestritt, was ihm zur Last gelegt wurde, beschloß man, die Sklaven zu vernehmen, die unter der Folter die Handschrift erkannten. Da aber ein altes Dekret die Vernehmung von Sklaven im Zusammenhang mit einer Anschuldigung, die das Leben ihrer Herren betraf, untersagte, befahl Tiberius, der seine Talente ganz der Entdeckung einer neuen Jurisprudenz widmete, daß sie alle einzeln an den Beauftragten des Schatzamtes verkauft werden sollten – und das alles nur, um an Aussagen von Sklaven gegen Libo zu kommen, ohne sich dabei über einen Senatserlaß hinwegzusetzen! (*Annalen*, II.30)

Die Bemerkung, Tiberius habe »seine Talente ganz der Entdeckung einer neuen Jurisprudenz« gewidmet, ist mehr als bittere Ironie, denn ihre Macht und Stellung gestatteten den Kaisern, im Hinblick auf das alte römische Vorgehen wider die *maiestas* oder die *perduellio*, den Verrat am römischen Volk, außergewöhnliche Verfahren zu entwikkeln. So erzählt Tacitus auch die Geschichte der freigelassenen Sklavin Epicharis:

Inzwischen fiel Nero wieder ein, daß Epicharis auf Veranlassung des Volusius Proculus in Haft war. Und da er davon ausging, daß weibliches Fleisch und Blut dem Schmerz nicht gewachsen sein werde, befahl er, sie zu foltern. Aber weder die Peitsche noch das Feuer noch auch der Zorn der Folterknechte, die angesichts der Tatsache, daß sie es mit einer Frau zu tun hatten, ihre Anstrengungen eher verdoppelten, als sich Mäßigung auferlegten, konnten sie davon abbringen, an ihrer Leugnung der Anschuldigungen festzuhalten. So trotzte sie dem ersten Foltertag. Am nächsten, als man sie, da ihre ausgerenkten Glieder sie nicht mehr zu tragen vermochten, in einem Stuhl zur Wiederholung der Quälerei schleppte, befestigte sie das Brustband, das sie sich vom Busen gestreift hatte, so am Baldachin des Stuhls, daß es eine Schlinge bildete, schob ihren Hals hindurch und preßte, indem sie ihr ganzes Körpergewicht in dieses Bemühen warf, all den schwachen Atem aus sich heraus, der ihr noch verblieben war. Dadurch, daß sie trotz der grauenhaften Gewaltanwendung Männer gedeckt hatte, die nicht mit ihr verbunden und ihr nur kaum bekannt waren, hat diese freigelassene Sklavin und Frau ein Beispiel gegeben, das um so strahlender leuchten mußte zu einer Zeit, da freigeborene Männer, römische Adlige und Senatoren, obgleich keiner Folter unterworfen, selbst noch ihre liebsten Angehörigen verrieten. Denn Lucanus selbst und auch Senecio und Quintian versagten es sich nicht, alle ihre Komplizen preiszugeben, während Neros Terrorherrschaft immer schlimmer wurde, obwohl er die Wachen, die seine Person umgaben, um vieles verstärkt hatte. (*Annalen*, XV.57)

Man sollte beispielsweise auch die Christenverfolgung im Lichte von Methoden wie den hier geschilderten sehen. Ursprünglich waren die Christen durch ihren jüdischen Status geschützt, da der Judaismus im Kaiserreich zugelassene Religion war (obwohl er nicht den üblichen römischen Anforderungen an gesetzlich erlaubte Religionen entsprach). Im letzten Viertel des ersten Jahrhunderts waren dann aber die römischen Magistrate in der Lage, Christentum und Judaismus voneinander zu unterscheiden, so daß die Christen nun in die Kategorie der Anhänger verbotener Religionsgemeinschaften fielen und die rechtlichen Folgen zu tragen hatten, die sich daraus ergaben. Obwohl unter den Gelehrten große Uneinigkeit hinsichtlich der technischen

Gründe für die Verfolgung der Christen herrscht, stimmen im allgemeinen doch alle darin überein, daß Folterung und verschärfte Todesstrafen, die seit 64 n.Chr. unter Nero üblich waren, den Präzedenzfall dafür lieferten, daß die Christen als gottlos und subversiv angesehen und folglich dem Personenkreis zugerechnet wurden, der dem Folterverhör und einer nachfolgenden schmachvollen und erniedrigenden Aburteilung unterworfen werden konnte. Henry C. Lea kennzeichnet die Verbindung von einmaligen psychologischen Gegebenheiten und der rechtlichen Macht der Kaiser sehr treffend, wenn er schreibt, daß, »angeregt durch so abscheuliche Begierden, die unberechenbare und unverantwortliche Grausamkeit den Hochverratsgesetzen einen sehr weiten Geltungsbereich zu verschaffen vermochte«. (*Torture*, p.10) Denn die den Verrat, das *crimen laesae maiestatis,* ahndenden Gesetze lieferten den Kaisern den Vorwand, sich in rechtlichen Dingen eine so große Macht anzueignen. Die Ergebnisse dieser Entwicklung beeinflußten später das strafrechtliche Verfahren ganz allgemein.

An Mommsen anknüpfend, meint Floyd Lear (*Treason in Roman and Germanic Law,* 1965), die römische Doktrin des Verrats, des Majestätsverbrechens, d.h. der Verletzung oder Herabsetzung der Majestät, sei aus den frühen römischen religiösen Sanktionen gegen den Vatermord *(parricidium)* hervorgegangen und gegen die Taten von Römern, die zum Feind ihrer eigenen Volksgemeinschaft geworden waren und deren Gegner unterstützt hatten *(perduellio).* Zum *perduellio,* zum Hochverrat, gehörte auch die Desertion von der Armee, die Auslieferung jedweden römischen Territoriums an den Feind, die Unterstützung des Feindes, die Anzettelung eines Krieges gegen Rom oder einer internen Rebellion sowie – im Falle einer Verbannung – der Bruch des Banns durch illegale Heimkehr nach Italien. Der Hochverrat umfaßte des weiteren Angriffe auf Verwaltungsbeamte und die Verletzung der Pflichten des Klienten gegenüber dem Patron. Auch hier Mommsen folgend, geht Lear der Geschichte des Begriffes *maiestas* nach, der zunächst die Würde der Vertreter des Volkes, der Tribunen, bezeichnete, die nach patrizischem Verständnis nicht durch die Hochverratsgesetze geschützt war. Zu Ende der Republik stand Majestät dann für die Würde des römischen Volkes und Staates insgesamt, wobei der Begriff frühere absorbiert hatte, so daß zu den Verbrechen wider die Majestät nun auch die Verletzung der Ehre und die Beleidigung gehörten. Es kam vor, daß sich ein vorübergehend herrschender

Diktator eine so herausgehobene Stellung anmaßte, daß aus Angriffen auf seine Person ein Verbrechen gegen die Majestät des römischen Volkes wurde – wie das etwa Oktavian im Falle des Gallius vorexerziert hatte, bevor er Kaiser wurde. Als das Oberhaupt des Staates schließlich zum *Augustus* erhoben worden war, konnte dieser all die alten Sanktionen gegen den Vatermord, die Verletzung der Pflichten des Patriziers, die Verletzung der Beleidigung des Volkstribuns und die Nichtbeachtung religiöser Gebote in eigener Sache nutzbar machen und so das Majestätsverbrechen zu einem Verbrechen der Gottlosigkeit stempeln, das nicht einfach an einer Privatperson begangen wurde, sondern an jemandem, der die Würde und Heiligkeit des römischen Volkes verkörperte.

Eine derart erweiterte Machtbefugnis erklärt, warum sich die julisch-claudischen Kaiser so große Freiheiten herausnehmen konnten, um sich vor tatsächlichen oder vermeintlichen Bedrohungen zu schützen, wie dies Sueton und Tacitus nicht ohne Bitterkeit registrieren. Was den Tatbestand des Verrats anbelangt, so überdauerte diese frühe Entwicklung des römischen Rechts die Kaiser aus dem julisch-claudischen Haus und wirkte sich nicht nur auf die Häufigkeit der Folterungen im römischen Imperium aus, sondern führte auch zu einer stark überhöhten Vorstellung vom Staat.

Neben den Veränderungen, denen die Doktrin der *maiestas* unterworfen war, gilt es, einige rechtliche Folgen des sozialen Wandels zu berücksichtigen, der sich zwischen dem 1. und 4. Jahrhundert im Kaiserreich vollzog. Die alte republikanische Unterscheidung zwischen freien Bürgern und Sklaven und – im Falle der freien Bürger – zwischen Patriziern und Plebejern verlor mit dem Bürgerkrieg und dem Fall der Republik ihre Gültigkeit. Die neue soziale Unterteilung, die im 3. Jahrhundert Eingang in das römische Recht fand, ist die der Bürger in *honestiores*, Edle, und *humiliores*, Bürger. Die ersteren waren privilegiert und stellten die herrschende Klasse des Kaiserreichs dar, während zu den letzteren alle übrigen Bürger gehörten, d. h. die in niederen Berufen tätigen, die Armen und die Entwurzelten. Die Art und Weise, wie diese neue Aufteilung in die rechtlichen Bestimmungen »übersetzt« wurde, zeigt ein Abschnitt aus Justinians *Digesten*:

Die Glaubwürdigkeit von Zeugen sollte gründlich bedacht werden. Deshalb sollte bei der Überprüfung ihrer Person *zuallererst* ihrem jeweiligen Stand Beachtung geschenkt werden, d. h. ob ein Mann etwa ein Dekurio [ein zu den Edlen gehörender städtischer Beamter] oder ein [zu den Bürgern zu zählender] Plebejer ist und ob er ein ehrliches und untadeliges Leben führt oder im Gegenteil ein Mann ist, der durch öffentliche Ehrlosigkeit [zum Begriff der *infamia* siehe unten] gebrandmarkt und tadelnswert ist. (22.5)

Justianias Anweisung beschränkte sich nicht darauf, Magistraten nahezubringen, wie der Charakter von Zeugen einzuschätzen sei. Denn bis zum 6. Jahrhundert hatten die rechtlichen Auswirkungen der Unterscheidung von Edlen und Bürgern sowie das neue, unter den Kaisern entstandene unbarmherzige Strafrecht die Bürger zu den ersten, dem Kreis der Freien zugehörenden Opfern der richterlich verfügten Folterung gemacht – zusätzlich zu jenen, die nach Maßgabe der für das Majestätsverbrechen geltenden Rechtsvorschriften gefoltert werden konnten. Und die Folter war nicht die einzige Last, die dem Stand der Bürger aufgebürdet wurde. Bestimmte Arten der Bestrafung, wie etwa wilden Tieren vorgeworfen oder gekreuzigt zu werden, konnten nun auch sie treffen. Die Angehörigen der niederen Klasse freier Bürger, die nun Folterverhören unterworfen und mit Strafen belegt werden konnten, die früher allein Sklaven gegolten hatten und allenfalls bei Verrat über freie Bürger hatten verhängt werden dürfen, sanken dadurch in rechtlichem Sinne auf das Niveau von Sklaven ab, d. h. das Bürgerrecht bot keineswegs mehr allen Bürgern den gleichen Schutz.

Zur Zeit des frühen Kaiserreiches trugen verschiedene Eigenheiten der römischen Rechtsgeschichte dazu bei, daß die rechtliche Behandlung des Hochverrats zentrale Bedeutung für die Frage der Folter erlangte. Einige Gruppen von Menschen wurden nun als so niedrig und einige Verbrechen als so schändlich angesehen, daß die bislang vorhandenen Einschränkungen aufgehoben wurden. Die Erhöhung des Kaisers zur Verkörperung der Hoheit des römischen Volkes und die zunehmend sich durchsetzende Auffassung, daß der Verrat ein besonders gemeines individuelles Verbrechen sei, sind wesentlich für die genauere Bestimmung des Zusammenhanges, innerhalb dessen sich die strafrechtliche Regelung der Folter freier Bürger entwickelte. Ein klassischer Fall soll uns hier daran erinnern, welchen großen Schutz das Gesetz normalerweise den römischen Bürgern um die Mitte des ersten Jahrhunderts noch bot.

Einer der bekanntesten Prozesse der römischen Rechtsgeschichte ist jener gegen den Apostel Paulus vor den römischen Gerichten von Jerusalem und Caesarea. Paulus, der mehrerer Verbrechen angeklagt war, wurde vor einen Zenturio gebracht, der anregte, man solle ihn einem Folterverhör unterziehen, um hinsichtlich der gegen ihn erhobenen Anschuldigungen die Wahrheit zu erfahren. Als man Paulus für die Auspeitschung fesselte, fragte dieser den Zenturio: »Darfst du denn jemanden auspeitschen lassen, der ein römischer Bürger und darüber hinaus nicht schuldig gesprochen worden ist?« Nach Rücksprache mit dem Vorgesetzten, der bestätigte, daß die Behauptung des Paulus der Wahrheit entsprach, ließ der Zenturio diesen nicht nur losbinden, sondern zeigte sich auch sehr besorgt, »weil Paulus doch ein römischer Bürger war und er ihn in Ketten gelegt hatte«. Der weitere Prozeßverlauf beleuchtet andere Aspekte des römischen Gerichtsverfahrens, aber zunächst liefert der Anspruch des Paulus, als römischer Bürger nicht den üblichen Strafermittlungsprozeduren unterworfen zu sein, ein sehr anschauliches Beispiel dafür, wie unantastbar in einem sehr bedeutenden Verwaltungszentrum der Provinz ein Bürger Roms war.

Interessant ist dabei auch, daß Paulus den Anspruch auf Behandlung als römischer Bürger nur auszusprechen brauchte, um zu erreichen, daß die Folterung ausgesetzt wurde. Natürlich mußte die Behauptung des Paulus genauestens überprüft werden. Fast zwei Jahrhunderte später zitiert Ulpian eine entsprechende kaiserliche Verfügung: »Wenn jemand, um sich der Folter zu entziehen, behauptet, er sei frei, so soll er, wie der göttliche Hadrian per Reskript angeordnet hat, nicht gefoltert werden, bevor nicht über seinen Status entschieden ist.« (*Digesten*, 48.18.12) So wirkte in Fällen wie demjenigen des Paulus die Behauptung, freier Bürger zu sein, wie eine Art Zwischenurteil, über das entschieden werden mußte, bevor der eigentliche Prozeß fortgesetzt werden konnte. Andere Belege lassen den Schluß zu, Hadrian habe nur einen älteren Rechtsgrundsatz bestätigt.

Die Römer benutzten eine ganze Reihe verschiedener Wörter zur Bezeichnung dessen, was wir hier einigermaßen undifferenziert »Folter« genannt haben. Die Untersuchung im Rahmen eines Strafverfahrens hieß *quaestio*, ein Begriff, der auch den Gerichtshof selbst bezeichnen konnte. *Tormentum* meinte ursprünglich eine Art der Bestrafung einschließlich der verschärften Todesstrafe, die in der Republik nur über Sklaven verhängt werden konnte und später über freie Bürger nur für bestimmte Verbrechen. Wenn *tormentum* bei einer Zeugenbefragung angewendet wurde, so sprach man von *quaestio per tormenta* oder *quaestio tormentorum*, womit gesagt war, daß es sich um ein Verhör unter Einsatz von Mitteln handelte, die ursprünglich ausschließlich solche der Bestrafung gewesen waren – und nur der Bestrafung von Sklaven obendrein. Ulpian hat sich eingehend mit der Verknüpfung dieser Begriffe befaßt und schreibt:

> Unter »Folter« sollten wir Marter und körperliches Leiden und Schmerz verstehen, die eingesetzt werden, um die Wahrheit herauszubekommen. Deshalb rechtfertigt die bloße Befragung unter Zuhilfenahme eines bescheidenen Maßes von Einschüchterung nicht die Verwendung dieser Verordnung. Der Begriff des *tormentum* beinhaltet all die Dinge, die mit der Anwendung der Folter in Zusammenhang stehen. Wenn also auf Gewalt und Marter zurückgegriffen wird, so ist das gleichbedeutend mit Folter (*Digesten*, 47.10.15.41)

An anderer Stelle bemerkt Ulpian: »Wir beziehen den Begriff ›Folter‹ jedoch nicht nur auf das Verhör, sondern auf jede Vernehmung und Verteidigung, die im Zusammenhang der Untersuchungen stehen, bei denen es um den Tod des Herrn geht.« (*Digesten*, 29.5.1.25) Offensichtlich waren zur Zeit des Ulpian *quaestio* und *tormentum/tortura* praktisch zu Synonymen geworden. Diese Identifizierung ist im Französischen erhalten, wo mit Blick auf das Strafverfahren *la question* lange gleichbedeutend war mit *la torture*. Die römische Terminologie macht deutlich, warum die Anwendung der Folter ursprünglich auf Sklaven beschränkt war, hatte sie sich doch aus Strafen entwickelt, die nur gegen diese verhängt werden konnten.

Der Großteil des unter dem Titel »Über die Folter« in den *Digesten* gesammelten Materials (48.18) bezieht sich tatsächlich auf die Folterung von Sklaven. Die einzige Ausnahme bilden die Ausführungen von Arcadius Charisius, der feststellt: »Wenn aber die Anklage ›Verrat‹ lautet und das Leben von Kaisern betroffen ist, sind ausnahmslos alle, die als Zeugen aufgerufen werden, zu foltern, wenn es der Fall erfordert.« (*Digesten*, 48.18.10.1) Charisius, der um 300 n.Chr. schrieb, ist ein später Zeuge, bestätigt aber eine Praxis, die zweifellos im ersten Jahrhundert inoffiziell und offiziell seit dem 2. Jahrhundert anerkannt war. Dem Brauch entsprechend, konnten Sklaven, wie schon gesagt, zunächst nur im Zusammenhang mit Strafverfahren gefoltert werden. Im 2. Jahrhundert weitete Kaiser Antoninus Pius jedoch diese Möglichkeit auch auf Finanzvergehen, d.h. zivilrechtliche Fälle aus:

Der göttliche Pius ordnete per Erlaß an, daß Sklaven auch in Fällen gefoltert werden sollten, bei denen es um Geld ging, wenn die Wahrheit nicht auf andere Weise in Erfahrung zu bringen war, was auch durch andere Erlasse bestimmt wird. Dies ist aber nur insofern zutreffend, als auf dieses Mittel nicht bei jedem Finanzvergehen zurückgegriffen werden sollte; nur wenn die Wahrheit nicht anders als durch die Folter zu ermitteln ist, ist es rechtens, von ihr Gebrauch zu machen, wie der göttliche Severus in einem Erlaß verfügt hat. (*Digesten*, 48.18.9)

Zu Beginn des Kaiserreiches hatte Augustus noch zur Vorsicht gemahnt: »Ich meine, daß die Folter nicht in jedem Falle und nicht bei jeder Person eingesetzt werden sollte; nur wenn schwere und abscheuliche Verbrechen [*capitalia et atrociora maleficia*] nicht anders aufgedeckt und nachgewiesen werden können als durch die Folterung von Sklaven, halte ich dafür, daß sie ein höchst wirkungsvolles Mittel zur Feststellung der Wahrheit ist und Gebrauch von ihr gemacht werden sollte.« (*Digesten*, 48.18.8) Auf die Zweifel von Juristen und Kaisern an der Stichhaltigkeit von Aussagen, die unter der Folter gemacht wurden, werden wir noch zu sprechen kommen. An dieser Stelle mag es genügen festzuhalten, daß der Anwendungsbereich der Folter zwischen der Zeit des Augustus und der im 2. Jahrhundert regierenden antoninischen Kaiser erheblich ausgeweitet wurde. Die Einschränkung, »wenn die Wahrheit nicht auf andere Weise in Erfahrung zu bringen ist«, findet sich sowohl bei Augustus als auch bei Antoninus Pius, aber es scheint, als habe sie im 2. und 3. Jahrhundert mehr und mehr an Bedeutung verloren.

Ebenso wie die Anlässe zur Folterung von Sklaven sich vermehrten, wurde der Einsatz der Folter auch zunehmend auf die niedrigste Schicht des Bürgertums ausgedehnt. Callistratus hat um das Jahr 200 n.Chr. auf eine ganz ähnliche Entwicklung bei der Todesstrafe hingewiesen: »Sklaven, die sich gegen das Leben ihres Herrn verschworen haben, werden im allgemeinen durch Verbrennen hingerichtet; auch freie Bürger trifft manchmal diese Strafe, wenn es sich bei ihnen um Plebejer und Personen von niederem Stand handelt.« (*Digesten*, 48.19.28.11) Ein Reskript der Kaiser Diokletian und Maximian aus dem frühen 4. Jahrhundert ordnet an:

Wir gestatten nicht, daß Soldaten der Folter unterzogen oder mit jenen Strafen belegt werden, die man bei Verbrechen über Plebejer verhängt, und dies auch dann nicht, wenn sich herausstellt, daß sie ohne die Privilegien der Veteranen aus der Armee ausgeschieden sind – mit Ausnahme jener, die unehrenhaft entlassen wurden. Diese Verfügung soll auch für Söhne von Soldaten und Veteranen Gültigkeit haben. Bei der Verfolgung öffentlicher Verbrechen sollten die Richter nicht gleich zu Beginn des Verfahrens von der Folter Gebrauch machen, sondern zunächst alles verfügbare und glaubwürdige Beweismaterial zu Rate ziehen. Wenn sie nach Erhalt aller für das Verbrechen relevanter Informationen zu der Ansicht kommen, daß die Folter zur Feststellung der Wahrheit angewendet werden sollte, sollten sie nur dort Gebrauch davon machen, wo der Stand der betroffenen Personen ein solches Vorgehen rechtfertigt; denn nach den Bestimmungen dieses Gesetzes haben alle Bewohner der Provinzen ein Recht auf die Wohltaten des natürlichen Wohlwollens, das wir für sie hegen. (*Codex*, 9.41.8)

Öffentliche Ehrlosigkeit und »niedere Stellung« stellten also die Voraussetzungen dar, unter denen auch freie Bürger gefoltert werden konnten. Sehen wir uns beide Faktoren noch etwas genauer an.

Die frühe Unterscheidung zwischen Sklaven und freien Bürgern sowie zwischen Patriziern und Plebejern war für die Römer eng verbunden mit Vorstellungen von Würde, Ehre, Ansehen und Achtung. Bei der Definition der *dignitas* stellt Cicero fest: »Würde ist ehrenvolles Ansehen. Diesem gebührt Achtung, Ehre und Ehrerbietung.« (*De inventione*, 2.166) Die Römer, die bereits auf die Andeutung einer Schmälerung ihrer Würde oder ihres Ansehens empfindlich reagierten, hatten die Tatsache eines solchen Verlustes schon lange erkannt und benannt, bevor sie eine Doktrin daraus machten – es war dies die *infamia*, die Entehrung oder Schande. Für jeden Römer war der Verlust des Ansehens, ob vor Gericht oder anderweitig, ob offiziell oder inoffiziell, ein schwerer psychologischer und sozialer Schlag. Wenn es galt, Verlust oder Verletzung der Ehre zu verhindern, scheuten die Römer keine Anstrengung. J.M. Kelly hat jüngst darauf aufmerksam gemacht, daß die Angst vor Schande zu jenen Faktoren gehörte, die Menschen von Prozessen Abstand nehmen ließen – und dies selbst in Fällen, wo sie das Recht auf ihrer Seite hatten. Da das römische Gericht einer der wenigen Orte war, wo die *reprehensio vitae*, die *vituperatio* – die ungehemmte, sprachgewaltige und kunstvolle Kränkung – als Waffe der Anwälte zum Einsatz gebracht werden konnte und die sonst üblichen Diffamierungsverbote keine Gültigkeit hatten, waren die gerichtlichen Verfahren stets von Angriffen auf die persönliche Ehre begleitet. Die Römer kannten zudem die *vilitas*, die mit der Ausübung bestimmter unehrenhafter Tätigkeiten oder Berufe verbunden war. So legte etwa ein Prätor zu gegebener Gelegenheit per Erlaß fest, welche

Art von Leuten vor seinem Gericht keinen Prozeß anstrengen konnten. Zu diesen Personen, denen der Zugang zur Gerichtspraxis des Prätors verwehrt war, gehörten Homosexuelle, Zuhälter, Gladiatoren, jene, die in der Arena gegen wilde Tiere kämpften, Schauspieler des komischen und satirischen Fachs, Soldaten, die unehrenhaft aus der Armee entlassen worden waren, und bestimmte Leute, die in entehrenden Gerichtsverfahren verurteilt worden waren. Während des 2. Jahrhunderts n.Chr. betrachtete man die meisten dieser Fälle als durch Ehrlosigkeit gekennzeichnet. Seitdem befassen sich die juristischen Quellen sich sehr viel eingehender mit der rechtlichen Natur der *infamia*, d. h. mit den Regeln, nach denen die Magistrate Gebrauch davon machen sollten, und mit den rechtlichen Konsequenzen.

Während des 5. und 6. Jahrhunderts entwickelte sich eine beachtliche Jurisprudenz der Ehrlosigkeit – und zwar gleichzeitig mit der Erweiterung der Voraussetzungen, unter denen Sklaven gefoltert werden durften, unter denen auch freie Bürger Verhörmethoden und Strafen unterworfen werden konnten, die zuvor nur für Sklaven gegolten hatten und unter denen nun immer mehr Freie von niederem Rang gefoltert werden durften. Diese Veränderungen hängen natürlich zusammen. Im 2. Jahrhundert hatte der Jurist Gajus in einem Kommentar zum alten Zwölftafelgesetz festgehalten, daß alle Bürger unterhalb des Senatorenstandes zur *plebs* gehörten. Im 1. und 2. nachchristlichen Jahrhundert hatte sich der höchste Rang der römischen Gesellschaft erweitert, ihm gehörten nicht mehr nur die Senatoren, sondern insbesondere auch die Angehörigen des Reiterstandes, der »Ritterschaft« an. Diese höchste Klasse übernahm also die älteren Privilegien der Patrizier und Senatoren. Diejenigen, die nicht zu diesen vom 2. Jahrhundert an als *honestiores*, als Edle, bezeichneten Privilegierten gehörten, wurden nun zu den *humiliores*, zu Bürgern, und so, wie die Grenzziehung zwischen diesen beiden Gruppen immer schärfer wurde (vor allem im Sinne der persönlichen Würde und der rechtlichen Privilegien), so wurde andererseits die zwischen den Bürgern und den Sklaven immer verwischter, d. h. den Bürgern, denen die Würde des höheren Ranges abging, wurde nun ein beträchtliches Maß der Würdelosigkeit des niedrigsten zuteil. Arcadius Charisius macht darauf aufmerksam, wenn er schreibt: »Wenn die Umstände so sind, daß sie uns zwingen, einen Gladiator oder irgendeine Person dieser Art als Zeuge zuzulassen, so ist seinen Aussagen kein Glauben zu schenken, es sei denn, sie seien unter der Folter gemacht worden.« (*Digesten*, 22.5.21.2) Dem ehrlosen Menschen fehlt, wie früher dem Sklaven, die *dignitas*, die der Mensch braucht, um auf einfache Befragung hin von sich aus aussagen zu können – die Folter muß sein Zeugnis zu einem rechtswirksamen machen.

Die sich entwickelnde Doktrin der Würde und der Ehrlosigkeit gab das Mittel an die Hand, um die Rechtsunfähigkeit, die einst nur für Sklaven gegolten hatte, auch auf bislang freie Bürger auszuweiten. Daß den niederen freien Bürgern, den *humiliores* (die auch durch die im Jahre 212 n.Chr. von Caracalla verfügte globale Ausweitung der römischen Bürgerschaft nicht weniger verletzbar wurden), im Hinblick auf das rechtliche Verfahren eine neue und zuvor nur für den Sklavenstand geltende Schuldhaftung zuwuchs, wird noch deutlicher, wenn man sich ansieht, was auf dem Wege kaiserlicher Erlasse unternommen wurde, um die Edlen, die *honestiores*, vor einem gleichen Schicksal zu bewahren. In dem bereits zitierten Erlaß von Diokletian und Maximian, mit dem der Soldatenstand unter Schutz gestellt wird, bestätigen beide Kaiser zudem einen Erlaß von Marc Aurel, in dem es um die Erhaltung der Würde der Edlen gegangen war:

> Es wurde vom göttlichen Marcus entschieden, daß die Abkömmlinge von Männern, die als »höchst Erhabene und Vollkommene« bezeichnet werden, bis zu den Urenkeln hin weder den Strafen noch den Folterungen unterworfen werden dürfen, die den Plebejern auferlegt werden sollen, sofern keinem ihrer Vorväter, durch die dieses Privileg auf sie übertragen worden ist, das Schandmal verletzter Ehre anhaftet. (*Codex*, 9.41.11)

Es gibt viele Beispiele, die dieses Bemühen um einen Schutz der Edlen belegen. Ulpian beanspruchte gleiche Vorrechte für Dekurionen, die lokalen Stadträte, und deren Kinder (*Codex*, 9.41.11), ein Recht, das durch den im 4. Jahrhundert regierenden Kaiser Valentinian erneuert werden mußte, der nur den Fall des Verrats von einem solchen Schutz ausnahm (*Codex*, 9.41.16). Im Jahr 385 bestand Theodosius der Große darauf, die christlichen Priester seien von der Folter auszunehmen (*Codex*, 1.3.8), was auf den »Anschluß« der christlichen Geistlichkeit an die Klasse der Edlen hinweist. Daß ein derartiger Schutz durchaus vonnöten war, zeigt ein Reskript von Valentinian aus dem Jahr 369, aus dem hervorgeht, daß man von der Folter, die in Verratsfällen durchweg und in Ausnahmefällen auf Anordnung des Kaisers eingesetzt worden war, in sehr viel größerem Umfange und wahllos auch bei freien Bürgern und weitaus geringfügigeren Vergehen Gebrauch gemacht hatte (*Codex*, 9.8.4).

Zwischen dem 2. und 4. Jahrhundert wurde das Privileg der Ausnahme von der Folter ganz offensichtlich immer mehr ausgehöhlt – und zwar nicht nur von der untersten Schicht der Gesellschaft aus nach oben, sondern auch umgekehrt von oben nach unten. Beginnend mit dem Verrat, wurde es allmählich immer weiter eingeschränkt, so daß bald schon auch bei anderen Vergehen einschließlich solcher, die nach Gutdünken des Kaisers festgelegt wurden, gefoltert werden konnte. Die gelegentliche und vorschriftswidrige Folterung freier Bürger in der Herrschaftszeit des julisch-claudischen Hauses schuf einen konkreten Präzedenzfall, den spätere Kaiser und Juristen zwar theoretisch in den Griff zu bekommen suchten, über den sie aber in der Praxis weit hinausgingen. Und Magistrate unterhalb der Ebene des Kaisers zögerten entweder nicht oder waren gleichgültig genug, der Entwicklung zu folgen.

Und schließlich war der Verrat (selbst bei weitester Definition des Begriffes) nicht der einzige Grund, daß die Kaiser den Einsatz der Folter gegen freie Bürger sanktionierten. Caracalla ließ 217 die Folter in Fällen zu, in denen Frauen des Gebrauchs von Gift angeklagt waren (*Codex*, 9.41.3). Im 4. Jahrhundert bezog Konstantin Hellseher, Zauberer, Rutengänger, Magier und Wahrsager in den Kreis derer ein, die sowohl dem Folterverhör unterworfen als auch zu verschärften Varianten der Todesstrafe verurteilt werden konnten (*Codex*, 9.41.7). Konstantin und Justinian autorisierten ihre Anwendung im Falle von unnatürlichen Begierden und Ehebruch (*Codex*, 9.9.31; *Novellen*, 117.15.1). Diokletian erließ ein Edikt, in welchem allen Christen ihr Statusprivileg abgesprochen und erklärt wurde, daß sie der Folter unterworfen werden könnten – ein Edikt, das verständlicherweise nicht im *Corpus Juris Civilis* des christlichen Kaisers Justinian enthalten ist.

Im 4. Jahrhundert war dann die alte scharfe Trennungslinie zwischen den privilegierten freien Bürgern und den Sklaven längst verschwunden, und die ersteren sahen sich nun bei verschiedensten Delikten mit Folter bedroht. Was die Spitze der römischen Gesellschaft betrifft, so machten zuerst der Verrat, dann Verbrechen im Sinne einer immer weitergehenden Definition des Verrats und schließlich auch andere Straftaten selbst Angehörige der Nobilität zu Opfern der Folter. Das Aufkommen einer Klasse bürokratischer Magistrate, die nichts mehr mit den gelehrten Juristen des 2. und 3. Jahrhunderts gemein hatten, machte den Einsatz der Folter wahrscheinlich weit eher zu einer alltäglichen als zu einer wohlerwogenen Sache. Die vielen, oben zitierten kaiserlichen Erlasse, die die Beamten an die Einschränkungen erinnern sollten, die für den Gebrauch der Folter galten, lassen erkennen, daß die Problematik tatsächlich bestand und daß die Besorgnis auf Seiten der Kaiser und der Nobilität echt war.

Die Foltermethoden der Römer

Die Hauptquellen für die gesetzliche Regelung der Folter im alten Rom sind zwei Teile des *Corpus Juris Civilis,* nämlich der *Codex Justinianus* (9.41) und die *Digesten* (48.18). Der erste besteht aus kaiserlichen Konstitutionen (Anordnungen), während es sich bei dem anderen um eine Sammlung juristischer Kommentare handelt. Zusammengenommen ergeben die bislang erörterten Quellen ein umfassendes Bild von den Anlässen, bei denen von der Folter Gebrauch gemacht wurde, sagen aber nur wenig über die Methoden aus. Sie enthalten zudem eine Jurisprudenz der Folter und geben einen Überblick über die verschiedenen Ansichten zur Frage der Verläßlichkeit von Aussagen, die unter der Folter gemacht wurden. Die Bemerkungen von Cicero und Quintilian zeigen, wie sehr die Redner sich im klaren darüber waren, daß die Gelegenheiten zur Anwendung der Folter und die Ergebnisse von Folterverhören während eines Verfahrens unterschiedlich zu bewerten waren, nämlich abhängig davon, ob der Redner das zur Diskussion stehende Beweismaterial verteidigte oder ablehnte. Diese durch und durch pragmatische Betrachtungsweise weist auf keine spezifische Billigung oder Ablehnung der Folter hin, sondern läßt eher erkennen, daß sie von der Verläßlichkeit von Aussagen, die auf diese Weise erlangt wurden, nicht vollkommen überzeugt waren. Die *Digesten,* die den Standpunkt der Juristen wiedergeben, sind weniger ambivalent, dafür vorsichtiger. Einer der wichtigsten Texte der Sammlung enthält 26 Auszüge aus der verloren gegangenen *Abhandlung über die Pflichten eines Prokonsuls* von Ulpian. Gleich zu Anfang geht Ulpian auf die Feststellung von Augustus ein, daß »man kein uneingeschränktes Vertrauen in die Folter setzen« und eine Ermittlung nicht mit Folterungen beginnen dürfe. Eigentlich befaßt sich Ulpian in der gesamten Einleitung, zur Vorsicht mahnend, mit der Stellung der Folter für das Gerichtsverfahren, mit der Notwendigkeit anderen Beweismaterials, eines starken Verdachts, mit dem Verbot, Sklaven durch Folter zur Aussage gegen ihren Herrn zu zwingen, und der Art von Fragen, die bei der Folterung gestellt werden sollten. In den *Digesten* findet sich ein bemerkenswerter diesbezüglicher Vorbehalt:

> Es wurde durch die Kaiserlichen Konstitutionen erklärt, daß man nicht immer Vertrauen in die Folter setzen... soll, da Aussagen, die man auf diese Weise erhält, schwach und gefährlich und der Wahrheitsfindung abträglich sind. Denn die meisten Menschen verachten, sei es auf Grund ihres Widerstandsvermögens, sei es auf Grund der Heftigkeit ihrer Folterung, das Leiden so sehr, daß es gänzlich unmöglich ist, ihnen die Wahrheit abzupressen. Andere wiederum sind so wenig in der Lage, Schmerzen zu ertragen, daß sie lieber lügen als sich dem Verhör auszusetzen, weshalb es vorkommt, daß sie Geständnisse verschiedener Art ablegen und nicht nur sich selbst, sondern auch andere in die Sache hineinziehen. (48.18.1.23)

So erkannten zwar alle – Kaiser, Redner und Juristen – die Problematik der unter der Folter gemachten Aussagen, aber diese Zweifel scheinen auch bereits die Grenzen ihrer Besorgnis um die Rechtspraxis zu bedeuten. Wie bereits die Griechen, sahen auch die Römer in Verrat und niedrigem sozialen Rang hinreichende Gründe für die Beibehaltung von Praktiken, von denen sie wußten, daß sie in höchstem Maße unzuverlässig waren. Die rechtlichen Schutzmaßnahmen, die die Römer entwickelten, entsprangen nicht etwa einer anachronistischen humanitären Gesinnung, sondern eben ihrer Überzeugung, daß die auf diese Weise gewonnenen Zeugenaussagen eine *res fragilis et periculosa*, eine »heikle und gefährliche Angelegenheit« waren, leicht irreführend sein konnten oder gar falsch. Valerius Maximus führt eine Reihe von Fällen an, in denen Aussagen unter der Folter sich als unzutreffend erwiesen hatten. Quintus Curtius Rufus erzählt die Geschichte von der Folterung des Philotas, der im Zusammenhang mit der Verschwörung gegen Alexander den Großen zur Aussage gezwungen werden sollte. Nach längerer Marterung versprach Philotas auszusagen, wenn man mit der Folterung aufhöre. Als man dem entsprach, wandte sich Philotas an den ihn verhörenden Vertreter des Gerichts und fragte ihn: »Was möchtest du, daß ich sage?« Curtius Rufus merkt an, daß niemand wußte, ob Philotas nun zu glauben sei oder nicht, »denn Schmerz entlockt sowohl zutreffende Geständnisse als auch falsche Aussagen«. (*Historia*, VI.xi) Die Bedenken hinsichtlich der Berechtigung der Folter übertrugen sich jedoch nicht auf die Frage ihrer Wirkung. Zwischen dem 2. und dem 5. Jahrhundert erweiterten und entwickelten die Römer eine Untersuchungsmethode, über deren Verläßlichkeit sie sich keine Illusionen machten. Statt aber diese Methode in Frage zu stellen, umgaben sie sie mit einer Jurisprudenz, deren Ziel es war, das Vertrauen in ihre Zuverlässigkeit zu stärken – eine Jurisprudenz, deren Skepsis so bewundernswert ist wie ihre Logik beunruhigend.

Um Skepsis wie auch Logik würdigen zu können, ist es erforderlich, sich die römischen Foltermethoden anzusehen, über die sich der *Codex Justinianus* und die *Digesten* in auffälliges Schweigen hüllen. Diese Methoden erinnern uns an die Vielschichtigkeit von Begriffen wie *tormentum*, denn die Mittel des Folterverhörs waren teilweise von denen der schweren körperlichen Züchtigung abgeleitet, dienten teilweise aber auch ihrerseits als »Muster« für solche Bestrafungen einschließlich der verschärften Todesstrafe.

Die Standardmethode (später als Variante der verschärften Todesstrafe übernommen) war die Streckfolter – das Opfer wurde in einen auf Böcken ruhenden Holzrahmen gelegt und an Armen und Beinen so daran festgebunden, daß die Glieder mittels eines komplizierten Systems von Seilen und Gewichten auseinandergezogen werden konnten. Um eine derartige Streckung ging es auch bei verwandten Foltermethoden – so etwa der als *lignum* bezeichneten, bei der die Beine durch zwei Holzstücke auseinandergezogen wurden. Eine Methode, die einer verschärften Todesstrafe abgeschaut worden zu sein scheint, war die der *ungulae*, bei der das Fleisch mit eisernen Klauen aufgerissen wurde. Marterung mit glühendem Metall, Auspeitschung, die Einsperrung in ein enges Verließ (die *mala mansio*, das »üble Haus«) waren weitere bekannte Methoden, einige davon von den Griechen übernommen. Ein Hinweis auf andere Arten der Folterung findet sich in den *Digesten* unter dem Titel »Über Strafen« (48.19), wurden doch, wie schon gesagt, verschiedene Formen der körperlichen Züchtigung für das Folterverhör übernommen. Zu ihnen zählt der Jurist Callistratus »die Züchtigung mit Ruten, die Auspeitschung und Schläge mit Eisenketten« (*Digesten*, 48.19.7). Bei den Griechen hatten zu den verschärften Todesstrafen die Enthauptung, die Vergiftung, die Kreuzigung, das Erschlagen mit Keulen, die Erdrosselung, die Steinigung, das In-den-Abgrund-Stürzen und das Begraben bei lebendigem Leibe gehört. Die Römer untersagten das Vergiften und Erwürgen und behielten die Kreuzigung den Sklaven und besonders gemeinen Verbrechern vor. Ulpian weist auch noch auf ein weiteres römisches Verbot hin: »Niemand darf zu Tode geprügelt werden oder bei der Geißelung mit Ruten oder unter der Folter sterben, obzwar die meisten Menschen, die gefoltert werden, ihr Leben verlieren.« (*Digesten*, 48.19.8.3) Damit ist gesagt, daß die Folter mit Ruten zwar oft zum Tode führt, der Tod der verhörten Person aber nicht Ziel der Folterung sein darf. Die Römer scheinen – anders als die Griechen – auch die Folter auf dem Rad nicht praktiziert zu haben.

Neben den in den *Digesten* gesammelten Schriften liefern uns die Historiker und die christlichen Apologeten die genauesten Darstellungen des römischen Strafvollzuges einschließlich der Folter. So schildert etwa Lactantius in seiner Abhandlung *De mortibus persecutorum (Von den Todesarten der Verfolger)* und Eusebios in seiner *Kirchengeschichte* die offizielle wie inoffiziele Folterung von Christen mit erstaunlicher Genauigkeit, unter anderem die oben aufgeführten Methoden, wie sie bei den Verhören, aber auch im Zusammenhang mit der verschärften Todesstrafe Anwendung fanden. Das Fortbestehen der verschärften Todesurteile und das Maß an Ablehnung, das die Allgemeinheit den Christen und besonders verachteten Feinden entgegenbrachte, zeigen, daß die Skepsis hinsichtlich der Verläßlichkeit von Aussagen unter der Folter ihre Wirksamkeit als mäßigendes Element langsam verlor in einer Gesellschaft, die keinen prozessualen Weg kannte, der an der Folter vorbeigeführt hätte, und die sie deshalb bis zum Exzeß einsetzte.

Das römische Recht und die germanischen Völker

Die Geschichte der Rechtsinstitutionen einerseits und die Mentalität der Germanen andererseits, die nach dem 4. Jahrhundert das Römische Reich eroberten und sich dort niederließen, macht erneut den Übergang von archaischen zu weitaus komplexeren Rechtspraktiken deutlich, wobei dieser Übergang das Ergebnis von Veränderungen innerhalb der germanischen Gesellschaften ist, aber auch der Tatsache, daß bereits ein entwickeltes, gelehrt fundiertes Recht zur Verfügung stand, nämlich das römische. Wie im archaischen griechischen und vielleicht auch frühen römischen Recht war bei den Germanen das Konzept der persönlichen Schädigung und der Selbsthilfe vor dem des Verbrechens da, die Privatrache vor der Institution des gerichtlichen Prozesses. Der Status als freier Bürger unterschied den germanischen Krieger von den Sklaven und Fremden und gestand ihm Qualitäten zu, die jenen ähneln, welche den Bürgern Athens und den zur Klasse der Edlen gehörenden Römern Schutz geboten hatten. Die germanischen Gesellschaften des frühen europäischen Mittelalters entwickelten sich zumeist nicht sehr schnell, paßten auch ihre Verfahrensweisen und Wertvorstellungen erst allmählich dem römischen Recht an. Im großen und ganzen gilt, daß das römische Recht im nördlichen Europa vor dem Ende des 11. Jahrhunderts kaum bekannt war und studiert wurde. Und erst seit dem 12. Jahrhundert in größerem Ausmaß die europäischen Rechtseinrichtungen beeinflußte.

Für all jene, die Unfreie oder ehrlos gewordene Freie waren, ließ auch das germanische Recht die Folter und Strafen zu, die die persönliche Ehre minderten. Die eines Verbrechens angeklagten Sklaven, die Frau eines ermordeten Mannes von Stand und die freien Krieger, die öffentlich zum Verräter, Deserteur oder Feigling erklärt worden waren, konnten alle auf diese Weise behandelt werden. Tacitus hat diese Wesensmerkmale der germanischen Rechtskultur klar erkannt und in seiner zu Ende des ersten Jahrhunderts geschriebenen *Germania* dargestellt.

In vielen der germanischen Gesetzbücher (die natürlich nicht die gesamte, tatsächliche Rechtspraxis der Germanen enthalten) finden sich Anklänge an den frühen römischen Brauch der Sklavenfolterung. Aber selbst in diesem Falle dienen, wie Henry C. Lea anmerkt, »die rechtlichen Bestimmungen zur Folter von Sklaven allein dem Ziel, die Interessen des Besitzers zu schützen« (*Torture*, (1973), p.10). Selbst Sklaven, die eines Verbrechens angeklagt waren (wie nach frühem römischen Recht durfte auch hier nur der angeklagte Sklave gefoltert werden), blieben ein wertvoller Besitz, und der tiefverwurzelte Respekt der Germanen vor dem Eigentum eines freien Mannes verhinderte sogar die schnelle Übernahme jener Bestandteile der römischen Rechtspraxis, die die Grundvoraussetzung, die Stellung der streitenden Parteien als freie Männer, nicht verletzten.

Die von Tacitus beobachtete praktische Unantastbarkeit der freien germanischen Krieger läßt sich am besten verstehen, wenn man sie im Lichte unseres jüngst erworbenen Wissens über den Unterschied zwischen Scham- und Schuldkulturen sieht. In der Welt, die Tacitus beschreibt, ließ sich ohne Ehre weder lange noch gut leben. Aber diese germanische Welt lebte selbst nicht sehr lange. Zwischen dem 4. und dem 6. Jahrhundert brach sie in die römische ein, füllte die alten Provinzen des Imperiums mit Völkern und Königreichen und verdrängte schließlich im Westen das römische Kaiserreich. Die schnellen sozialen Veränderungen, die Folge dieser abenteuerlichen Unternehmungen, führten zu einer drastischen Neuorientierung der germanischen Gesellschaft – ein Prozeß, der sich von der Umgestaltung des Königtums bis zum Auftauchen eines kodifizierten Rechts verfolgen läßt. Anfänglich trennte Germanen und Römer noch der Grundsatz der Rechtspersönlichkeit – man unterwarf sich den Gesetzen desjenigen Volkes, dem man durch Geburt angehörte. Vielerorts existierten germanische und römische Rechtspraktiken nebeneinander, und vielleicht kam es auf diese Weise dazu, daß die römische Praxis der Sklavenfolterung von den Germanen übernommen wurde, obgleich ja bis zum 5. und 6. Jahrhundert die durch das römische Recht sanktionierte Folter längst auf alle Bürger mit Ausnahme der Edlen ausgeweitet worden war. Die Germanen scheinen sich selbst als den römischen Edlen gleichrangig betrachtet zu haben und während ihrer frühen Rechtsgeschichte alle freien Männer vor der Folter bewahrt zu haben, abgesehen von gelegentlichen ungesetzlichen Übergriffen ihrer Könige.

Neben der Unterteilung der germanischen Gesellschaft in Sklaven und freie Krieger entstehen seit dem 4. Jahrhundert weitere soziale Unterscheidungen. Die Eigenständigkeiten der Römer und die Vorteile, die sie der Tatsache verdankten, auf Grund ihres Rechtsstatus als römische Bürger an ihren eigenen Gesetzen festhalten zu können, wurden in dem Maße geringer, in dem die römischen Rechtsinstitutionen verschwanden und die römische Untertanen-Bevölkerung allmählich mit der germanischen Bevölkerung der beiden Königreiche sich vermischte. Im 7. Jahrhundert erkannte das Gesetzbuch der Westgoten zum Beispiel keine gotischen und römischen Verfahren mehr an – zumindest das westgotische Recht wandelte sich von einem personalen zu einem territorialen. Zudem schritt bei den freien Kriegern die

Differenzierung ihres Ranges schnell voran, und in dem erwähnten westgotischen Gesetzbuch finden sich Verweise auf die Folter »freier Männer der niedrigeren Klasse«, wahrscheinlich ein Nachhall der spätrömischen Gesetzgebung, ganz bestimmt aber ein soziologisches Phänomen, das von Bedeutung für die westgotische Gesellschaft selbst war. In einigen Ländern verbanden sich solche »freien Männer der niedrigeren Klasse« mit sozial aufstrebenden Sklaven zu einer neuen Klasse halbfreier Sklaven, zu einem Zeitpunkt jedoch, als diese und ihre Rechtspersönlichkeit schon so gut wie ganz aus der germanischen Rechtspraxis verschwunden waren.

Nur im westgotischen Recht findet sich, was die Folter von Sklaven und Freien anbelangt, eine umfassendere Doktrin ausgebildet. Obwohl der Eigentumscharakter der Sklaven, wie schon erwähnt, anerkannt und die Möglichkeit, sie als Zeugen zu vernehmen, stark eingeschränkt war, scheinen die Westgoten sie doch regelmäßig Folterverhören unterworfen zu haben. Buch VI, Abschnitt 1 des *Westgotischen Kodex* hält die Umstände fest, unter denen die Folter zulässig war und angeordnet werden konnte. Die Folterung freier Männer der niedrigeren Klasse war nur im Falle eines Kapitalverbrechens statthaft oder wenn es um Geld ging, wobei der Betrag größer sein mußte als 50 (später 250) *solidi*. Nur Freie durften Klage gegen Freie erheben, und kein freier Mann konnte gegen jemanden klagen, der einen sozial höheren Rang hatte als er selbst. Die Folter mußte in Anwesenheit des Richters oder von ihm bestellter Vertreter vorgenommen werden, und der Gefolterte durfte dabei weder sterben noch den Gebrauch von Gliedmaßen einbüßen. Mord, Ehebruch, Vergehen gegen den König oder das Volk, Fälschung und Zauberei waren die Straftaten, bei denen (wenn Kläger und Angeklagter über die entsprechenden standesmäßigen Qualifikationen verfügten) Gebrauch von der Folter gemacht werden konnte, selbst wenn es sich um einen Adligen handelte. Ungeachtet aller spezifisch westgotischen Wesensmerkmale ist nicht zu übersehen, daß das im *Westgotischen Gesetzbuch* kodifizierte Recht dem Vorbild des römischen Rechts der späten Kaiserzeit folgt, auch wenn es dessen wesentlich härteren Sanktionen abmildert.

Nur die Goten schrieben die Folter in diesem Umfang in ihren Gesetzen fest, und dort ruhte sie während der frühmittelalterlichen Geschichte der iberischen Halbinsel, um dann im 11. Jahrhundert während der *reconquista* wiederbelebt zu werden. Obwohl auch einige

andere germanische Gesetzbücher Anklänge an das römische Folterrecht aufweisen, wirken sich insgesamt doch das Festhalten am Anklageprinzip und die unterentwickelten Regeln des Beweises gegen ein
Fortbestehen der Folter in der Praxis aus, bis schließlich im Verlauf des
12. Jahrhunderts die Einarbeitung des römischen Rechts in die Rechtskultur des nördlichen Europa ernsthaft in Angriff genommen wurde.

Die Revolution des Rechts
im 12. Jahrhundert

Im 12. Jahrhundert kam es in Europa zu einer Revolution im Bereich des Rechts und der Rechtskultur, die die Strafrechtsordnung (und viele andere Gebiete der Rechtskunde) bis zum Ende des 18. Jahrhunderts prägte. Diese Revolution verdankte sich sowohl den Veränderungen innerhalb des Rechts, das zwischen dem 6. und dem 12. Jahrhundert gegolten hatte, als auch der wachsenden Einsicht in die Notwendigkeit universal anwendbarer, bindender Gesetze für das gesamte christliche Europa, verbunden mit der Möglichkeit, diese in die Praxis umzusetzen. Die »Wiederbelebung« des theoretisch fundierten römischen Rechts einerseits und die unmittelbar folgende Schaffung eines umfassenden kanonischen Rechts andererseits wirkte sich gegen das aus, was Herrscher und frühe Rechtsgelehrte als das provinzielle, »irrationale«, archaische Wesen und die unprofessionelle Praxis des vor dem 12. Jahrhundert geltenden Rechts ansahen. Im allgemeinen haben die Rechtshistoriker dieser Ansicht der Juristen des 12. Jahrhunderts über die vor ihrer Zeit herrschende Rechtskultur zugestimmt und sie ebenfalls als irrational, ritualistisch und primitiv eingestuft – weniger wohlmeinende auch als abergläubisch und barbarisch. Die heutige Forschung ist dabei, dieses Urteil zu revidieren. Das frühe europäische Recht war an bestimmte kulturelle Prämissen gebunden und konnte kaum reformiert werden, solange diese noch Gültigkeit hatten. Im Rechtsuniversum des frühen Europa war das Recht nicht ein getrennt zu erneuernder Teilbereich einer segmentierten Kultur. Bevor das Recht sich ändern konnte, mußten die Vorstellungen von Natur, Vernunft, Gott und Gesellschaft sich wandeln.

Es gibt viele Gründe dafür, daß es zu dieser rechtlichen und intellektuellen Revolution kam. Sie berühren sowohl grundlegende kulturelle Voraussetzungen als auch die wichtigsten gesellschaftlichen Bindungen – oder, um es mit Julius Goebel zu sagen, »den tödlichen Druck des sozialen Wandels auf die ausgediente Struktur von Rechten und Rechtsmitteln«. Aber trotz aller Stärke dieses Drucks mußte erkannt werden, daß die alten europäischen Strukturen ausgedient hatten, bevor es zu wesentlichen Veränderungen kommen konnte.

Zu den Folgen der Rechtsrevolution gehörten die Wiederentdekkung und Bearbeitung des geschriebenen römischen Rechts, die Schaffung einer eigenen juristischen Ausbildung, das Entstehen eines allein dem Recht dienenden Berufsstandes und neue Institutionen des angewandten Rechts in ganz Westeuropa. Diese Veränderungen entsprachen den veränderten sozialen Bedingungen des 12. Jahrhunderts. Sie wurden bis zum Ende des 18. Jahrhunderts bewahrt, und zwar nicht nur auf Grund des fortgesetzten Studiums und der praktischen Anwendung des römischen oder des von ihm beeinflußten Rechts, sondern auch dank des Buchdrucks, der juristischen Fakultäten, der Gerichtshöfe und der Rechtsphilosophie. Die Tradition, die sie begründeten, ist bis heute lebendig geblieben. Eine der wichtigsten Folgen der Revolution war, daß das alte Anklageverfahren durch das Inquisitionsverfahren ersetzt wurde. Statt des bestätigten und überprüften Eides des freien Bürgers nahm nun das Geständnis die höchste Stelle in der Beweishierarchie ein, ja, bekam eine solche Bedeutung, daß die Juristen gar von der »Königin der Beweise« sprachen. Im Unterschied zum griechischen und römischen Recht erklärt sich die Anwendung und das Wiederauftauchen der Folter im mittelalterlichen und frühen neuzeitlichen Recht weniger aus dem Status des Angeklagten oder der Art des Verbrechens als aus dem Stellenwert, der nun dem Geständnis im gerichtlichen Verfahren zukam.

Das europäische Strafrecht der Zeit vor dem 12. Jahrhundert war vornehmlich ein privates gewesen. Beamte, die Verbrechen aufspürten und Untersuchungen durchführten, hatte es nicht gegeben. Straftaten wurden den Vertretern der Justiz von denen zur Kenntnis gebracht, die ihr Opfer geworden waren, und es war Sache des Klägers, dafür zu sorgen, daß die Hüter des Rechts tätig wurden. Die Klageerhebung einer Privatpartei gegen eine andere war, wie die Juristen es ausdrückten, das »gewöhnliche Rechtsmittel« gegen das, was wir seit dem 12. Jahrhundert als »Verbrechen« bezeichnen. Da beide Parteien den

Status des freien Bürgers hatten, waren einem Rechtsstreit wegen der für beide geltenden Unverletzbarkeit des Freien enge Grenzen gesetzt. Der Kläger suchte das geeignete Gericht auf (d. h. eines, das für beide Parteien zuständig war), trug seine Klage vor, bestätigte durch Eid deren Wahrheit und zitierte dann die gegnerische Partei vor das Gericht, damit sie sich äußere. Der Angeklagte brauchte, mit den Anschuldigungen konfrontiert, im allgemeinen nur einen Eid darauf abzulegen, daß sie unzutreffend waren. Es konnte dann aber geschehen, daß das Gericht den Eid des Angeklagten allein für eine Entscheidung nicht ausreichend befand und zusätzliche, ihn entlastende Eideshelfer anforderte. Diese Eideshelfer waren keine Tatzeugen, sondern Zeugen lediglich deshalb, weil sie den Eid des Angeklagten durch ihren eigenen bekräftigten. War die Zahl der Eideshelfer ausreichend groß, wurde der Fall durch Abweisung der Klage abgeschlossen. Der Eid war der stärkste »Beweis«, den eine angeklagte Partei für sich ins Feld führen konnte, und bei den meisten Klagen lieferte er mehr als hinreichende Gründe für eine Einstellung des Verfahrens.

Bei bestimmten Fällen, vor allem wenn die Angeklagten einen schlechten Ruf hatten, konnten bestimmte Anschuldigungen (insbesondere Anklagen wegen Kapitalverbrechen) zur Folge haben, daß der Angeklagte einem Gottesurteil unterworfen werden mußte, einem Verfahren also, bei dem Gott zur Entscheidung eines Streitfalles angerufen wurde, der sich angesichts der Grenzen des menschlichen Gerichtsverfahrens als unlösbar erwiesen hatte. Schließlich gab es Fälle, bei denen die beteiligten Parteien oder ihre Beauftragten einen richterlich verfügten Zweikampf ausfechten mußten, der ebenfalls als eine Form des Gottesurteils galt, da Gott doch nur der Partei den Sieg zusprechen würde, die im Recht war. Eid, Gottesurteil und Zweikampf waren die vor der Mitte des 12. Jahrhunderts anerkannten »irrationalen, primitiven, barbarischen« Möglichkeiten des Beweises. So archaisch und unbefriedigend sie später auch erscheinen mochten, zu ihrer Zeit entsprachen sie doch vollkommen den Gegebenheiten, nämlich der Tatsache, daß nur Freie rechtsfähig waren, sowie den prozessualen Grenzen, die dies den Gerichten setzte. Sie spiegeln auch den Sinn dessen wider, was Historiker mit Blick auf diese frühe Zeit als »immanente Gerechtigkeit« bezeichnet haben, die Annahme, Gott regiere die materielle Welt und lasse nicht zu, daß getanes Unrecht unbestraft bleibe, und dies sogar in dem Sinne, daß Er auch gegen vermeintliche Missetäter um Beistand angerufen werden konnte. Eine Entscheidung durch Gottesurteil, Eid oder Zweikampf wurde akzeptiert in der Gewißheit, es handele sich um göttliche Urteile und um althergebrachte, anerkannte Vorgehensweisen.

Seit dem 9. Jahrhundert wurden diese Verfahren auch Teil des liturgischen Lebens der europäischen Gesellschaft. Kirchliche Rituale für das Abnehmen des Eides und für Gottesurteile wurden zu einer festen Einrichtung, und die Geistlichkeit nahm an ihnen teil – dies wahrscheinlich weniger, weil es sich dabei um so alte und weitverbreitete Verfahren handelte, sondern weil die Kirche den Gedanken der immanenten Gerechtigkeit nicht verwerfen konnte. Selbst in den Regionen, in denen Spuren des römischen Verfahrens erhalten geblieben waren (vor allem in der Lombardei), wurden vor dem 12. Jahrhundert kaum Fortschritte erzielt, auch wenn hier die Beweislast des Angeklagten manchmal insofern gemildert wurde, als auch der Kläger Beweise beibringen durfte, und man weniger häufig auf Gottesurteile zurückgegriffen zu haben scheint. Dessen ungeachtet behielt jedoch die Praxis des Gottesurteils in ganz Europa ihre Gültigkeit.

Bei einigen Gerichtshöfen – in der Hauptsache kirchlichen – sind noch andere Spuren des älteren römischen Verfahrens zu erkennen. Die als *inquisitio* bezeichnete Verfahrensform (Einleitung des Verfahrens durch einen Beamten, Sammeln von Tatsachenbeweisen, Anhören von Zeugen, das vom leitenden Richter gesprochene Urteil) wurde in ganz bestimmten Fällen angewendet. Karl der Große etwa bediente sich seiner, wenn auch selten. Vom 9. bis zum 12. Jahrhundert entfernten sich dann Gerichtsverfahren und Rechtsprechung wieder vom Inquisitionsverfahren.

Damit das ältere System durch ein neues ersetzt werden konnte, mußte es zu einer Reihe konkreter Veränderungen kommen – ein ganzes System von traditionellen und anerkannten Methoden mitsamt seinen kulturellen Voraussetzungen war zu beseitigen und zu ersetzen. Die Idee der immanenten Gerechtigkeit oder eines göttlichen Urteils mußte dem Vertrauen in eine wirkungsvolle richterliche Kompetenz und Autorität des Menschen weichen. Und sowohl die Geistlichen als auch die Laien mußten diese Veränderungen mittragen. Mit Ausnahme von ein paar wenigen und sehr speziellen Fällen kam es im Laufe des 12. Jahrhunderts tatsächlich zu diesen Veränderungen. Das ältere System von Beweisen wich zwei verschiedenen, aber gleichermaßen revolutionären Verfahren, dem Inquisitionsprozeß und dem Geschworenengericht. Das Ideal einer Gerechtigkeit, die innerhalb der Reichweite menschlicher Entscheidungsfähigkeit lag, wurde zunehmend akzeptiert und fand vor allem Ausdruck in der Schaffung eines der Rechtspflege dienenden Berufsstandes und in der Verbreitung neuer einheitlicher Verfahren. Und schließlich waren sich Kirchenvertreter und gelehrte Laien in der Ablehnung der Idee einer immanenten Gerechtigkeit einig, entkleideten die früheren Verfahren ihrer liturgischen Dimension und erarbeiteten eine eindrucksvolle theologische Widerlegung ihrer Wirksamkeit.

Es kam natürlich nicht nur in einem Teilbereich des sozialen Lebens oder aus nur einem einzigen Grunde zu diesen Umwälzungen. Nicht das im 12. Jahrhundert wiedererwachte Interesse am römischen Recht oder die Überwindung älterer, barbarischer Praktiken allein löste den Wandel aus, sondern eine sehr komplexe Verbindung verschiedenster Veränderungen innerhalb der Gesellschaft und der politischen Führung beeinflußte das neue Rechtsverfahren in vielfältiger Weise. Die Kreise, in denen homogene rechtliche Methoden zur Anwendung kamen, weiteten sich aus, als die Päpste, Könige und Landesfürsten ihre Machtausübung zentralisierten. Während dieses Zentralisierungsprozesses ging auch die Verwaltung des Rechts in die Hand von Spezialisten über – und seit dem 12. Jahrhundert in die ausgebildeter Spezialisten, die Widersprüchlichkeiten und einander widerstreitende Prinzipien aufspürten und dem Rechtsverfahren zu einer ihm eigenen Rationalität verhalfen. Diese Spezialisten schrieben auch. Der Einfluß des geschriebenen Worts und damit der schriftlichen Äußerungen – von Urkunden bis zu speziellen Abhandlungen über das Verfahren – war vom 12. Jahrhundert an enorm groß und hat eine Schlüsselrolle bei der Veränderung des sozialen Denkens, aber auch bestimmter Einzelheiten des Verfahrens gespielt. Schreiben bringt Rationalität mit sich. Die Fakultäten und Gerichtshöfe des 12. Jahrhunderts wurden nun von Männern bestimmt, die ein Studium der formalen Logik absolviert hatten, diese auf praktische Probleme wie etwa widersprüchliche Quellen und erkannte Paradoxa anzuwenden wußten und forderten, daß eben diese Logik die Gesetzgebung und das Wirken des Rechts leiten sollte.

Die Geschichte dieses Wandels ist oft und gut erzählt worden. Während er sich vollzog, wurden auch die älteren Gottesurteile durch ein neues System römisch-kanonischer Verfahren ersetzt. An die Stelle des Anklageverfahrens trat das Inquisitionsverfahren. Ob das Verfahren bei einem einzigen Richter lag wie im Falle des Inquisitionsprozesses oder bei Geschworenen, die zu einem Urteil zu gelangen suchten, und einem Richter, der eine Strafe verhängte, wie im Falle des Schwurgerichtsprozesses – die empirische Erfahrung machte notwendig, daß Beweise gesucht, vorgelegt und überprüft, Zeugen klassifiziert und unter Eid genommen und dem Angeklagten Möglichkeiten einer Verteidigung gegen die erhobenen Anschuldigungen eingeräumt wurden.

Während die älteren Verfahren allmählich abgeschafft wurden, kam es natürlich zunächst bei den neuen zu großen Unsicherheiten. Als die neuen Verfahren dann die alten ganz ersetzten, lag die einzige Gewißheit, die unangetastet blieb, in dem hohen Wert, der dem Geständnis beigemessen wurde. Es läßt sich in der Tat und verkürzend sagen, daß der Wert des Geständnisses den neuen Verfahren so etwas wie einen Schutz bot. Das Geständnis nahm den höchsten Rang in der Hierarchie der Beweise ein und behielt ihn auch dann inne, als das römisch-kanonische Inquisitionsverfahren und der Schwurgerichtsprozeß sich durchgesetzt hatten. Für Juristen wie für Laien war das Geständnis die *regina probationum* – die Königin der Beweise. Das Geständnis war das Mittel gegen alle Ungewißheiten, die mit dem Sammeln und Bewerten des Beweismaterials, mit den Aussagen der Zeugen und der Unberechenbarkeit von Richtern und Geschworenen verbunden waren, und bei einigen Fällen (hauptsächlich bei Kapitalverbrechen) wurde es schließlich gefordert. Die zentrale Bedeutung des Geständnisses ist es auch, auf die, wenn nicht das Wiedererstehen der Folter überhaupt, so doch mit Sicherheit deren weite Verbreitung und Aufnahme in die Rechtssysteme des 12. Jahrhunderts zurückgeführt werden kann.

Die Wiederkehr der Folter

Im 9. Jahrhundert aus sehr dünnen Wurzeln erwachsend, wurde das Verfahren der *quaestio* (Folter) bis zum 12. Jahrhundert von Laiengerichten nur vereinzelt, von kirchlichen Gerichten dagegen jedoch allgemein angewendet. Ein Grund dafür war der, daß die kirchlichen Gerichte die Doktrin der *mala fama*, des »schlechten Rufs«, leichter akzeptieren konnten; diese erlaubte dem Richter, einen Verdächtigen vor sich erscheinen zu lassen, ohne Anwesenheit oder Existenz eines Klägers. Die Kirchengerichte entwickelten zudem die Doktrin der allgemeinen Bekanntheit von Verbrechen, die es dem kirchlichen Richter gleichfalls gestattete, ein Verfahren ohne Ankläger zu eröffnen. Vorstellungen wie diese trugen dazu bei, daß es, was die freien Männer anbetraf, in rechtlicher Hinsicht zu unterschiedlichen Kategorien kam. Die Tatsache, daß die Kirche fränkische und diesen folgende Auffassungen von *mala fama* mit denen der *infamia* aus der römischen Rechtsdoktrin verband, wirkte sich sehr negativ auf den Gedanken der Unantastbarkeit des Angeklagten aus. Das zeigt die aus dem 9. Jahrhundert stammende kanonische Sammlung des Pseudo-Isidor sehr deutlich, die in der Folgezeit großen Einfluß gewann. Zumindest vor Kirchengerichten sollte es dem Mann mit üblem Leumund (dem angelsächsischen *tihtbysig* oder *ungetreowe* bzw. dem skandinavischen *nithing*) schwer gemacht werden, eine Klage vorzubringen oder in einem Prozeß auszusagen. Er durfte nicht zum Priester geweiht werden und mußte erfahren, daß ihm die kirchlichen Gerichte mehr schaden konnten als die weltlichen. Schon früh zwischen dem 9. und 12. Jahrhundert in kirchlichem Gebrauch entwickelt, wurde der Gedanke der Ehrlosigkeit auch durch die neuerliche, nach dem 11. Jahrhundert einsetzende Beschäftigung mit dem römischen Recht wiederbelebt. Die römische *infamia* war mit schweren sozialen Folgen verbunden gewesen, und dem folgte auch die mittelalterliche Doktrin, die zu einer Art Hierarchie der Angeklagten führte, anstelle einer durch den Status des freien Mannes behaupteten »Gleichheit«.

Unter den rechtlichen Veränderungen zwischen dem 9. und 13. Jahrhundert erwies sich diese Entwicklung einer Doktrin der Ehrlosigkeit, die sehr viel differenzierter war als die der Römer, als besonders nützlich und vielseitig anwendbar. Danach war der Angeklagte weit weniger als früher durch Konventionen oder sogar das Urteil Gottes geschützt. Im Jahr 1166 ordnete der englische König Heinrich II. in der Assise von Clarendon an, selbst jene von üblem Leumund, die durch die Aussagen vieler aufrechter Männer zwar belastet worden waren, aber das Gottesurteil überlebt hatten, hätten das Königreich zu verlassen und dürften nie wieder dorthin zurückkehren. Zusammen mit dem Inquisitionsprozeß trug die Doktrin der Ehrlosigkeit dazu bei, daß ein Rechtssystem durch ein anderes ersetzt wurde.

Die revolutionären Veränderungen im geltenden Recht brauchten ein Jahrhundert, bis sie sich endgültig durchgesetzt hatten. Es scheint, das neue Verfahren war allgemein eingeführt, noch bevor die Folter zu dessen festem Bestandteil wurde. Zunächst aber müssen noch zwei weitere Aspekte beleuchtet werden, nämlich die Rolle des Geständnisses und das Problem des Beweises.

Trotz ihrer Mängel, die im Laufe des 12. Jahrhunderts immer wieder angeprangert wurden, hatten die archaischen Verfahren wie Eid, Gottesurteil und Zweikampf doch den Vorteil, daß sie zu endgültigen Entscheidungen geführt hatten. Ob mit Hilfe von Beweisen, gerichtlichen Untersuchungen, Zeugen, Geschworenen und Richtern ähnlich definitive Urteile erreichbar sein würden, schien zumindest bis zur Mitte des 13. Jahrhunderts weit weniger sicher, das Verfahren für den Angeklagten sehr viel riskanter. Die Untersuchung konnte in einigen Fällen nur dann als Verfahren durchgeführt werden – so etwa in England anfangs die der Urteilsjury –, wenn der Angeklagte dem zustimmte. Bei Kapitalverbrechen waren dies zudem ganz neue Normen für die Entscheidung über Leben und Tod, und die Entwicklung eines überzeugenden Beweissystems nahm eine lange Zeit in Anspruch. Es gab Juristen, die die Auffassung vertraten, Urteile, die auf gerichtlichen Untersuchungen basierten, dürften nur die leichteren Strafen verhängen. Lange war es überhaupt schwierig, sich die für die Durchführung einer gerichtlichen Untersuchung erforderlichen Fertigkeiten anzueignen und sie entsprechend anzuwenden. So erschienen vor Gericht nicht nur ehrlose und übel beleumdete Angeklagte, sondern auch verläßliche und nicht verläßliche Zeugen, eine Tatsache, die Richtern, Anklägern und Geschworenen allgemein bekannt war.

Obgleich die verschiedenen Formen der gerichtlichen Untersuchung ein neues Bild von Angeklagten, Tatbeständen und Zeugen schufen, indem sie weit mehr Informationen zu Tage förderten, als dies je bei einem normalen Prozeß der Fall gewesen war, erhöhten sie paradoxerweise die Furcht vor Irrtümern. Das Geständnis, bei den älteren Verfahren nur ein Mittel unter anderen, die Anschuldigungen zu erhärten, gewann nun als Möglichkeit, alle Zweifel zu überwinden, eine nie gekannte Bedeutung. Zweifelsfrei als Täter überführt werden konnte man nur im Augenblick der Tat und nur von den richtigen Beamten und Zeugen, Geständnisse ablegen konnte man jedoch jederzeit. Im Laufe des 12. Jahrhunderts entwickelten sich die Beichte und sorgfältig ausgearbeitete Grundsätze zur freiwilligen Buße mit großer Schnelligkeit. Mit der Beichte (vom 4. Laterankonzil jedem Christen zu jährlicher Pflicht gemacht), die sich bereits zu einer der beiden Säulen des kanonischen Rechts entwickelt hatte (die andere war der kanonische Prozeß selbst), erhielt der Gedanke des Geständnisses für viele Lebensbereiche des 12. Jahrhunderts zentrale Bedeutung. Und es dauerte nicht lange, bis das auch im Falle schwererer Delikte zutraf.

Konfrontiert mit öffentlichen Aussagen, die vom Angeklagten angefochten wurden, und mit geheimen Aussagen, denen der Richter keinen Glauben schenkte, sowie mit einer Reihe weiterer Beweise, die nach Maßgabe der Verläßlichkeit und Glaubwürdigkeit abgewogen werden mußten, wiesen Juristen und Rechtslehrer des späten 12. und des 13. Jahrhunderts dem Geständnis höchsten Wert zu. Darunter rangierte zwischen 1150 und 1250 eine Hierarchie verschiedener anderer Beweismittel. Insbesondere bei Kapitalverbrechen lieferte diese Beweishierarchie den eigentlichen Grund für den Einsatz der Folter.

In der bis zum 13. Jahrhundert entwickelten Doktrin gab es nur zwei Beweise, die allein für eine Verurteilung ausreichten – der Angeklagte konnte auf Grund der Aussage zweier Augenzeugen *oder* auf Grund seines Geständnisses verurteilt werden. Gab es kein Geständnis und nur einen oder gar keinen Zeugen, konnten *indicia*, Indizien, herangezogen werden, die als Teilbeweis galten. Ohne eindeutigen Beweis konnte jedoch kein Urteil gefällt werden, und keine Kombination verschiedener Teilbeweise konnte diesen ganz ersetzen. Ohne Geständnis und ohne zwei Augenzeugen stand dem Richter also nur eine abgestufte Verbindung von Teilbeweisen zur Verfügung, nicht die Möglichkeit zu einem Schuldspruch. Um ohne einen zweiten Augenzeugen oder mit zwar zahlreichen, aber eben nie ausreichenden Indizien fertigzuwerden, mußten die Gerichte zu dem Faktor zurückkehren, der allein die Verurteilung und Bestrafung möglich machte, zum Geständnis. Um ein Geständnis zu erhalten, mußte man auf die Folter zurückgreifen – nur eben aus anderen Gründen als im Römischen Recht.

Aber wir sind hier der Geschichte ein wenig vorausgeeilt. Diese Entwicklungen brauchten mehr als ein Jahrhundert, und während dieses Jahrhunderts tauchen noch andere Probleme auf, die gleichfalls Fragen des rechtlichen Verfahrens berührten. Zunächst war da das neu erwachte Interesse am römischen Recht, das Folge der Arbeit des

Rechtsgelehrten Irnerius war, der um 1100 in Bologna wirkte. Anfänglich, genauer ein halbes Jahrhundert lang, waren die Rechtsexperten nur damit beschäftigt, den *Corpus Iuris Civilis* zu rekonstruieren und mit Erläuterungen zu versehen. Das römische Recht wurde in einzelnen Regionen Italiens und Südfrankreichs noch immer als bindend angesehen, obwohl die meisten seiner Bestimmungen schon nicht mehr angewendet wurden. Und gelehrte Juristen sahen darin noch immer den Ausdruck eines hochentwickelten rechtlichen Denkens, ob es an bestimmten Orten noch Gültigkeit hatte oder nicht. Viele frühe Kommentare des 12. Jahrhunderts übergingen deshalb auch die entsprechenden Teile des *Codex* und der *Digesten*, die sich mit der Folter befaßten, und wahrscheinlich blieben diese auch in der Lehre unberücksichtigt. Aber als das Jahrhundert weiter fortschritt und die oben angesprochenen Veränderungen eintraten, begann der Einfluß des römischen Rechts auf alle europäischen Rechtssysteme, nicht nur auf die Frankreichs und Italiens. So beeinflußte es zunächst das Kirchenrecht, indem es zur Einführung in das kanonische Recht wurde. Sodann prägte es auch alle um Zentralisierung bemühten Rechtsinstitutionen, ob nun vollständig oder nur teilweise übernommen, selbst in den Ländern, in denen sich später – wie etwa in England – ein anderes allgemeines Rechtssystem durchsetzte. Die Folterdoktrin des römischen Rechts stand zur Verfügung, als die Europäer eine solche brauchten, aber sie drängte sich den Reformern keineswegs auf, und niemand war verpflichtet, Angeklagte zu foltern, aus dem alleinigen Grund, daß das römische Recht diesbezüglich Verfügungen enthielt.

Die frühesten Erwähnungen in Quellen aus dem späten 11. und dem frühen 12. Jahrhundert geben klare Auskunft: Die Folter war bekannten Verbrechern und den »geringsten unter den Menschen«, den *vilissimi homines* vorbehalten: »Ehrenhafte Männer, die nicht durch Gnadenerweise, Begünstigungen und Geld zu korrumpieren sind, können allein auf Grund ihres geschworenen Eides zugelassen werden. Die geringsten der Menschen jedoch, können nicht allein auf Grund ihres Eides [als Zeugen] zugelassen werden, sondern sind der Folter zu unterwerfen, will sagen dem Urteil des Feuers oder des kochenden Wassers.« In dieser Passage aus dem *Buch von Tübingen* (um 1100) wird das Gottesurteil als »Folter« bezeichnet und für eine bestimmte Gruppe von Zeugen reserviert. Im gleichen Text heißt es an anderer Stelle: »Ein Sklave darf nicht als Zeuge zugelassen werden, sondern ist ins Gefängnis zu werfen oder zu foltern, auf daß die Wahrheit ans Licht komme, ganz so wie Diebe und Räuber und andere der schlimmsten Art von Missetätern.« Weitere Beispiele einer solchen Gottesurteilsfolter finden sich in den Gesetzen des Königreichs Jerusalem. Wie Fiorelli und andere angemerkt haben, haben sich nach dem späten 11. Jahrhundert die Auffassungen von einem gerichtlich angeordneten Gottesurteil gewandelt. Dafür gab es aber auch Präzedenzfälle. Eine Ergänzung zum Gesetzbuch der Westgoten besagt, daß ein freier Mann, der eines Verbrechens beschuldigt wird, dem Gottesurteil durch kochendes Wasser zu unterwerfen sei, damit festgestellt werden könne, ob die Vernehmungsbeamten zur Folter fortschreiten müßten oder nicht. Die umfängliche rechtswissenschaftliche Literatur jedoch, die seit dem frühen 12. Jahrhundert von den Rechtsschulen und Gelehrten in Bologna produziert wurde, begann, diese durcheinandergeratenen Aspekte des Strafverfahrens wieder voneinander zu trennen und definitorisch die Folter von den älteren Gottesurteilen zu unterscheiden, wobei sie sich auf die neu entdeckten Texte des *Codex* und der *Digesten* stützte. Obwohl sich nicht alle Kommentatoren mit dem Abschnitt *De quaestionibus* befaßt haben und es bisweilen schwerfällt, den Unterschied zwischen Unterrichtsmaterial und tatsächlichen Beschreibungen oder Anleitungen der Rechtspraxis festzustellen, scheinen im frühen 13. Jahrhundert Lehre und Praxis sehr eng zusammengerückt zu sein.

Der wichtigste Text in diesem Zusammenhang ist die *Summa* des großen römischen Rechtsgelehrten Portius Azo, die er um das Jahr 1210 geschrieben hat. Dieses Werk ist, wie Fiorelli meint (*La tortura*, I, 123–4), nicht nur deshalb so wichtig, »weil es eine so große Fülle von Einzelheiten und Zitaten enthält oder weil sein Inhalt einen so immens großen Einfluß auf die spätere Rechtslehre hatte, wurde es doch noch 400 Jahre nach dem Tod des Autors nachgedruckt und studiert und zitiert, als sei der Verfasser noch am Leben, sondern auch deshalb, weil es ein einzigartiges Zeugnis aus der Zeit vor dem Abschluß der Glossierung ist«. Azos Beherrschung des Stoffes, die Art der Darstellung unter Berücksichtigung der zeitgenössischen Rechtspraxis zeichnen diese früheste uns erhaltene Abhandlung aus, in der sich eine Auseinandersetzung mit der Rolle findet, die die Folter als Werkzeug des Rechts in der europäischen Geschichte gespielt hat. Andere römische Juristen von Roffredo von Benevento und Accursius bis zu Thomas von Piperata und Albertus Gandinus haben später in diesem Jahrhundert die Arbeit von Azo ergänzt und ein gutes Stück weitergeführt.

Was die Folter betrifft, gingen die römischen Juristen weit über die mit dem Kirchenrecht befaßten Gelehrten des 12. Jahrhunderts hinaus. Deren bedeutendster, Gratian, der um 1140 eine *Concordia discordantium canonum* oder *Decretum* verfaßte, für fast acht Jahrhunderte das grundlegende Lehrbuch des kanonischen Rechts, stellte fest, »ein Geständnis dürfe nicht mit dem Instrumentarium der Folter erpreßt« werden – ein Nachhall des jahrhundertealten kirchlichen Verbots der Folter. Doch seit der Mitte des 12. Jahrhunderts befaßten sich auch die Kirchenrechtler mit den Folterdoktrinen des römischen Rechts – und stimmten in der ersten Hälfte des 13. Jahrhunderts schließlich ihrer Anwendung bei zivilrechtlichen Fällen zu.

Die ersten Hinweise auf einen Einsatz der Folter tauchen aber außerhalb des Rahmens sowohl der kirchlichen als auch der akademischen Auseinandersetzungen mit dem Recht auf. So ermächtigte das *Liber iuris civilis* der Kommune Verona 1228 den Herrscher der Stadt, sich in zweifelhaften Fällen durch ein Duell, durch jede Form von Gottesurteil oder durch die Folter Klarheit zu verschaffen. Die Folter muß dem Gottesurteil mitunter noch recht ähnlich gewesen sein – schließlich war es Gott, der den Gerechten half, eine Folterung zu überstehen. Den vorliegenden Berichten zufolge scheint festzustehen, daß die ersten, die von der Folter Gebrauch machten, lokale Magistrate waren – wie etwa der *podestá* von Verona im Jahr 1228 oder die Beamten des Grafen von Flandern um das Jahr 1260. Einige der frühesten Hinweise auf solche Folterungen lassen vermuten, daß die Folter zunächst als polizeiliches Verfahren eingeführt wurde, dessen sich die Regierungsbeamten möglicherweise noch vor Eröffnung eines Prozesses bedienten. Einige einschränkende Bestimmungen der Gesetze von Verona und anderer italienischer Stadtrepubliken, aber auch derjenigen von Flandern deuten darauf hin, daß sich im Laufe des 13. Jahrhunderts noch andere Einstellungen zur Folter herausbildeten. In Gent wurde 1297 dem Grafen und seinen Beamten untersagt, einen Bürger der Stadt ohne Einwilligung des Stadtrats zu foltern. In Vercelli wurde 1241 verfügt, daß niemand gefoltert werden dürfe, »es sei denn, er ist ein bekannter Verbrecher, ein Dieb oder ein Mann von schlechtem Ruf«. Als sich die Machtbefugnisse der Polizei im frühen 13. Jahrhundert erweiterten, wurde die Folter nur inoffiziell angewendet, zunächst als *méthode policière,* um dann erst sehr viel später in das rechtliche Verfahren aufgenommen zu werden. Bürger protestierten gegen ihre Anwendung, zumindest bei unbescholtenen Mitbürgern, stimmten aber zu, wenn es sich um Leute handelte, die allgemein einen schlechten Ruf hatten. Die Richter brauchten Geständnisse, und wie sich im Laufe des 13. Jahrhunderts zeigte, konnte die Folter oft zum Erfolg führen. In den schnell wachsenden und übervölkerten italienischen und flandrischen Städten dieser Zeit fiel die Aufgabe, dem zentralisierten Strafrecht Geltung zu verschaffen, häufig Justizbeamten zu, die eine Menge Arbeit hatten, bevor ein Fall zur Verhandlung kommen konnte.

Bei diesen frühen Strafverfahren der weltlichen Gerichte wurde die Folter wahrscheinlich im Zuge der polizeilichen Vernehmungen eingesetzt, damit der Prozeß trotz fehlender Augenzeugen oder nicht ausreichender Indizien unter Umständen doch mit einem Geständnis eröffnet werden konnte. Im Laufe des 13. Jahrhunderts, als dann das Geständnis für den Prozeß selbst entscheidende Bedeutung erlangte, mußten die Methoden zu seiner Erlangung als Teil des gerichtlichen Verfahrens angesehen und den Beamten der jeweiligen Herrscher entzogen werden. In solchen Fällen verschwanden die Privilegien, die die Bürger Gents und anderer Städte für sich in Anspruch genommen hatten. Sobald die Folter Bestandteil des gerichtlichen Verfahrens geworden war, war es nicht mehr möglich, so viele auf Rang und Status basierende Ausnahmen zuzulassen. War ein Mann bislang auf Grund seines Rufes als aufrechter Bürger und vertrauenswürdige Person nicht bedroht gewesen, so blieb auch er, als die Folter bei den Gerichtsverfahren zur Routine wurde, nicht mehr allzu lange verschont. Während des Prozesses wurde die Folter restriktiv gehandhabt, jedoch nicht aus diesen Gründen.

Als Teil des eigentlichen gerichtlichen Verfahrens mußte der Folter ein Platz innerhalb des von Geständnis und Beweispflicht vorgegebenen Rahmens zugewiesen werden. Sowohl das kirchliche als auch das weltliche Recht bestimmten ja beispielsweise, daß kein Geständnis erpreßt werden dürfe. Die Folter war also kein Beweismittel, sondern diente zur Erlangung eines Geständnisses. Sie zielte nicht auf ein Schuldbekenntnis, sondern auf eine eindeutige Aussage mit Details, welche »außer dem Täter niemand anderes hätte wissen können«. Es konnte erwartet werden, daß Folter zu diesem Ziel führen würde, auf

Grund eben jener Bedingungen, die ihre Anwendung in erster Linie auslösten. Erstens mußte es zumindest einen Augenzeugen geben oder aber einen wahrscheinlichen Grund dafür, daß der Angeklagte das Verbrechen begangen hatte – die Wahrscheinlichkeit ergab sich aus der Anzahl konkreter Indizien, die nach allgemein anerkanntem Verfahren klassifiziert und bewertet wurden. Zweitens mußte das Gericht, wenn es die Anwendung der Folter verfügte, überzeugt sein, sie würde zu einem Geständnis führen. Schließlich wurde der Angeklagte beschworen, von sich aus ein Geständnis abzulegen, wobei man ihm oft die Folterwerkzeuge zeigte, bevor man Gebrauch von ihnen machte.

R.C. van Caenegem hat das Vorgehen, das wir hier beschrieben haben, folgendermaßen zusammengefaßt:

> Letztlich waren die Erfordernisse der strafrechtlichen Praxis und neue Grundsätze der Verbrechensverfolgung für das Wiedererscheinen der Folter in Europa verantwortlich – und nicht die Wiederbelebung des Studiums des römischen Rechts. Es scheint, daß die Erneuerung des römischen Rechts und die Aufnahme der Folter in die kirchliche Praxis das Ergebnis der Verbreitung des Inquisitionsprozesses in Europa waren. (in: *La Preuve*, p.740)

Verglichen mit den älteren Verfahrensformen schien den Zeitgenossen die neue Form des Inquisitionsprozesses weit weniger abschreckend, als man meinen sollte. Sicher war er sehr viel »professioneller«. Er zeichnete sich durch vieles aus, was einem heutigen Prozeßbeteiligten vertraut und annehmbar erscheinen würde; starre, übertrieben formalisierte, rituell vorgetragene und zurückgewiesene Klagen wurden vermieden, die Zeugenaussagen offen vorgetragen, die Beweise von beiden Parteien bewertet. Anwesend war ein ausgebildeter Richter, der auch im Falle nicht greifbarer Beweise unparteiisch zu urteilen vermochte. Zumindest am Anfang, also im 12. Jahrhundert, schien das Inquisitionsverfahren ganz dem Vertrauen in die Vernunft, das Gewissen und einen weiter gefaßten Begriff gesellschaftlicher Ordnung zu entsprechen, das die Historiker mit Blick auf so viele andere Bereiche des Lebens dieser Zeit lobend hervorgehoben haben.

Zusätzlich zum neuen Verbrecher, zum neuen Richter und zum neuen Verfahren erlebte das 12. Jahrhundert auch neue (oder scheinbar neue) Formen religiösen Dissidententums. In einigen Bereichen – vor allem an den Schulen und Universitäten – war der Diskussion und der Disputation ein sehr großer Spielraum gegeben. Das Auftauchen eines religiösen Oppositionsgeistes – ob er sich nun gegen Struktur und Macht der Kirche oder gegen ihre Dogmen richtete – unter jenen, die man für die Disputation nicht qualifiziert erachtete, und jenen, die sich gegen das als allgemeingültig erachtete Lehramt der Bischöfe und Geistlichen wandten, schien den orthodoxen Laien ebenso wie dem Klerus sehr viel gefährlicher als jedes gewöhnliche, noch so abscheuliche Verbrechen. Eine offensichtlich weitverbreitete antikirchliche Einstellung, die neu bekundete Autorität der Kirche und der Geistlichkeit und die besonderen Schwierigkeiten, die sich aus der Entdeckung gedanklichen Verbrechens ergaben, führten auf geistlicher wie auf weltlicher Seite zu großen Besorgnissen, und so sah man in dem neuen Inquisitionsverfahren (vor allem im Hinblick auf Fälle, in denen Ankläger nur schwer zu finden oder zu Aussagen zu bewegen waren) aus verschiedenen Gründen eine vielversprechende Möglichkeit, diese Probleme in den Griff zu bekommen.

Die Form des Prozesses als solche war natürlich nicht unbekannt, d. h. ein »Vorläufer« dieses Verfahres war schon seit Jahrhunderten von den kirchlichen Gerichten praktiziert worden. In vielen Fällen hatte es nicht einmal eines Prozesses bedurft, da mancher Häretiker durchaus bereit war, seine Ansichten öffentlich kundzutun. Sieht man von vereinzelten Gewaltaktionen des Pöbels ab, bestraften die Bischöfe im frühen 11. und 12. Jahrhundert im allgemeinen Häretiker, die sich selbst bezichtigten oder die auf andere Weise entdeckt worden waren, mit der Verbannung aus der Diözese oder Exkommunikation. Die Gesetzgebung durch Päpste und Konzile im 12. Jahrhundert ließ noch verschiedene andere Formen der Bestrafung zu, aber die härteste blieb die Exkommunikation. Selbst das erste päpstliche Dekret gegen die Häretiker ganz Europas, *Ad abolendam*, von Lucius III. aus dem Jahre 1184, ging nicht weiter, als die praktizierenden Häretiker der Kategorie der Aufsässigen und Ketzer zuzuordnen. Insgesamt fielen die kirchlichen Strafen, verkürzt gesagt, abhängig von Zeit, Ort und von der Person des Bischofs unterschiedlich aus. Prediger- und Bekehrungsmissionen, bischöfliche Besuche, die Gründung der Bettelorden sind allgemein unterbewertete, aber wahrscheinlich wirkungsvolle Antworten des 12. Jahrhunderts auf das Problem. Sie stehen für die Methode der *persuasio*, der »Überredung«.

Die Schritte, die nach der Mitte des 12. Jahrhunderts von zentralen kirchlichen Institutionen gegen die Ketzer unternommen wurden, basierten weitgehend auf der intensiver gewordenen wissenschaftlichen Beschäftigung mit dem universal gültigen kanonischen Recht. Das kanonische Recht, zwischen dem 6. und 12. Jahrhundert in ganz Westeuropa verbreitet und regional zu praktischer Anwendung gelangt, wurde nun allmählich als das einzige überall geltende Recht verstanden, wozu die Konflikte zwischen den Päpsten und Kaisern des 11. und des frühen 12. Jahrhunderts wesentlich beitrugen. Um 1140 stellte der Bologneser Gelehrte Gratian eine große Anzahl von Texten aus früheren Quellen zusammen und versah sie mit Kommentaren. Sein *Decretum*, wie diese Sammlung genannt werden sollte, zeigte sowohl die Schwächen als auch die Stärken des überlieferten Rechts und regte seine Nachfolger, zu denen auch päpstliche Gesetzgeber und Konzile gehörten, dazu an, das Recht zu vervollständigen und eine kirchliche Rechtskunde zu entwickeln, vergleichbar jener, ja, dieser in manchen Punkten sogar überlegen, die im 12. Jahrhundert zum römischen Recht entstand.

Gratian und seine Nachfolger anerkannten das römische Recht natürlich, insbesondere da große Teile kirchlichen Angelegenheiten gewidmet waren, wie die kaiserliche Gesetzgebung zur Häresie und die Definitionen zum Status des Priestertums. In mancher Hinsicht knüpften die Texte und Anmerkungen Gratians an die lange Tradition der kirchlichen Ablehnung der Folter an. So bestand er darauf, Kleriker dürften nicht foltern (*Decretum*, D.86.c.25), und wiederholte die ältere päpstliche Verordnung, nach der Geständnisse nicht erpreßt werden durften, sondern spontan abgelegt werden mußten (C.15 p.6 d.1). Aber er ließ auch einige – ebenfalls traditionelle – Ausnahmen zu. Er bestätigte, daß die Ankläger eines Bischofs (C.5 q.5 c.4), in einigen Fällen auch Personen aus den niedrigsten Schichten des Volkes (C.4 qq.2–3) und auch Sklaven (C.12 q.2 c.59) gefoltert werden durften. Gratian berücksichtigte die römische Rechtspraxis, und in ähnlicher Weise versöhnten seine Nachfolger, ob Gelehrte oder Prälaten, das kirchliche Recht mit der zeitgenössischen, vom römischen Recht geprägten Praxis. Die nächste große Gesetzessammlung, das *Liber extra* von Gregor IX. aus dem Jahr 1234, enthält mehrere päpstliche Briefe aus dem 12. Jahrhundert, die dies anerkennen (X.3.16.1; X.5.41.6). Um die Mitte des 13. Jahrhunderts erlangte das kanonische Recht also größere allgemeine Bekanntheit – es wurde studiert und angewendet und enger an die Bestimmungen des römischen Rechts angelehnt, vor allem da, wo es um gemeinsame Probleme wie Fragen des Strafens oder des gerichtlichen Verfahrens ging.

Dies ist der Hintergrund, vor dem die Geschichte der kirchlichen Gesetzgebung und das Vorgehen gegen die Ketzer gesehen werden müssen. Das Dekretale *Ad abolendam* von Lucius III. aus dem Jahr 1184 wurde schon erwähnt, und es muß nun festgehalten werden, daß dieser päpstliche Brief nicht nur die Charakterisierung der Häretiker als Abtrünnige verfügte, sondern auch die Einrichtung bischöflicher Inquisitionstribunale in der ganzen Christenheit forderte. In der Gesetzgebung des 4. Laterankonzils von 1215 wurden frühere Verurteilungen der Häresie wiederholt, und die Doktrin der *infamia*, der Ehrlosigkeit, sowohl vom kanonischen als auch vom weltlichen Recht auf Ketzer angewendet. Im Jahre 1199 hatte Papst Innozenz III., der sich auf die relativ neuen Verratsgesetze stützte, in seinem Dekretale *Vergentis in senium* verkündet, Häretiker seien Verräter an Gott und in allem vergleichbar den Verrätern am Caesar im römischen Recht, womit er einen weiteren Weg zu neuen rechtlichen Sanktionen gegen die Ketzer geebnet hatte. Während der frühen Jahrzehnte des 13. Jahrhunderts unterstrichen der Kreuzzug gegen die Albigenser im Languedoc und die Konstitutionen Kaiser Friedrichs II. die skizzierte Auffassung. Das Dekretale *Ille humani generis* Papst Gregors IX. aus dem Jahr 1231, das einem Kloster des Dominikanerordens erstmals den Auftrag erteilte, in unmittelbarer Wahrnehmung päpstlicher Autorität ein Inquisitionstribunal einzurichten, setzte den Kampf gegen das Abweichlertum fort und propagierte neue Verfahren, damit fertig zu werden.

In gewisser Beziehung war es das Versagen der gewöhnlichen Episkopalgerichte, das in der Zeit nach 1184 zu einer verstärkten gesetzgeberischen Tätigkeit und schließlich zur Schaffung eines amtlichen Inquisitors führte. Im zweiten Viertel des 13. Jahrhunderts war das Verbrechen der Häresie mit dem weltlichen Verbrechen des Verrats und der Auflehnung gleichgesetzt und der Ketzer für »ehrlos« erklärt worden, so daß nun die Häresie jenen Straftaten des weltlichen Rechts gleichgesetzt werden konnte, die mit schweren Strafen zu belegen waren und die Berücksichtigung der gesamten Beweishierarchie sowie das Geständnis als Voraussetzung einer Verurteilung erforderten. Die kirchliche Inquisition entwickelte zwar den Inquisitionsprozeß mitsamt der zur Erlangung eines Geständnisses anzuwendenden Folter nicht, paßte ihn aber im Zuge der Verfolgung des Ketzertums und der Entwicklung verschiedener Mittel zu dessen Bekämpfung den eigenen Erfordernissen an. Beginnend mit den dreißiger Jahren des 13. Jahrhunderts kam das römisch-kanonische Verfahren in kirchlichen wie in weltlichen Gerichten zur Anwendung.

Die juristische Rechtfertigung der Folter

Von der zweiten Hälfte des 13. bis zum Ende des 18. Jahrhunderts gehörte die Folter zum normalen Strafverfahren der Römisch-katholischen Kirche und der meisten europäischen Staaten. Im 12. Jahrhundert noch regelwidrig und zunächst offensichtlich bei polizeilichen Vernehmungen eingesetzt, wurde Folter zum Bestandteil des gerichtlichen Verfahrens und zum Gegenstand einer eigenen Rechtskunde, ja, entwickelte sich sogar zu einem rechtswissenschaftlichen Spezialgebiet. Es fällt in der Tat auf, daß gerade die Folter als Gegenstand des Studiums und der wissenschaftlichen Erörterung eine große Faszination für ganze Generationen von Juristen und Rechtsgelehrten gehabt hat – von Azo und dem anonymen Autor des *Tractatus de tormentis* (ca. 1263–86) bis zu dem konservativen Rechtswissenschaftler Pierre François Muyart de Vouglans zur Zeit der Französischen Revolution. Die Archive der europäischen Staaten belegen das eine, die umfangreiche und überaus detaillierte Literatur zu diesem Thema das andere. Wir wollen uns zunächst die Methoden und die Foltergesetze genauer ansehen und uns dann der juristischen Rechtfertigung der Folter zuwenden.

In allen Rechtssystemen gibt es mehr oder weniger große Divergenzen zwischen Praxis und Theorie, im Falle der Folter sind sie jedoch verwirrend. Auf der einen Seite gibt es Wissenschaftler, die sich hauptsächlich mit der Theorie befassen und diese in einem derartigen Widerspruch zur überlieferten Praxis sehen, daß sie sie für kaum mehr als eine juristische Heuchelei halten; auf der anderen Seite gibt es diejenigen, für die die Theorie ein hoher Maßstab ist, dem die Gerichte nie gerecht wurden. Was nun die Praxis angeht, so sehen die Sozialhistoriker darin kaum etwas anderes als unkontrollierte Brutalität und Sadismus, während die Rechtshistoriker mit einem Maß werten, das die größeren gesellschaftlichen Zusammenhänge oft kaum oder überhaupt nicht berücksichtigt.

In den lateinischen und landessprachlichen Quellen lauten die für die Folter verwendeten Begriffe *tortura, quaestio, tormentum* und gelegentlich auch *martyrium*, des weiteren *cuestion, questione* und *question*. Im Deutschen wurde das vom Lateinischen abgeleitete *Tortur* weniger häufig gebraucht als das deutsche Wort *Folter*. Andere Begriffe sind *Marter* und *peinliche Frage* (von *quaestio*). Im Französischen wurden neben *la question* die Wörter *gehine* oder *gene* (von *Gehenna*) verwendet. Zusätzlich haben die meisten europäischen Sprachen eigene Ausdrücke zur Bezeichnung ganz bestimmter Foltermethoden entwickelt, wobei viele als Euphemismen gelten müssen. Als im 13. Jahrhundert eine spezielle Rechtsdoktrin der Folter Gestalt angenommen hatte, konnten sich die Spezialisten – als ihm ebenbürtige Gelehrte – auf die berühmte Definition Ulpians berufen:

> Unter *quaestio* verstehen wir die Qual und das Leiden [die Marter und Peinigung] des Leibes, um so die Wahrheit herauszubekommen. Deshalb fallen die einfache Befragung und gelegentliche Drohungen nicht unter diesen Erlaß ... Da also Gewalt und Marterung Kennzeichen der *quaestio* sind, ist die *quaestio* in dieser Art und Weise zu verstehen.

Die entsprechenden Abschnitte des *Codex* und der *Digesten* wurden dann auch in diesem Sinne interpretiert, ebenso knüpften spätere Definitionen der Folter an die Ulpians an. Azo sprach von der »Ermittlung der Wahrheit durch Folterung«, und der *Tractatus de tormentis* aus dem späten 13. Jahrhundert änderte Ulpians Bestimmung nur leicht und bezeichnete die Folter als »eine Untersuchung, die vorgenommen wird, um durch Folterung und Peinigung des Leibes die Wahrheit herauszubringen«. Einige Juristen, die der eigentümlichen Etymologie des Enzyklopädisten Isidor von Sevilla (560–636) folgten, sprachen auch von den geistigen Auswirkungen der Folter – Isidor hatte nämlich *tormentum* von *torquens mentem* hergeleitet, von der »Wendung des Geistes: denn durch das Leiden des Leibes wird der Geist ... herumgedreht«.

Die Juristen des·13. Jahrhunderts befaßten sich, nachdem sie die *quaestio* definiert hatten, mit deren rechtlicher Natur, und manche von ihnen bezeichneten sie als Methode des Beweises. Die Ungenauigkeit dieser Bezeichnung (die Folter war eigentlich ein Mittel oder ein Instrument zur Erlangung eines Geständnisses, welches seinerseits aber doch eine Methode des Beweises war) sollte man nicht überbewerten. Die Literatur zur Folter läßt erkennen, daß die Richter inzwischen genau wußten, was Folter war und zu welchem Zweck sie angewendet wurde.

War die frühere Verwechslung von Folter, Gottesurteil und Strafe im 12. Jahrhundert noch weit verbreitet, so führte der Einfluß von Rechtsgelehrten wie Azo, Tankred, Innozenz IV. oder Hostiensis im frühen und mittleren 13. Jahrhundert zur Entwicklung einer römisch-kanonischen Doktrin des Strafrechtsverfahrens, die bis zum Ende des 18. Jahrhunderts Bestand hatte. Die zunehmende Professionalität von Anwälten und Richtern, die Bedeutung der Fakultäten und die größeren Möglichkeiten der Berufsausübung in den Städten, die ermächtigt waren, eigene Richter zu berufen und sich ein eigenes Stadtrecht zu schaffen – all dies trug zur Klarheit, allgemeinen Verbreitung und Maßgeblichkeit dieses Verfahrens bei.

Da die späteren Entwicklungen – von den Modifikationen der Inquisition bis zu einer nach 1450 zur Routine gewordenen Rechtspraxis – die Gestalt des ursprünglichen Verfahrens schwerer erkennbar werden lassen, ist es wichtig, hier zunächst die Theorie darzustellen, an der ein Richter, der über ein Verbrechen zu befinden hatte, sich orientierte und die ihn durch ein kompliziertes Verfahren bis hin zur abschließenden Feststellung von Schuld oder Unschuld und zur Verhängung der vorgesehenen Strafe führte. Angesichts der großen Unterschiede, die im Hinblick auf die Anwendung des Rechts im Mittelmeerraum und im transalpinen Europa feststellbar sind, und angesichts der verschiedenen Zeiten, zu denen die einzelnen Regionen und Länder (einschließlich Englands, das große Teile davon verwarf) das voll entwickelte Verfahren übernahmen, müssen die folgenden Ausführungen notwendigerweise allgemein bleiben und sich auf unterschiedliche Gesetzgebungen und akademische Auffassungen stützen. Sie geben zudem nur einen Anhaltspunkt für die weitere Erörterung der Folter an bestimmten Orten und zu bestimmten Zeiten.

Ein Richter konnte nur auf drei Arten erfahren, ob ein Verbrechen begangen worden war: durch seine eigenen Beamten, die sich verpflichtet hatten, Straftaten aufzuspüren, und die durch ihren Diensteid vor späteren Anschuldigungen wegen Verleumdung geschützt waren; durch die *fama*, auf Grund allgemeiner Bekanntheit oder durch beeidigte Aussagen ehrbarer Bürger; oder er selbst als Privatmann konnte davon erfahren. Was die dritte Möglichkeit angeht, gab es zwar immer wieder Diskussionen, im allgemeinen jedoch wurde der Richter unter diesen Umständen als Bürger angesehen, der Kenntnis von der *fama* hatte, womit der Fall der zweiten Kategorie zugerechnet werden konnte.

Wenn ein Richter Kenntnis davon erlangt hatte, daß eine Straftat verübt worden war, mußte er sich vergewissern, daß dem auch tatsächlich so war. Die Rechtfertigung lieferte der Bericht der Beamten oder die allgemeine *fama*. »Es muß zuerst einmal nachgewiesen werden«, schrieb der Jurist Bartolus, »daß tatsächlich ein Verbrechen verübt worden ist.« Das Verbrechen mußte ein strafbares sein. Sodann konnte der Richter Zeugen vorladen, ihre Aussagen anhören und entscheiden, ob es sich um einen Fall handelte, bei dem der Tatbestand einfach lag, ein wahrscheinlich Schuldiger zu erkennen war. Dieser Teil wurde häufig als *inquisitio generalis*, als »allgemeine Untersuchung«, bezeichnet. Sie folgte auf das erste Bekanntwerden der Tat und läßt sich mit der heutigen Voruntersuchung vergleichen.

War ein Angeklagter identifiziert, so begann die *inquisitio specialis*, die »besondere oder detaillierte Untersuchung«, die Schuld oder Unschuld festzustellen hatte, der eigentliche Prozeß. Dem Angeklagten mußte ein Schriftstück ausgehändigt werden, das alle wesentlichen Punkte der Anklage aufführte. Dieses Dokument entsprach einer Vorladung vor Gericht, wo – und das erinnert noch entfernt an das alte Anklageverfahren – entweder die *fama* oder der Richter selbst den Platz des Anklägers einnahm. Im 14. Jahrhundert wurde dann das Amt des öffentlichen Anklägers geschaffen, der diese Rolle und die Verhandlung der Klägerseite übernahm. (Da die Folter nur bei Straftaten herangezogen werden konnte, auf die der Tod oder Verstümmelung stand, gehen wir hier davon aus, daß das verhandelte strafbare Verbrechen von entsprechender Schwere ist.)

Sobald die *inquisitio specialis* eröffnet war, war der Richter gehalten, jedes nur erdenkliche Mittl zur Aufdeckung der Wahrheit heranzuziehen, bevor er die Anwendung der Folter verfügte. Dieser Grundsatz, daß nur dann von der Folter Gebrauch gemacht werden durfte, »wenn die Wahrheit durch alle anderen Beweismittel nicht zu erhellen war«, und die Lehre von der Hierarchie der gesetzlichen Beweise – von den zwei Augenzeugen oder dem Geständnis bis zu den »Halbbeweisen« und *indicia* – bestimmten jede Entscheidung und nahmen sie vom 14. Jahrhundert an dem Richter buchstäblich aus den Händen. Kam die

Folter als mögliches Mittel in Betracht, so mußte bereits eine zwar nicht vollständige Sammlung von Beweisen gegen den Angeklagten vorliegen, wovon manche vielleicht nur Indizienbeweise waren, alle jedoch präsumptiv. Das Beweismaterial mußte überprüft werden – die *fama* mußte von ehrbaren Leuten stammen, alle Einzelheiten der Aussagen von Augenzeugen übereinstimmen, die Beweise nach allgemein bekannten Kriterien bewertet werden.

Dem Angeklagten war zudem eine Liste aller gegen ihn vorliegenden Indizien auszuhändigen, und er durfte die belastenden Zeugen ins Kreuzverhör nehmen. Wenn der Richter die Folterung verfügte, konnte der Angeklagte Einspruch erheben – dies etwa mit der Begründung, daß die Indizien nicht ausreichend seien oder daß er zu dem von der Folter ausgenommenen Personenkreis gehöre. Zu diesen von der Folter ausgenommenen Personen – eine aus dem römischen Recht stammende Kategorie, die aber im Mittelalter weitgehend neu definiert wurde – gehörten Kinder unterhalb eines bestimmten Alters, schwangere Frauen, Personen, die ein bestimmtes Alter überschritten hatten, Richter, Magnaten, Aristokraten, Könige, Professoren und – durchaus nicht nach Auffassung aller – die Geistlichkeit. Die Berufung stellte ein Zwischenurteil dar, über das zuerst entschieden sein mußte, bevor mit der Folterung begonnen werden konnte.

Für die Folter selbst gab es eine Fülle von Regeln. Sie durfte nicht barbarisch sein und nicht zum Tode oder zu dauerhaften Körperschäden führen; sie sollte von gebräuchlicher Art sein, neue Methoden wurden mißbilligt; ein Arzt hatte anwesend zu sein, und ein Notar mußte einen offiziellen Bericht über das Verfahren erstellen.

Selbst wenn alle diese Voraussetzungen erfüllt waren, war das unter der Folter abgelegte Geständnis noch nicht gültig. Dazu mußte es erst fern vom Ort der Folter ein zweites Mal abgelegt worden sein. Widerrief der Angeklagte, so konnte die Folterung wiederholt werden, denn das erste Geständnis war dann ein weiteres Indiz gegen ihn. Die Kombination von Wahrscheinlichkeitsbeweisen und Geständnis erlaubte es dem Richter, das Urteil zu sprechen und die Strafe vollstrecken zu lassen. Hatte der Richter gegen die für die Folter geltenden Bestimmungen verstoßen, konnte er nach abgelaufener Amtszeit angeklagt und seine Prozeßführung in einem *sindicatus*-Verfahren überprüft werden.

Diese knappe Schilderung des Strafverfahrens, wie es in weiten

Teilen Europas in der Zeit zwischen 1250 und 1750 praktiziert wurde, stützt sich auf die Gesetzgebung und die Auffassungen einflußreicher Rechtsgelehrter und diente als Modell, an dem das tatsächliche Verfahren gemessen werden kann. Kritiker haben seit langem darauf hingewiesen, daß dem Inquisitionsverfahren eine Neigung zur Klägerseite hin eingebaut ist. Wie groß die prozessualen Einschränkungen, die dem Richter auferlegt sind, auch sein mögen, vieles wirkt sich bei diesem System gegen den Angeklagten aus – die Tatsache, daß es der Richter ist, der die Indizien wertet, oder auch der suggestive Charakter der Befragung unter der Folter, die schnelle Bereitschaft, ein Geständnis zu akzeptieren, ohne es im einzelnen zu überprüfen, und schließlich der Hang, schwer zu foltern, um über ein Geständnis hinaus ein Schuldbekenntnis zu erlangen. Die Vorbehalte, die in den ungezählten, dem Folterrecht gewidmeten Schriften vom 13. bis zum 18. Jahrhundert zum Ausdruck gebracht werden, machen deutlich, daß sich die Juristen des Mittelalters und der frühen Neuzeit der Gefahren dieses Systems bewußt waren. Auch sie sprachen – wie Ulpian – von der *res fragilis et periculosa* und wußten, was sie sagten. Aber sie arbeiteten in einem Rechtssystem, in dem das Geständnis die Königin der Beweise war, und wie für Ulpian scheint die Schlüsselrolle, die diesem im römisch-kanonischen Prozeß zukam, auch für sie entscheidend gewesen zu sein.

Es ist interessant, das Verfahren kontinentaleuropäischer Gerichtshöfe mit dem in anderen Regionen Europas wie etwa in England zu vergleichen, wo sich zwar eine ähnliche revolutionäre Weiterentwicklung des Rechtssystems vollzog, aber ohne daß es zu einer Übernahme des römisch-kanonischen Prozesses oder der Folter gekommen wäre. Im Jahre 1166 tat die Assise von Clarendon kund, der König und seine Beamten gedächten bestimmte schwere Verbrechen im ganzen Königreich auszumerzen. England hatte gerade einen mehr als zehnjährigen Bürgerkrieg beendet, und die Untertanen Heinrichs II. scheinen ausnahmslos sehr einverstanden damit gewesen zu sein, daß gegen die kriminellen Folgen der Anarchie eingeschritten wurde. Urteil und Strafe des Königs sollten jeden treffen, der von einer lokalen Jury ehrbarer Bürger angeklagt wurde. Diese Jury – aus der sich die *Grand Jury,* die Anklagejury, entwickelte – klagte Verdächtige an, die sodann in Haft genommen wurden, bis sie einem königlichen Reiserichter vorgeführt werden konnten. Das Gottesurteil durch Wasser war bei diesen Prozessen durchaus noch gebräuchlich, bis es endlich 1215 abgeschafft wurde. Nach einer Phase großer Unsicherheit und vielen Spekulationen richtete Heinrich III. die Urteilsjury ein, eine unabhängige Geschworenenjury, der nun die Aufgabe zufiel, über Schuld oder Unschuld zu befinden.

Hinter diesen Entwicklungen standen mehr als hundert Jahre englischer Geschichte. Unter Heinrich I. (1100–1135) hatten mächtige königliche Beamte auf eigene Faust Strafverfolgung betrieben. In der Zeit zwischen 1135 und 1166 wuchs eine starke Abneigung gegenüber dieser Form von unabhängiger Strafverfolgung. Bei den Kirchengerichten, bei denen eine Gruppe dazu legitimierter Kleriker, die *testes synodales*, Anklage erhob in einer Form, wie bestimmte biblische Texte sie vorschrieben, war es zu einer ähnlichen Zunahme der Anklageerhebung durch Beamte gekommen. In der Assise von Clarendon stellte Heinrich II. deshalb nicht die unabhängige Strafverfolgung und Anklage durch königliche Beamte wieder her, sondern schuf eine Art Laienversion des Synodalzeugen, die Anklagejury. Diese Jury erhob nun Anklage nicht mehr vor einem mächtigen örtlichen Beamten, sondern vor den königlichen Reiserichtern, die danach den Prozeß vor einer Urteilsjury eröffnen konnten. Die Beweismittel, die dabei zugelassen waren, waren sehr viel umfangreicher als in einem römisch-kanonischen Prozeß. Indizienbeweise konnten kumuliert werden, bis die Jury sie als ausreichend für eine Verurteilung erachtete – was einem römisch-kanonischen Richter versagt gewesen war. Es gab weder einen staatlichen Ankläger, noch befand der Richter über Schuld oder Unschuld – das war Aufgabe der Urteilsjury. Angesichts der sehr weit gefaßten englischen Beweisregeln, des Fehlens eines staatlichen Anklägers, der anders definierten Rolle des Richters und der Verantwortung, die der Anklage- wie der Urteilsjury zukam, hatte das Geständnis im englischen Recht einen sehr viel geringeren Stellenwert, und die Frage der Folter wurde allgemein bedeutungslos. Seit 1166 hatte Folter keinen Platz mehr im englischen Recht. Trotz der wachsenden Zustimmung zur Folter bei den Kirchenrechtlern des 13. Jahrhunderts (das kanonische Recht galt auch in England) und trotz der Diskussion dieses Themas im *Liber pauperum* des Vacarius, eines in Oxford in den vierziger Jahren des 12. Jahrhunderts tätigen auf das römische Recht spezialisierten Gelehrten, verhalfen die Reformen Heinrichs II. dem englischen Recht zu einem Verfahren, das die Folter eliminierte, und das zur selben Zeit, als sie auf dem Kontinent nach den Rechtsreformen in zunehmendem Maße wieder zugelassen wurde.

In einer Reihe von Rechtssystemen lebte das alte Anklageverfahren fort, selbst ohne Gottesurteil, auch im Falle geringfügiger Vergehen und in Regionen, wo man sich bei schweren Straftaten des römisch-kanonischen Prozesses bediente. Die sogenannten »feudalen« Gerichte sträubten sich, die traditionelle Rechtsprechung und die überkommenen Verfahrensformen aufzugeben, und hielten sich in vielen Gebieten Europas bis zum Ausgang des 18. Jahrhunderts. Andere Regionen wie die slawischen Länder und Rußland lernten die rationalen Beweismethoden erst spät kennen, manchmal durch italienischen Einfluß, und dann bestanden die neuen und die alten, irrationalen Methoden in einer Art und Weise nebeneinander weiter, die in Europa sonst nirgends zu finden war. Zum Beispiel konnte nach dem litauischen Recht des 16. Jahrhunderts die Folter nur bei einer Anklage wegen Diebstahls angewendet werden, und dies auch nur dann, wenn eine geschädigte Privatpartei darauf bestand. Es durfte nur einmal gefoltert werden, und zwar innerhalb eines Jahres nach dem Diebstahl, nur derart außerdem, daß der Gefolterte nicht verstümmelt wurde. Gelang es nicht, durch die Folter ein Geständnis zu erreichen, so hatte der Kläger dem Gefolterten eine Entschädigung zu zahlen.

Kam es in vielen Ländern zu einer Wiederbelebung der Folter, so war sie aus den Gesetzen eines Teils der spanischen Regionen wie etwa Kastilien nie verschwunden. Der *Corpus Iuris Civilis* war zwar im westgotischen Spanien ohne Einfluß geblieben, nicht aber der frühere *Codex Theodosianus*, der sehr weitreichende Foltergesetze enthielt. Im kastilischen Recht überlebte die Folter, war ein wichtiger Bestandteil des *Fuero Juzgo* von 1241 und nahm in der siebten *partida* des 1265 von Alfonso X. verfaßten Gesetzwerkes *Las Siete Partidas* einen herausragenden Platz ein. In Aragonien dagegen wurde sie im Jahre 1325 abgeschafft.

In Frankreich ließ eine *Ordonnance* von Ludwig IX. aus dem Jahre 1254 die Folter zu, untersagte jedoch die Folterung von »ehrbaren Menschen mit gutem Ruf, auch wenn sie arm sein sollten«, im Falle nur eines einzigen Zeugen (der formelle »Halbbeweis« des allgemeinen römisch-kanonischen Prozesses).

Was die deutschen Länder angeht, so findet sich um die Mitte des 13. Jahrhunderts die Folter in den Gesetzesbestimmungen von Wien erwähnt, wobei es allerdings um ein Verbot geht: es war nicht zulässig, den Angeklagten durch Hunger, Durst, Ketten, Hitze oder Kälte zu foltern oder im Falle ganz bestimmter Anschuldigungen ein Geständnis durch Schläge zu erzwingen. Jedes Geständnis mußte freiwillig und im Vollbesitz der geistigen Fähigkeiten vor einem Richter abgelegt werden. Bis zum 14. Jahrhundert entwickelten verschiedene Regionen und Ortschaften mit eigener Gesetzgebung ein umfangreicheres Folterrecht, im allgemeinen unter dem Einfluß des wiederbelebten römischen Rechts. Die skandinavischen Länder scheinen die Folter bis zum 16. Jahrhundert nicht gekannt zu haben, bis sie dank neuer, ehrgeiziger und einflußreicher Gesetzbücher aus Deutschland eingeführt wurde.

Das bisher beschriebene System – sei es das der rationalen oder das der irrationalen Beweise – hat auch eine soziale Dimension. In der Welt der irrationalen Beweise waren Zweikampf und Reinigungseid vor allem den freien Männern vorbehalten, denn nur Freie konnten Waffen tragen und nur das Wort eines Freien war glaubwürdig. Die Krieger sahen im Zweikampf eine ihrem sozialen Status entsprechende Form des Gottesurteils, und während des gesamten Mittelalters trugen viele Gerichtshöfe dem Rechnung. Ja, dieser gerichtlich angeordnete Zweikampf wurde – in Form des Duells – zu einem der dauernden Zeichen des Adelsstandes und blieb es sogar, als die Zeit der irrationalen Beweise längst abgelaufen war. Sklaven und sehr armen Freien versagten die Gerichte zumeist diese Möglichkeit der Entlastung. Für diese war das einseitige Gottesurteil vorgesehen. Die sozial begründete Unterschiedlichkeit der irrationalen Beweisverfahren hat sich, wie wir gesehen haben, im System der rationalen Beweise erhalten. Personen, die als ehrbar und gut beleumundet galten und vielleicht bedeutend genug waren, um dies zu verdienen, waren ideale Zeugen und bis zu einem gewissen Grade auch privilegierte Angeklagte. In vielen Gerichtsbarkeiten brauchte man sehr viel mehr Beweise, um einen angesehenen Bürger auf die Folter zu bringen, als für einen bekannten oder als solchen verdächtigten Schurken notwendig waren.

Diese Unterscheidungen jedoch konnten oft selbst den gleichmachenden Einflüssen nicht standhalten, die von der Professionalisierung des römisch-kanonischen Verfahrens ausgingen. Sobald die Folter als Bestandteil des Verfahrens akzeptiert war, verloren Privilegien an Bedeutung. Zuerst wahrscheinlich im Fall der besonders gemeinen Verbrechen oder bei denen, die als *crimina excepta* galten, bei Straftaten, die eine Aufhebung des normalen gerichtlichen Verfahrens rechtfertigten, um eine Verurteilung zu erreichen. Die Geschichte des *crimen exceptum* ist noch nicht geschrieben, es gehört jedoch ebenfalls zur Entwicklung des Gerichtsverfahrens im 13. Jahrhundert und umfaßte Delikte wie Häresie, Zauberei, Fälschung, bestimmte Arten von Mord und Verrat. Personen, die wegen derartiger Straftaten vor Gericht gestellt wurden, mußten nun damit rechnen, weit weniger durch ihre soziale Stellung geschützt zu sein. Im Falle der von der Folter ausgenommenen Personen hielt die spätere Gesetzgebung zu Hexerei und Magie zwar an den meisten der gegebenen »Ausnahmen« fest, schloß aber bezeichnenderweise das Alter als befreienden Grund aus.

Das römisch-kanonische Verfahren selbst wies also, kurz gesagt, eine nivellierende Tendenz auf, die dem alten System der irrationalen Beweise nicht eigen gewesen war. Dazu trug außerdem die Entwicklung des Begriffs der Ehrlosigkeit und die des *crimen exceptum* wesentlich bei. Das ist ein hervorstechendes Merkmal der Rechtsgeschichte des 15. und 16. Jahrhunderts. Es ist eines der Paradoxa der Sozialgeschichte des frühen modernen Strafrechts, daß zwar einige der älteren sozialen Unterschiede und Privilegien verschwanden, der Nivellierungsprozeß seinerseits aber eine immer größere Zahl von Personen Verfahren unterwarf, die ursprünglich für die niedrigsten und verrufensten Klassen der Gesellschaft gedacht gewesen waren. Im 15. Jahrhundert, als das theoretische Fundament für das moderne Strafrecht gelegt wurde, war es schließlich möglich, daß jedermann gefoltert werden konnte.

Die Inquisition

In diesem Kapitel ging es bei der Darstellung der Folter zunächst um ihre Beschreibung durch die entsprechenden Gesetze und die Rechtslehre der Zeit nach dem 13. Jahrhundert. Eine solche Verengung des Blickwinkels hat manchen Rechtshistoriker bewogen, die Vernunft und Zurückhaltung des 13. und 14. Jahrhunderts lobend hervorzuheben und spätere Zeiten wegen der Perversion dessen, was einmal ein rationales und Schutz gewährendes Rechtssystem gewesen war, zu verurteilen. So schreibt Walter Ullmann:

Diese Humanisierung der Folter währte so lange, wie die Rechtswissenschaft eine entscheidende Rolle bei der tatsächlichen Anwendung der Gesetze spielte. Der in späteren Jahren fortschreitende Niedergang des Studiums der Rechte an den Universitäten führte zu einem niedrigeren Niveau bei den Juristen, die aufgerufen waren, dem Recht zu dienen. In gleichem Maße verringerte sich die Autorität der Rechtsgelehrten, und ihr Einfluß auf die praktische Anwendung des Rechts schwand langsam dahin. Dem Recht selbst wurde auch nicht mehr die Achtung entgegengebracht, die für vorangegangene Jahrhunderte kennzeichnend gewesen war – eine Gesetzlosigkeit im gesellschaftlichen Leben ging Hand in Hand mit einer gewissen Laxheit in der Anwendung des Rechts.

Ein Urteil, das die Bedingungen der tatsächlichen Rechtspraxis des 13.und 14.Jahrhunderts außer acht läßt und das einerseits die Wirkung der Rechtstheorie dieser beiden Jahrhunderte zu hoch einschätzt, diejenige der Akademien des 15. und 16. Jahrhunderts jedoch zu gering.

Seit dem Ursprung als einer praktischen polizeilichen Maßnahme bis zu ihrer Stellung als anerkanntem Bestandteil des römisch-kanonischen Verfahrens wurde die Folter durchweg eingesetzt von Gerichten, deren Mitarbeiter keineswegs immer ausgebildete Rechtsexperten waren, und es ist fraglich, ob die sorgfältig bewachten *consilia* und akademischen Abhandlungen jemals großen Einfluß hatten, außer daß sie den jeweiligen Richtern und Folterern ein Ideal ihres Tuns vor Augen stellten.

Von zentraler Bedeutung im römisch-kanonischen System war die strenge Beweishierarchie, die Stellung des Geständnisses innerhalb dieser Hierarchie und die nicht selten auftretende Schwierigkeit, mit der sich die Gerichte konfrontiert sahen, entweder zwei Augenzeugen zu finden oder das freiwillige Geständnis des Angeklagten zu erlangen. Zwei weitere Elemente kamen im 14.Jahrhundert hinzu, und zwar der öffentliche Ankläger und die Regelung, daß dem Angeklagten weder die Namen noch die Aussagen der Belastungszeugen bekanntgegeben wurden. Die Einsetzung eines Staatsanwaltes verdankte sich der mit dem alten Anklageprozeß verbundenen Vorstellung, sollte jemand vor das Gericht zitiert werden, bedürfe es notwendig eines beteiligten Anklägers. Im 12. und 13.Jahrhundert hatten manche Juristen, wie wir sahen, die Auffassung vertreten, die *fama* oder aber auch der Richter nähme den Platz des Anklägers ein. Dem Einwand, der Richter könne nicht Ankläger zugleich sein, wurde durch die Rolle der Hofbeamten oder aber durch die – dem Kirchenrecht abgeschaute – Praxis der anonymen Anzeige begegnet. Im Frankreich des 14. Jahrhunderts sehen wir den Bevollmächtigten des Königs die Stelle des Klägers oder der *fama,* des Richters oder der *denunciatio* einnehmen. England ausgenommen, spielt der Staatsanwalt eine immer wichtigere Rolle für die Rechtsprechung und das Strafrechtsverfahren. Das ist nicht ein Ergebnis der Korrumpiertheit von Richtern oder juristischen Fakultäten, sondern ausschließlich der historischen Entwicklung zu einem Vertreter der Öffentlichkeit, der ein bestimmtes Interesse an dem Verfahren hatte, nicht allein an der Erhebung der Anklage, sondern an der aktiven strafrechtlichen Verfolgung des Angeklagten. Das dem römisch-kanonischen Rechtssystem charakteristische Übergewicht der Anklage wurde dadurch verstärkt.

Gleichzeitig wurde das traditionelle Recht des Angeklagten, die Namen der Belastungszeugen zu erfahren und ihre Aussagen überprüfen zu können, außer Kraft gesetzt. Die Gründe dafür sind unklar. Wie wir noch sehen werden, könnten sie teilweise in den Praktiken der Inquisition liegen, es sind jedoch auch andere denkbar. Um ein Beispiel zu nennen: Die französische Strafrechtspflege unterschied zwischen *gewöhnlichen* und *außergewöhnlichen* Verfahren. Das gewöhnliche Verfahren ähnelte dem alten Anklageprozeß und schloß eine Art von Untersuchung ein, bei der allerdings die Folterung des Angeklagten nicht zulässig war. Das außergewöhnliche Verfahren war inquisitorisch und erlaubte die Folterung. Es war ursprünglich nur bei außergewöhnlich schweren Verbrechen vorgesehen, aber die Versuchung war groß, auch bei solchen Fällen darauf zurückzugreifen, bei denen keine eindeutigen Entscheidungen erreicht werden konnten, und es sieht so aus, als sei sein Anwendungsbereich immer mehr erweitert und auf immer mehr Straftaten ausgedehnt worden. Der akademische Charakter der Beweishierarchie wurde im Zusammenhang mit einem außergewöhnlichen Verfahren besonders deutlich und gewann bei Richtern und Anklägern immer mehr Anhänger. Gegen Ende des 14. Jahrhunderts war es in Frankreich das Routine-Verfahren für alle schweren Delikte. Die Schwere der Straftaten, die Furcht vor einer Gefährdung der Zeugen oder vor der Flucht des Angeklagten, wenn er das ganze Ausmaß der gegen ihn vorgelegten Beweise erfuhr, legten es nahe, die Namen der Belastungszeugen und den wesentlichen Inhalt ihrer Aussagen vor dem Angeklagten geheimzuhalten.

Der Einfluß, den die kirchliche Inquisition und die weltlichen

Gerichte wechselseitig aufeinander ausübten, war ein weiterer Grund für die zunehmende Härte des Strafverfahrens. Seit der Christianisierung des Römischen Kaiserreichs im 4. Jahrhundert war eine Reihe von Verbrechen, die später allein unter kirchliches Recht fielen, zu öffentlichen Delikten erklärt worden. Zu diesen gehörten bestimmte gegen Kirchen oder den Klerus verübte Taten und die meisten Formen religiöser Abtrünnigkeit, allen voran die Häresie. Die Häresie war mithin ein Verbrechen, das vom römischen Recht erfaßt wurde, und der Kaiser und seine Richter waren verpflichtet, dagegen vorzugehen. Da die weltlichen Gerichte die Macht über Leben und Tod hatten, eine Macht, die den kirchlichen Gerichten lange versagt blieb, wandte sich die Kirche immer dann, wenn sich ihre Vertreter durch das kanonische Recht an entsprechenden Maßnahmen gehindert sahen, an weltliche Verteidiger, Herrscher und Gerichte. Als die Glaubenskrise im 12. Jahrhundert einen Höhepunkt erreichte, bestanden viele Päpste darauf, daß weltliche Gerichte sich mit der Ketzerei befassen sollten. Die ehrgeizigste Zusammenarbeit ergab sich mit dem Staufer Friedrich II., dessen Konstitutionen gegen die Ketzer aus dem Jahre 1231 einen Meilenstein in der Entwicklung des säkularen geschriebenen Rechts darstellen. Sie beeinflußten das englische, das französische und das deutsche Recht und gingen, was die Ketzerei anbelangt, weit über das römische hinaus.

Zu Beginn des 13. Jahrhunderts gewannen jedoch Päpste und Kirchenvertreter den Eindruck, daß weder die normalen kirchlichen noch die weltlichen Gerichte ihren Pflichten in befriedigendem Maße nachkamen. Die Ermächtigung der Dominikaner von Regensburg im Jahr 1231 durch Gregor IX. führte nun zur Entstehung eines neuen Beamtentyps, nämlich von Ermittlern, die ihre Autorität direkt und allein vom Papst bezogen, gegen deren Urteil keine Berufung eingelegt werden konnte und die nach der traditionellen kirchlichen Variante des Inquisitionsprozesses verfuhren. Darüber hinaus setzten, wie wir gesehen haben, die Päpste von Lucius III. bis Innozenz III. das Verbrechen der Häresie mit anderen Straftaten gleich, Ungehorsam, Verrat und sogar Diebstahl. Sie erklärten die Ketzer für ehrlos und belegten sie mit Strafen, wie sie im säkularen Bereich üblich waren – so etwa mit dem Einzug ihres Vermögens, mit Verbannung und Geldbußen.

Die aufsehenerregendsten Formen der Häresie – das Waldenser-

und das Katharertum – wurden zudem in Gegenden entdeckt, in denen der Einfluß des römischen Rechts besonders stark war und in denen die Magistrate bereits für eine weite Verbreitung des Inquisitionsprozesses gesorgt hatten, in den Städten Nord- und Mittelitaliens sowie in Zentral- und Südfrankreich. Die Gleichsetzung von Ketzern mit anderen Verbrechern wurde durch eine Reihe von juristisch geschulten Päpsten weiter vorangetrieben – bis dann Innozenz IV., der fähigste der Juristen-Päpste, den entscheidenden, weit über seine Vorgänger hinausführenden Schritt tat. In seinem berühmten Dekretale *Ad extirpanda* von 1252 tat er kund, Ketzer seien Diebe und Mörder der Seele und sollten folglich nicht anders behandelt werden. Francisco Peña, ein Kommentator aus dem 16. Jahrhundert, interpretierte den Text von Innozenz genau:

> Am Anfang, als die Inquisition eingerichtet wurde, war es den Inquisitoren anscheinend nicht erlaubt, Missetäter zu foltern, denn das setzte sie (wie ich glaube) der Gefahr eines vorschriftswidrigen Verhaltens aus; und deshalb wurde die Folter gegen Ketzer und solche, die der Häresie verdächtig waren, nur von weltlichen Richtern eingesetzt. In der Konstitution von Innozenz IV., die mit den Worten *Ad extirpanda* beginnt, steht jedoch geschrieben: »Zudem soll der Beamte oder Geistliche von allen Ketzern, die er ergriffen hat, durch die Folter ein Geständnis erlangen, ohne daß es dabei aber zu Verletzungen des Leibes oder zum Tode kommt; denn sie sind wahrlich Diebe und Mörder von Seelen und Abtrünnige der göttlichen Sakramente und des christlichen Glaubens. Sie sollten ihre Irrtümer eingestehen und andere Ketzer, die ihnen bekannt sind, wie auch ihre Komplizen, Genossen, Hehler und Beschützer anzeigen – so wie Diebe weltlicher Güter dazu gebracht werden, ihre Komplizen zu beschuldigen und die Übeltaten zu gestehen, die sie begangen haben.« (nach H.C. Lea, *Torture*, p.188)

Obwohl das Dekretale von Innozenz die Aufnahme der Folter in das Untersuchungsverfahren gegen Ketzer gestattete, erlaubte es noch nicht, daß Geistliche selbst die Folterung vornahmen. Erst sein Nachfolger, Alexander III., erteilte in seinem Dekretale *Ut negotium* von 1256 den Inquisitoren die Erlaubnis, sich gegenseitig die Absolution zu erteilen, sollten sie sich bei ihrer wichtigen Arbeit irgendwelcher Verstöße gegen das kanonische Recht schuldig machen. Und so wurde die Folter seit der Mitte des 13. Jahrhunderts zum festen Bestandteil des kirchlichen Inquisitionsverfahrens.

Dennoch ähnelte das Verbrechen der Häresie – päpstlichen Analogieversuchen zum Trotz – den gewöhnlichen schweren Verbrechen nicht so, daß eine routinemäßige Anwendung des außergewöhnlichen Verfahrens einschließlich der Folter statthaft gewesen wäre. Es handelte sich um ein schwer beweisbares Verbrechen; obwohl man meinte, Ketzer legten eine ganz bestimmte Verhaltensweise an den Tag, blieb es dennoch eine im wesentlichen geistige und aus eigenem Entschluß begangene Tat. Sie wurde an Orten begangen, wo Nachbarn und Familien einander kannten und zögern mochten, gegen einen der Ihren auszusagen, oder dies aus anderen Gründen taten als der uneigennützigen Achtung vor der Wahrheit. Im Falle der Ketzerei konnte die gesellschaftliche Stellung oder der Ruf des Zeugen von der Art sein, die ihn vom gewöhnlichen Strafverfahren ausgeschlossen hätte. Und schließlich war die Häresie auch eine gemeinschaftlich begangene Straftat, Ketzer blieben nie Einzelerscheinung, so daß die Inquisitoren nicht nur an der Errettung der Seele, sondern auch an den Namen aller anderen Ketzer interessiert sein mußten. Das Ende des zitierten Abschnitts aus dem Dekretale *Ad extirpanda* von Innozenz IV. deutet an, daß es Praxis der weltlichen Gerichte war, Angeklagte zu foltern, um ihnen die Namen ihrer Komplizen abzupressen. Die französische Rechtskunde des 14. Jahrhunderts unterschied zwischen der *question préparatoire*, der Anwendung der Folter zur Erlangung eines Geständnisses, und der *question préalable*, der Anwendung der Folter nach der Verurteilung des Angeklagten, um die Namen von Mittätern in Erfahrung zu bringen. Innozenz IV. könnte sich auf ein frühes Stadium dieser Entwicklung bezogen und so eine Verfahrensform weltlicher Gerichte für die Ketzerjagd nutzbar gemacht haben.

Alle diese Umstände und dazu die Tatsache, daß die frühen Inquisitoren wohl keine Experten des rechtlichen Verfahrens waren (der »Berufsinquisitor«, der über eine gewisse Vertrautheit mit der Durchführung von Inquisitionsprozessen und vielleicht sogar über Kenntnisse im römischen Recht verfügte, trat ja erst gegen Ende des 13. und Beginn des 14. Jahrhunderts in Erscheinung), scheinen die neuen Richter bei Fällen von Häresie dazu veranlaßt zu haben, den Inquisitionsprozeß in besonders drastischer Weise durchzuführen, und dies oftmals ohne jedes Verständnis für die traditionellen, dem Schutz des Angeklagten dienenden Sicherheitsvorkehrungen – vielleicht aus der Furcht, daß der Häretiker weit gefährlicher für die christliche Gesellschaft war als gewöhnliche Diebe, Mörder und Verräter.

Ein Unterschied zwischen dem kirchlichen und dem weltlichen

Inquisitionsverfahren lag also am »Personal« der frühen Inquisition, ein weiterer an der Entscheidung, die Namen der Belastungszeugen und den Inhalt ihrer Aussagen im wesentlichen geheimzuhalten. Ein dritter lag daran, daß der rechtliche Beistand für den Angeklagten allmählich eingeschränkt wurde, ein vierter war die Zulassung sonst nicht anerkannter Zeugen, von beteiligten Parteien, für ehrlos erklärten Personen oder Personen, die bereits wegen Meineids verurteilt worden waren. Der fünfte ergab sich aus der Lockerung der Beweisregeln und dem größeren Gewicht, das Indizien beigemessen wurde, vor allem Gesichtsausdruck, Verhaltensweise, offensichtliche Nervosität. Der sechste Unterschied bestand darin, daß man den Angeklagten täuschte und Spitzel mit in seine Zelle sperrte, denen Straferlaß zugesagt wurde; und in der Entwicklung eines Systems sorgfältig vorbereiteter Befragungen, das sehr viel weiter ging als das bei gewöhnlichen Inquisitionsprozessen. Den siebten Unterschied machte die graduelle Abstufung der Verdächtigung von Ketzern aus, der jeweilige Grad entschied über die Härte des Verfahrens. Kurz, die kirchlichen Inquisitoren veränderten den Charakter des Inquisitionsprozesses, wie er um die Mitte des 13. Jahrhunderts in Italien und Frankreich üblich gewesen war. Im 14. und 15. Jahrhundert wurden die weltlichen Gerichte dann ihrerseits stark durch das kirchliche Verfahren beeinflußt. Diese Wechselwirkung zwischen den kirchlichen und den weltlichen Inquisitionsverfahren sowie die historische Entwicklung der verschiedenen Formen des Strafrechtsverfahrens und schließlich der im 15. und 16. Jahrhundert sich wandelnde Status des Untertans und Bürgers – sind die Faktoren, die die Stellung der Folter im europäischen Recht des *Ancien régime* bestimmen.

Die Folter im Ancien régime

Ulpians Antwort auf die Frage »Was bedeutet *quaestio*?« und die von den Juristen des 13. und 14. Jahrhunderts dazu gelieferten Variationen lassen die Entwicklung einer Jurisprudenz der Folter erkennen. Was machte die Folter aus? Und wie konnte sie im Strafrechtsverfahren des *Ancien régime* die Zeiten überdauern? Diese Fragen müssen den Abschluß unserer Erörterung der Folter im Mittelalter und in der frühen Neuzeit bilden.

Nehmen wir ein laufendes Gerichtsverfahren, bei dem die Beweisaufnahme einen Halbbeweis (wie etwa nur einen einzigen Augenzeugen) und mehrere Indizien ergeben hat. Der Angeklagte ist vernommen worden und hat nicht gestanden. Der Richter ordnet darauf die Folterung an. Der Angeklagte erhebt gegen diese Anordnung Einspruch, der Einspruch wird angehört und abgewiesen.

Nun muß der Richter den Angeklagten an den Ort der Folterung begleiten und ihn dort unter der Folter weiter verhören. Ein Notar ist anwesend und vor allem im Falle einer schweren Folterung ein Arzt. Der Folterer und seine Helfer sind da, jedoch kein Rechtsbeistand für den Angeklagten. Im allgemeinen werden dem Angeklagten die Folterwerkzeuge gezeigt, da dies zu einem schnellen Geständnis führen kann, insbesondere wenn es sich um ängstliche Personen handelt oder solche mit schwachem Herz. Zweck der Folter ist das Geständnis, und die Vernehmung muß so geführt werden, daß der Angeklagte zu keinem Zeitpunkt durch Suggestivfragen in eine bestimmte Richtung gedrängt wird.

Am weitesten verbreitet war die Folter mit der Wippe, der *corda* oder *cola*, von den Juristen als »Königin der Folterqualen« bezeichnet. Dem Angeklagten wurden dabei die Hände auf dem Rücken gebunden, dann wurde ein Seil an ihnen befestigt und über einen Deckenbalken geworfen. An diesem Seil wurde der Angeklagte langsam in die Höhe gezogen und dort eine Weile hängen gelassen, bevor man ihn wieder herunterließ und erneut hochzog. Manchmal wurden Gewichte an seine Füße gebunden, um die Belastung der Arme, Sehnen und Muskeln zu erhöhen. Eine andere, vor allem im 17. und 18. Jahrhundert häufig angewendete Art der Folter war die Beinklammer oder später Beinschraube. Die Waden des Angeklagten wurden zwischen zwei konkave Metallstücke gelegt, die dann zusammengepreßt bzw. -geschraubt wurden, bis die Beine zerquetscht waren. Zu den späteren Varianten gehörte ein metallener Schraubstock, in den das Bein eingespannt wurde und dessen Backenränder um der größeren Wirkung willen gezackt waren.

Eine andere Methode, in abgemilderter Form für geringfügige Vergehen sowie für Kinder und Frauen, bestand darin, die Hände sehr fest zu fesseln. Handelte es sich um ein schwereres Delikt, wurde die Fessel extrem festgezogen, dann gelockert und wieder festgezogen. In schweren Fällen wurden die Füße des Angeklagten mit einer brennbaren

Substanz bedeckt und unter den Sohlen Feuer entzündet. Eine weitere Foltermethode war der Schlafentzug. Der Angeklagte wurde über lange Zeit wachgehalten (im allgemeinen vierzig Stunden). Ferner gab es das Strecken und die Kombination von Streckung und Verbrennung, die Folterung mit kaltem Wasser sowie verschiedenste weitere Methoden, die darauf abzielten, Gliedmaßen und Muskeln auseinanderzuzerren. Im 17. Jahrhundert wurde das Folterrepertoire schließlich noch um die Daumenschrauben erweitert.

Die Auswahl der Foltermethoden war dem Richter überlassen, der sich an der Schwere der Anschuldigungen gegen den Angeklagten und an den Gebräuchen der Region, in welcher der Prozeß stattfand, orientierte. Die meisten Rechtsgelehrten rieten den Richtern dringend davon ab, mit neuen Methoden zu experimentieren, und so blieben die oben aufgezählten die häufigsten. Obwohl sie nicht zu einer Verstümmelung oder zum Tod führen durften, verursachten etliche dieser Foltermethoden – vor allem die härtesten – unausweichlich bleibende Schäden und Entstellungen.

Richter und Gesetz bestimmten auch die Dauer der Folter. Eine ganze Reihe von Texten legen beispielsweise fest, daß eine Foltermethode so lange angewendet werden sollte, wie der Richter brauche, um ein Gebet oder das Credo zu sprechen. Der Richter bestimmte ferner die Schwere der Folterung. Sobald der Angeklagte ein Geständnis abgelegt hatte, wurde er von der Folterstätte weggebracht und für gewöhnlich einen ganzen Tag lang nicht weiter verhört. Dann mußte er sein Geständnis im Gerichtssaal wiederholen, damit es rechtsgültig wurde. Widerrief der Angeklagte, so konnte die Folter wiederholt werden, da das erste Geständnis, ob widerrufen oder nicht, ein weiteres Indiz darstellte.

Dies also war das Verfahren, das zu einer gesetzlichen Regelung der Folter zwischen 1250 und 1800 führte und das, von Rechtsgelehrten und Juristen festgelegt und von Richtern und Folterern praktisch ausgeführt, bei einer stets größer werdenden Zahl von Angeklagten, später aber auch von Zeugen Anwendung fand. Die Folter war ein fester Bestandteil des römisch-kanonischen Gerichtsverfahrens, und wenn es auch möglich war, wie viele Historiker hervorgehoben haben, ohne Durchführung des römisch-kanonischen Verfahrens zu foltern, so war es nicht möglich, sich dieses Verfahrens ohne Anwendung der Folter zu bedienen. Das Geständnis, »Königin der Beweise«, setzte die

Folter, »Königin der Qualen«, voraus. Durch Gesetz und Theorie genau definiert, eingeschränkt und streng reglementiert, wurde die Folter in der harten Welt des angewandten Rechts der Gerichtshöfe schnell zu einer sehr viel gröberen Angelegenheit. Zwischen dem frühen 16. und der Mitte des 18. Jahrhunderts äußerten sich sowohl Kritiker der Folter als auch Befürworter, und es entstand während dieser Zeit eine umfangreiche Gesetzgebung und eine noch viel umfangreichere rechtswissenschaftliche Literatur zu diesem Thema. Die Erfindung des Buchdrucks ermöglichte die Verbreitung nicht nur der Ergebnisse dieser gesetzgeberischen und akademischen Bemühungen, sondern auch der älteren Abhandlungen wie etwa der von Azo oder auch der des *Tractatus de tormentis*. Der Buchdruck verhalf aber auch der Kritik zu entsprechender Verbreitung. Vor dem Hintergrund dieser Entwicklungen nach 1500 müssen wir uns nun mit der während des *Ancien régime* entstandenen Folterliteratur befassen.

Der Inquisitionsprozeß und die strafrechtliche Jurisprudenz, die er entstehen ließ, hatten ihren Ursprung in Norditalien, in Teilen Südfrankreichs und – im weiten Einflußbereich ihrer Rechtsprechung – in den kirchlichen Gerichtshöfen. Es gab natürlich Verbrechen (vor allem das der Häresie), die sowohl unter die kirchliche als auch unter die weltliche Jurisdiktion fielen, und hier kam es wahrscheinlich zu einer die jeweilige Verfahrensweise betreffenden intensiven Wechselbeziehung. Die Erfahrungen der Städte und der Kirchengerichte wirkten sich auf die Rechtswissenschaft an den Universitäten aus (was insbesondere für Bologna gilt), und die Schriften der Rechtsgelehrten fanden eine noch weitere Verbreitung in ganz Europa. So war in einer Reihe von Ländern oder Orten, die das römische Recht nicht offiziell anerkannten und in denen sich sogar ältere Verfahrensformen und ältere oder weniger streng definierte Beweismittel hielten, dennoch der Einfluß des römisch-kanonischen Systems spürbar, man war durchaus damit vertraut. Wie wir gesehen haben, übernahmen Ungarn, Litauen, Polen, Rußland und die skandinavischen Länder im 14. und 15. Jahrhundert Elemente dieses Systems, ohne dabei ihre eigenen traditionellen, auf dem Anklageprinzip beruhenden Verfahrensweisen gänzlich aufzugeben. Wie der Rechtshistoriker Eberhard Schmidt 1940 gezeigt hat, vollzog sich ein ähnlicher Prozeß auch in Deutschland.

Nicht hinter allen diesen indirekten Einflüssen stand das römisch-kanonische Verfahren insgesamt. Bei den Prozessen gegen die Tempelritter in England im Jahre 1310 bestanden die päpstlichen Inquisitoren zum Beispiel auf dem Recht, die Angeklagten selbst zu foltern. König Edward II. scheint eine entsprechende Erlaubnis erteilt zu haben, obwohl es allem Anschein nach nicht zu Folterungen gekommen ist – teilweise wohl auf Grund des Widerstandes königlicher Beamter und der Zurückhaltung derer, die mit dem englischen *Common Law* vertraut genug waren, um sich nicht darauf einzulassen oder jene, die es taten, zu unterstützen, wie groß deren Macht auch sein mochte.

Es gibt auch Beispiele für noch andere Einflüsse. Die im 13. und 14. Jahrhundert zunehmende Neigung der weltlichen und kirchlichen Gerichte, nicht nur Ketzer zu verfolgen, sondern auch Zauberer und, später, Hexen, ließ Verfahren entstehen, die denen gegen die Ketzer ähnelten, ja weitgehend auf ihnen basierten. Im Deutschland des 14. Jahrhunderts leistete die großangelegte Verfolgung der Juden, die – vor allem im Zusammenhang der Pestepidemien seit 1348 – geheimer, an den Christen begangener Verbrechen bezichtigt wurden, den gleichen Dienst. In einer Zeit, in der ein Geständnis als notwendig erachtet wurde und in der die Methoden, dies Geständnis zu erlangen, sich in der Praxis bewährt hatten, war eine offizielle und uneingeschränkte Übernahme des römisch-kanonischen Prozesses nicht erforderlich. Auch andere Rechtssysteme kannten das *crimen exceptum* oder zumindest etwas, was diesem nahekam, und viele hielten sich an das Verfahren, das offenbar seine Aufdeckung garantierte.

Allein der weitreichende, wenn auch häufig nur indirekte Einfluß des römisch-kanonischen Verfahrens erklärt die umfangreiche Gesetzgebung und akademische Auseinandersetzung mit dem Problem der Folter im 15. und 16. Jahrhundert. Die Literatur läßt dabei zweierlei erkennen: Erstens, daß diejenigen, die lehren, schreiben oder Gesetze erlassen, sich der Regelverstöße sehr wohl bewußt sind, die der Gebrauch der Folter zuläßt, und daß sie vor allem deshalb schreiben und handeln, um dem entgegenzuwirken; zweitens, daß die außerordentlich detaillierte rechtswissenschaftliche Auseinandersetzung mit der Folter nicht deren Abschaffung anstrebt, sondern allenfalls die Beendigung des Mißbrauchs.

Einige dieser Mißstände waren schon vom römischen Recht selbst festgehalten worden und den Juristen des 13. und 14. Jahrhunderts, die die überlieferte Jurisprudenz der Folter kommentierten, wohlbekannt. Daß der Gebrauch der Folter in sehr starkem Maße von den charakterlichen Eigenschaften des Richters abhängig war, wußten alle, und selbst viele der eifrigsten Verteidiger der Folter erzählten Horrorgeschichten von Richtern, die ihre Opfer in rächender Absicht übel gequält hatten. In Italien hatte man für solche Richter sogar eine eigene Bezeichnung und nannte sie *iudices malitiosi* – die mittelalterliche Entsprechung des »hanging judge«, des Richters, der mit dem Todesurteil schnell bei der Hand ist. Außerdem war der Richter beim Inquisitionsverfahren zwar weitgehend daran gehindert, sich allein auf sein eigenes Urteil zu stützen, konnte das praktisch jedoch kaum verhindern, wenn so viele Faktoren einschließlich der Bewertung von Beweisen und Indizien eine subjektive Dimension hatten. Und schließlich waren dieselben Richter, die schwere Fälle untersuchten, auch mit *delicta levia*, mit geringfügigeren Vergehen befaßt, bei denen die persönliche Überzeugung für das Urteil maßgeblich war. Es wäre denkbar, daß es für einen Richter nicht einfach war, von einem Prozeß, bei dem seine eigenen Überzeugungen großes Gewicht hatten, zu einem anderen zu wechseln, bei dem sie überhaupt keines haben sollten.

Die Folter gab auch, darin waren sich alle Rechtsgelehrten einig, Aufschluß über die Fähigkeit des Angeklagten, Schmerz zu ertragen. Die meisten Juristen wiesen mahnend darauf hin, daß bei Anwendung der Folter größte Vorsicht geboten sei, um sicherzustellen, daß die Menschen nur die Wahrheit gestünden. Viele beklagten die Tatsache, daß es immer wieder zu Geständnissen von Morden kam, die gar nicht begangen worden waren, oder auch von Straftaten, die der Angeklagte unmöglich hatte begehen können. Der im frühen 14. Jahrhundert lebende Rechtsgelehrte Bartolus hob ganz besonders die Notwendigkeit hervor, zu überprüfen, ob ein Verbrechen tatsächlich verübt worden war. Eine Möglichkeit, dieses Problem zu umgehen, war das an die Praxis des Gottesurteils erinnernde Argument, Verbrecher, die den Folterqualen standhielten, könnten dies mit Hilfe des Teufels, während umgekehrt schwache Menschen, die zu Unrecht gefoltert wurden, von Gott zusätzliche Kräfte verliehen bekämen. Wie einige Rechtsgelehrte konstatierten, war die erste der beiden Annahmen wahrscheinlicher als die zweite.

Des weiteren erforderte es eine sehr geschickte Befragung, wollte man den Unterschied zwischen einem Angeklagten, der etwas über die verhandelte Straftat wußte, und einem solchen, der sie tatsächlich begangen hatte, feststellen. Das Problem einer notwendigen Überprüfung der Geständnisse wurde weithin gesehen, aber viele Juristen konnten sich auch des Eindrucks nicht erwehren, daß dem nicht allzu oft Rechnung getragen wurde.

Die Mängel des römisch-kanonischen Inquisitionsverfahrens wurden selbst von seinen standhaftesten Verfechtern freimütig zugegeben. Kein Verteidiger und kaum ein Kritiker des Verfahrens konnte sich jedoch vorstellen, gänzlich darauf zu verzichten. Wie es John Langbein bündig formuliert hat: »Das Foltergesetz überlebte nicht etwa deshalb bis ins 18. Jahrhundert, weil seine Fehler vertuscht wurden, sondern weil sie umgekehrt längst aufgedeckt worden waren. Es gab keine Alternative zum europäischen Strafverfahren – das Gesetz der Beweise war untrennbar an erzwungene Geständnisse gebunden.« (*Torture and the Law of Proof*, S. 9) So war in der Zeit zwischen 1500 und 1750 ein großer Teil der Gesetzgebung und der Literatur mit der Korrektur bekannter Mängel befaßt, und nur ganz selten wurde die Frage ihrer Aufhebung angeschnitten. Keines der Argumente, die die Reformer später im 18. Jahrhundert vorbrachten, konnte Neuigkeitswert für sich beanspruchen.

Die großen Strafgesetzbücher des 16. Jahrhunderts – etwa die *Constitutio criminalis Carolina* von 1532 (ausdrücklich für das Kaiserreich gedacht, aber von großem Einfluß in ganz Europa) oder die französische *Ordonnance Royale* von 1539 – und später die überarbeiteten und neu herausgebrachten Gesetzbücher des 16., 17. und des 18. Jahrhunderts versuchten, den Prozeß zu vervollkommnen, der aus dem folgenreichen Zusammentreffen rechtlicher Bedürfnisse des Mittelalters mit dem kodifizierten römischen Recht entstanden war. Die Flut der Literatur zum Strafverfahren und zur Folter, die dank des Buchdrucks noch weiter anschwoll, bestand nicht zuletzt aus riesigen Handbüchern, in denen das Verfahren bis ins kleinste Detail festgelegt, Rechtsgrundsätze formuliert und neu begründet wurden. Die bekanntesten sind die von Marsili (1526–1529), Farinaccius (1588) und Benedict Carpzov (1636).

Trotz der anhaltenden Kritik an der mißbräuchlichen Anwendung der Folter und einsetzender Kritik an der Folter als solcher verfeinerte und professionalisierte das Strafverfahren des *Ancien régime* die überkommene Folterdoktrin. Noch 1780 widmete Pierre François Muyart de Vouglans, Mitglied des *Grand Conseil* von Frankreich, Ludwig XVI. eine umfangreiche Abhandlung *Les lois criminels de France dans leur ordre naturel.* Das zweite Kapitel des zweiten Buches von Teil II (§ V,) greift die Frage des durch Folter erpreßten Geständnisses auf. Muyart bemerkt hier eingangs, inzwischen sprächen viele sich gegen die Folter aus, ihn jedoch könnten die Argumente der Foltergegner nicht rühren.

> Auch wenn es eine harte Methode sein mag, um zur Aufdeckung von Verbrechen zu gelangen, so hat nach meiner Überzeugung die Erfahrung zweifellos gelehrt, daß man sie in bestimmten Fällen, in denen es durch dieses Gesetz erlaubt ist, mit Erfolg anwenden kann, immer in Übereinstimmung mit den klugen Vorsichtsmaßregeln, die das Gesetz für diesen Fall vorsieht.

Muyart hält sich im folgenden genau an die traditionelle juristische Rechtfertigung der Folter, wie sie sich seit dem 13. Jahrhundert entwickelt hatte. Vielleicht nicht ganz zufrieden mit der kurzen Zurückweisung seiner Gegner in der Frage der Folter, fügte Muyart seiner voluminösen Abhandlung noch eine »Widerlegung« der Schrift *Dei delitti e delle pene (Über Verbrechen und Strafen)* an, die Cesare Beccaria im Jahre 1764 veröffentlicht hatte und die den bekanntesten Angriff auf die Anwendung der Folter bei Strafverfahren darstellt. Muyart hatte die »Widerlegung« im übrigen bereits 1766 geschrieben. Nach der Wiedergabe erschreckender Aussagen von Beccaria verfolgt Muyart diese Spur nicht weiter, sondern gibt der Hoffnung Ausdruck, daß der König »genug gesehen hat, um in der Lage zu sein, dieses Werk in entsprechender Weise zu würdigen und die große Gefahr, die von ihm ausgeht, sowie die Folgen für Regierung, Moral und Religion zu erkennen«. Die zwanzig Folioseiten dieser »Widerlegung« sind die in der europäischen Geschichte letzte gelehrte Verteidigung der gerichtlich angeordneten Folter und fassen noch einmal alle Argumente zusammen, die in den voraufgegangenen fünf Jahrhunderten entstanden waren. Die Abhandlung blieb jedoch ohne Wirkung. Im Jahr ihrer Veröffentlichung schaffte Ludwig XVI. die *question préparatoire* ab und 1788 die *question préalable.* Über das 18. Jahrhundert brach nicht nur eine Flut von Literatur herein, die sich für die Abschaffung der Folter aussprach, sondern auch eine Woge der Reformgesetzgebung, die dieser programmatischen Forderung weitgehend entsprach. Die Gründe für die Aufhebung der Folter und das Gefühl der Sicherheit, das sie den europäischen Juristen und Herrschern vermittelte, sind Gegenstand des folgenden Kapitels.

Die Abschaffung der Folter,
das Recht und das moralische Empfinden

Im Verlauf des 16. und 17. Jahrhunderts, als die rechtswissenschaftlichen Arbeiten von Farinaccius, Dambouder und Carpzov entstanden, wurden auch die großen systemischen Gesetzbücher des *Ancien régime* zusammengestellt. Die *Constitutio Criminalis Carolina* (1532) für das Reich, die *Ordonnance Royale* (1537) für Frankreich, die *Nueva recopilación* (1567) für Spanien, die Erlasse Philips II. für die spanischen Niederlande (1570) und die *Grande Ordonnance Criminelle* (1670) für Frankreich stellten die größte Sammlung von Foltergesetzen dar, die die Welt je gesehen hatte – durchgesetzt von den größten Mächten dieser Erde.

Und doch erhob sich bereits ein Jahrhundert nach der *Grande Ordonnance Criminelle* überall heftige Kritik an der Folter, die bis zum Ende des 18. Jahrhunderts in so gut wie allen Ländern zum Erfolg führte. Seit 1750 wurden die Foltergesetze der europäischen Strafgesetzbücher durch immer neue Revisionen eingeschränkt, bis sie um 1800 kaum noch eine Rolle spielten. Neben den Revisionen der Gesetzgeber entstand eine umfangreiche Literatur, die die Folter aus rechtlichen und moralischen Gründen verurteilte und weiteste Verbreitung fand. Bestes Beispiel dafür ist Cesare Beccarias ungeheuer einflußreiche Schrift *Über Verbrechen und Strafen* von 1764, jene Abhandlung, die Muyart de Vouglans so sehr erzürnte. Die Folter wurde zu dem bevorzugten Angriffsziel der aufklärerischen Kritik, die sich gegen das *Ancien régime* wie überhaupt gegen die rechtliche und moralische Barbarei und Rückständigkeit der frühen europäischen Welt richtete.

Obwohl dieser Wandel nicht über Nacht eintrat, war er dennoch schnell und deutlich genug, um manchen in Unruhe zu versetzen und umgekehrt auch bei denen auf Zustimmung zu stoßen, die keine Revolutionäre waren. Das Tempo, mit dem sich die Veränderungen im Denken und in den Institutionen der Gesellschaft vollzog, erstaunte die Zeitgenossen und hat seither alle Historiker verblüfft, die um Erklärung bemüht waren. Die am weitesten verbreitete und einflußreichste Deutung sieht einen Zusammenhang zwischen moralischer Empörung und rechtlichen Reformen. Nach dem Ende des 18. Jahrhunderts weckte der Begriff »Folter« allgemein negative Assoziationen und galt als institutionalisierte Antithese der Menschenrechte, als ärgster Feind einer menschlichen Rechtsprechung und des Liberalismus, als größte Bedrohung für Recht und Vernunft, die dem 19. Jahrhundert vorstellbar war. Als der amerikanische Historiker Henry Charles Lea 1866 die Geschichte der Folter in seinem Buch *Superstition and Force* nachzeichnete, faßte er in seinem Schlußabsatz einen ganzen humanitären Interpretationsansatz zusammen:

> In der allgemeinen Aufklärung, welche die Reformation verursachte und begleitete, schwanden langsam jene Leidenschaften dahin, die die strengen Institutionen des Mittelalters hatten entstehen lassen. [...] Zum erstenmal in der Geschichte der Menschheit werden universale Liebe und Mitmenschlichkeit, die die Grundlage des Christentums bilden, als Fundamente der menschlichen Gesellschaft gesehen. Schwach und irrend, und vom Vorbild unseres Heilands immer noch weit entfernt, nähern wir uns diesem doch, wie schmerzlich und zögernd unsere Schritte auch sein mögen. Angesichts der langsamen Evolution der Jahrhunderte können wir unseren Fortschritt nur durch den Vergleich mit weit zurückliegenden Zeiten feststellen; aber nichtsdestoweniger gibt es einen Fortschritt, und zukünftige Generationen werden vielleicht in der Lage sein, sich ganz von der grauen und willkürlichen Herrschaft des Aberglaubens und der Gewalt zu befreien.

Als eine Ära des »Aberglaubens und der Gewalt« kontrastiert die Epoche des Mittelalters und des *Ancien régime* im Denken gelehrter und humanistisch gesonnener Kritiker jener, die spätestens seit dem 18. Jahrhundert vom Gesetz des Fortschritts geleitet schien. Die Aufhebung der Folter wurde als einer der großen Meilensteine dieses Wandels angesehen.

Und doch hat keine von H.C. Leas »zukünftigen Generationen« die endgültige Abschaffung der Folter noch die stete Besserung des Menschengeschlechts erlebt, sondern ganz im Gegenteil entsetzlichere

Manifestationen des Aberglaubens und der Gewalt, als Lea sie in der Vergangenheit hatte ausmachen können. Blicken wir auf den Optimismus des späten 18. und des 19. Jahrhunderts zurück, so sehen wir, daß er sich nicht so sehr prophetischen Gaben verdankte, sondern weit eher – wie im Titel eines der *Caprichos* von Goya aus dem Jahre 1799 – einem »Schlaf der Vernunft«, der menschenfreundliche Regierungen und eine humane Jurisprudenz glauben ließ, sie hätten die Wiederkehr von Aberglaube und Gewalt verhindert. Wie Goya anmerkte: »Der Schlaf der Vernunft gebiert Ungeheuer.«

Die Aufhebung der Folter im 18. Jahrhundert steht ohne Zweifel im Zusammenhang mit dem Denken der Aufklärung, jedenfalls insoweit, als dieses darauf drängte, das wachsende Bewußtsein von Würde und Wert des Menschen müsse sich auch in der Rechtsprechung manifestieren. Allerdings siegte dieses Bewußtsein nicht auf ganzer Linie, und das moralische Empfinden wurde keineswegs zu jener geschichtlichen Konstante, für die es die ersten Historiker der Folter hielten. Die Argumentation für die Abschaffung der Folter im Sinne des moralischen Bewußtseins ist deshalb im Lichte anderer Erklärungen zu überdenken. Zu den wichtigsten zählen verfahrenstechnisch-rechtliche, die Fragen der Beweismethoden und der rechtlichen Stellung des Individuums betreffen, sowie generell Fragen der Befugnis und Vorgehensweisen des Staates im Umgang mit dem Einzelnen.

Gleichwohl spielte das moralische Bewußtsein für die Vorstellungen, die das späte 18. und 19. Jahrhundert von Staat und Recht hatten, eine wichtige Rolle und prägte, wie wir gesehen haben, eine modellhafte Foltergeschichtsschreibung. Dieses Bewußtsein trug dazu bei, die Einstellungen des 20. Jahrhunderts in sehr subtiler Weise zu beeinflussen – nicht nur die zur Geschichte der Folter, sondern auch die zu ihrem erneuten Wiederauftreten. Diese Phänomene bedürfen einer Erörterung, bevor wir uns der genaueren Analyse der Entwicklungen zuwenden können, die zur Aufhebung der Folter geführt haben.

Von den vereinzelten und unterschiedlichen Stimmen des späten Mittelalters und 16. Jahrhunderts bis zu den Schriften von Christian Thomasius (1708), Montesquieu, Voltaire und Beccaria nahm die Verurteilung der Folter einen moralischen Ton an, der die Forderung nach radikalen, ja, revolutionären rechtlichen und politischen Reformen rechtfertigte. Auf anderen Gebieten der Forschung zur Aufklärung haben die Historiker in zunehmendem Maße gezögert, Äußerungen der Reformer und ihrer Gegner für bare Münze zu nehmen. Die neuesten Erkenntnisse zeigen deutlich, was durch die große Kulturrevolution des späten 18. Jahrhunderts verlorenging und was durch sie gewonnen wurde. Im Falle des Strafverfahrens etwa haben die anfänglichen Urteile der Reformer lange Zeit eher hinderlich gewirkt. Sie kamen der Neigung der Juristen, Gesetzgeber und Historiker des 19. Jahrhunderts entgegen, sich selbst und die jüngsten Entwicklungen als Sieg der Humanität und Vernunft über das anzusehen, was H.C. Lea so beredt und leidenschaftlich Aberglaube und Gewalt genannt hat.

Solch ein Modell entsprach ganz der Gemütsart des 19. Jahrhunderts, wie es bereits vorher der des späten 18. entsprochen hatte, und verlieh der Geschichtsschreibung der Folter ein merkwürdiges Aussehen. Befriedigt, daß das humanitär-progressive Modell die Vorgänge der Zeit zwischen 1670 und 1789 zu erklären vermochte, waren Historiker des 19. Jahrhunderts, die die Geschichte der Folter (und anderer mittelalterlicher und frühneuzeitlicher Entwicklungen) aufarbeiteten, in der Lage, unbeeinflußt von den Institutionen und der Kultur der Vergangenheit und mit einer Zuversicht in die Zukunft zu schreiben, wie sie der Geschichtsschreibung seitdem abhanden gekommen sind. Nachdem sie die Feinde der Vernunft und der Menschlichkeit ausgemacht hatten, sie dargestellt und entlarvt hatten, waren sie – und die Gesellschaft, für die sie schrieben – endgültig von ihnen befreit. Im Werk von H.C. Lea, W.E.H. Lecky, Andrew Dickson White und anderen stehen Folter, »Barbarei«, »Aberglaube«, Despotismus und Theologie Grabsteinen gleich über Institutionen und Glaubensinhalten, die akribische Wissenschaftlichkeit und philosophische Feindseligkeit ein für allemal mitsamt den Trümmern einer hoffnungslos irrationalen Vergangenheit begraben hatten.

Beflügelt von einem humanitär-progressiven Modell, das John Langbein als Märchen abtut, konnten H.C. Lea und andere mit Überzeugung schreiben, ebenso wie das Duell und das Gottesurteil sei die Folter endlich aus der rationalen europäisch-amerikanischen Welt verschwunden. Diese Gewißheit findet im juristischen Optimismus des späten 19. und frühen 20. Jahrhunderts ihren Höhepunkt und ihr notwendiges Ende. Denn kaum war der Erste Weltkrieg beendet, war die Folter wieder zurück und hat seither an Häufigkeit und Härte ständig zugenommen. Die einzige Erklärung, die das humanitär-progressive

Modell dafür anbieten kann, ist die, daß die Welt im 20. Jahrhundert merklich an Humanität und Progressivität eingebüßt hat, daß sie weniger rational und dafür wesentlich abergläubischer geworden ist (wiewohl der Aberglaube andere Inhalte hat) und daß es oft gerade im Namen der Menschlichkeit und des Fortschritts zu Exzessen der Gewalt gekommen ist. Vernunft und Menschenfreundlichkeit sind jedoch nur schwer zu quantifizieren, und ein Geschichtsmodell, bei dem deren Intensität zu- und abnimmt, ist nicht nur schwer zu begreifen und anzuwenden. Es ist zudem unmöglich, ein solches Geschichtsmodell zu akzeptieren.

Zeitgenössische Historiker, mit der Frage nach dem Wiederaufleben der Folter konfrontiert, neigen dazu, dieses Phänomen als Ergebnis neuer »Religionen« zu interpretieren, jener der säkularisierten autoritären und totalitären Staaten, die die uneingeschränkte Loyalität, d. h. die totale Unterwerfung von ihrer Bevölkerung fordern, analog der geistigen Disziplin, die die mittelalterliche und frühneuzeitliche Kirche den Gläubigen abverlangte. Säkularisiert mächtig, aber deshalb nicht weniger religiös, nehmen die modernen Staaten, die von der Folter Gebrauch machen, dem alten humanitär-reformistischen Modell zufolge den Platz ein, den zuvor die mittelalterliche und die spanische Inquisition innegehabt hatten sowie die von ihnen abhängigen weltlichen Gerichtshöfe. Taucht die Folter in Ländern auf, die noch nicht modernisiert worden sind, so begründet dasselbe Modell deren »Primitivismus« und macht es dadurch möglich, Analogien herzustellen zwischen H.C. Leas Vorstellung von Aberglaube und Gewalt und dem gegenwärtigen Zustand unterentwickelter politischer Systeme, die, aus europäischer Sicht, alten und primitiven Traditionen verhaftet sind. Der moderne »religiöse« Staat und der »primitive«, noch nicht modernisierte, ersetzen also einfach in diesem alten humanitär-progressiven Modell die Mächte des *Ancien régime* und den sogenannten primitiven Charakter der frühen europäischen Kultur.

Diese Sicht bestimmter Aspekte der modernen Welt wurde durch die lange Tradition der umfassenden Kritik an der Gesellschaft, wie sie sich nach dem 18. Jahrhundert entwickelte, philosophisch unterstützt. Karl Löwiths *Meaning in History* (1950), eine der wortgewaltigsten kritischen Bestandsaufnahmen, attackierte den Begriff des »Fortschritts« als solchen und sah darin lediglich eine falsch verstandene

Säkularisation mittelalterlicher christlicher und jüdischer religiöser Gedanken. Mit derartiger ideologischer Hilfe kann die Anschauung, die moderne Folter sei eine Wiederbelebung alter Praktiken und Werte, das Modell der Folter in eine Richtung auszubauen, die von den Kritikern des 17. bis 19. Jahrhunderts vorgezeichnet ist. Selbst der Fortschrittsgedanke kann – wie H.C. Lea bereits angedeutet hatte – dieser Auffassung einfach dadurch angepaßt werden, daß seine zeitliche Dimension erweitert wird, um nur im Vergleich von Epochen, die geschichtlich weit voneinander entfernt sind, erkennbar zu sein. Die Argumentation geht dann dahin, Fortschritt sei tatsächlich gemacht worden, jedoch nicht überall mit der gleichen Geschwindigkeit und nirgendwo sehr schnell. Dies ist, wie es den Anschein hat, Prämisse der meisten heutigen Untersuchungen, die die Geschichte der Folter im frühen Europa und die der Folter im 20. Jahrhundert zum Gegenstand haben.

Mit einer derartigen Konzeption – die so weit gefaßt sein kann, daß sie letztlich für die Erklärung bestimmter Veränderungen irrelevant wird – ist beides möglich, sowohl die Leugnung als auch die grenzenlose Ausweitung des Fortschrittsbegriffs. In keinem Fall kann das humanitär-progressive Modell, das nur allgemeine Erklärungen für bestimmte Veränderungen liefert, denjenigen befriedigen, der sich für kürzere Zeitspannen und spezielle Orte interessiert. Rechtsgeschichte ist aber gerade da am ergiebigsten, wo sie auf das Besondere angewandt wird.

Die Abschaffung der Folter: die Historiker am Werk

Auf Grund des hohen Ansehens und des weitreichenden Einflusses der humanitären Reformliteratur des 18. Jahrhunderts haben Historiker gelegentlich von einer »Bewegung« gesprochen, vergleichbar dem Abolitionismus in der Geschichte der Sklaverei und verschiedenen Wahlrechtsbewegungen der vergangenen zwei Jahrhunderte. Tatsächlich ist die Geschichte jeder Einrichtung, die etwas mit rechtlicher Theorie und Praxis zu tun hat, die Geschichte einer Reihe verschiedener Kräfte (einerseits verfahrenstechnisch-rechtlicher, andererseits gesellschaftspolitischer Natur), die gleichzeitig, häufig jedoch unabhängig voneinander wirksam werden. Eine Möglichkeit, mit dem Problem der Aufhebung der Folter umzugehen, besteht darin, die verschiedenen erkennbaren Komponenten zu vereinzeln, weniger eine konzertierte Bewegung darin zu sehen als eine Reihe von gleichzeitigen Vorgängen, die sich bisweilen gegenseitig beeinflussen.

Um die Arbeit der Historiker würdigen zu können, sollen einige der wichtigsten Aspekte der Folter, wie sie zwischen dem späten 16. und der Mitte des 18. Jahrhunderts praktiziert wurde, beleuchtet werden. Die Folter wurde nur in den Fällen angewendet, in denen der Angeklagte mangels vollgültigen Beweises nicht verurteilt werden konnte und wenn es sich um ein Verbrechen handelte, das mit dem Tod oder mit Verstümmelung bestraft wurde. Bei geringfügigen Delikten, *delicta levia*, war keine Folterung vorgesehen. Für schwere Verbrechen gab es keine andere Strafe als den Tod oder die Verstümmelung. Bis zum Ende des 16. Jahrhunderts war die Verurteilung zu einer Haftstrafe noch äußerst selten, erst mit deren größeren Verbreitung und mit der Schaffung neuer Sanktionen wie Galeere und Arbeitshaus gab es eine Alternative zur Todesstrafe. Die Kategorie »schweres Verbrechen« wurde von Ort zu Ort unterschiedlich definiert und schloß oft Delikte ein, die man heute nicht mehr als »schwer« einstufen würde. Im 16. Jahrhundert, ausgehend von der 1484 erschienenen Schrift *Malleus Maleficarum* bis zu den Werken Jean Bodins, Nicholas Remys und Martin del Rios, rechnete man Zauberei und Hexerei zu den schwersten Verbrechen, und die Kritik wurde häufig nicht an der Folter selbst geübt, sondern war Kritik an den Prozessen, die wegen okkulter Praktiken angestrengt worden waren. Wie wir gesehen haben, gab es zum Problemkreis des mißbräuchlichen Einsatzes der Folter eine umfängliche und weit zurückreichende Literatur, die als Bestandteil von Handbüchern zum Strafrecht insbesondere von denen benutzt wurde, die regelmäßig Menschen zur Folterung verurteilten.

Selbst in Regionen, in denen die Folter nicht zum gerichtlichen Verfahren gehörte (also etwa in England und Skandinavien), kam es im 16. und 17. Jahrhundert zu Folterungen, teils unter dem Einfluß der kontinentaleuropäischen Jurisprudenz, teils weil es die Exekutive für erforderlich hielt. In England beispielsweise spielte die Folter, obwohl sie für das *Common Law* kaum Bedeutung erlangte, in den königlichen Verfügungen und den Kabinettsbefehlen des 16. Jahrhunderts eine wichtige Rolle, vor allem, wenn sich diese auf politische Verbrechen bezogen. Die Versicherungen von Sir John Fortescue im 15., Sir Thomas Smith im 16. und Sir Edward Coke im 17. Jahrhundert, die Folter sei dem englischen Recht gänzlich unbekannt, werden, wie neuere Forschungen deutlich gemacht haben, durch die Folterbefehle des 16. und 17. Jahrhunderts widerlegt, auch wenn es sich in der Hauptsache um Fälle von Hochverrat, Aufwiegelung und vergleichbare Straftaten handelte. Verhindert wurde die Aufnahme der Folter in das englische Recht zum einen durch die strenge Kontrolle des Kronrats und zum anderen durch die Tatsache, daß die Folter in erster Linie als Mittel zur Erlangung von Informationen diente und nicht von förmlichen Beweisen wie auf dem Kontinent.

Wir kommen schließlich zu einer grundlegenden Prämisse des römisch-kanonischen Verfahrens zurück, zu der Auffassung, daß im Falle schwerer Verbrechen bei Fehlen eines vollgültigen Beweises das Geständnis die einzige Möglichkeit war, eine Verurteilung zu erreichen. Hätte das Geständnis nicht an Bedeutung verloren, so hätte die humanitäre Diskussion in Europa kaum große Wirkung gezeitigt. Im Lichte dieser Kennzeichen der Epoche von 1550 bis 1750 ist es möglich, das allmähliche Verschwinden der Folter nicht so sehr als das Ergebnis einer »Anti-Folter-Bewegung«, sondern als das des Zusammentreffens verschiedener Veränderungen zu sehen, die sich im 17. und 18. Jahrhundert unabhängig voneinander vollzogen. Die Arbeiten von Piero Fiorelli und John Langbein haben wesentlich zur Erhellung dieser Veränderungen beigetragen.

Fiorelli schlägt in seinem Buch *La tortura guidiziaria nel diritto comune* (1953–1954) vor, den Prozeß der Aufhebung der Folter unter vier Aspekten zu betrachten, nämlich dem logischen, dem moralischen, dem sozialen und dem politischen. Darunter versteht er die skeptischen formalen Argumente gegen die Folter, wie sie bereits zur Zeit des griechischen Rechts vorgebracht worden waren; die jüdisch-christlich (und später humanitär) begründeten Argumente gegen die Unmoral der Folter; die Bedeutung der Rechtfertigung von Folter in einer Welt, die die Prinzipien ihrer sozialen Existenz von Traditionen und Autoritäten herleitete, die auf ganzer Linie zurückgewiesen werden müßten, würde die Folter abgelehnt; und das Zögern bzw. die Bereitwilligkeit, sich der Frage umfassender politischer Reformen zu stellen. Die Calas-Affäre in Frankreich (1763–1765) hatte Auswirkungen sowohl auf die politische wie auf die rechtliche Ordnung des Landes.

Fiorellis Kategorie der logischen Kritik ist die älteste. Die logischen Schwächen eines Systems, das sich der Folter bediente, waren von den griechischen und römischen Denkern bis hin zu den Rechtsgelehrten des 17. Jahrhunderts bekannt: Cicero, Quintilian und Ulpian äußerten sich zu diesen Problemen, die für jeden, der sich mit der Folter befaßt hat, offensichtlich sind und die von der Suggestiv-Sprache bis zur je physiologischen Zufälligkeit, Schmerz zu ertragen, reichen. Das waren jedoch keine humanitären Motive und Einwände: »Man würde bei den griechischen und römischen Autoren vergeblich nach einer Verurteilung der Folter als unmenschlich und grausam suchen.« Fiorellis moralische Kategorie zielt auf das Fehlen der Folter in der jüdischen und frühen christlichen Überlieferung, wofür ein Brief von Papst Nikolaus I. an den Herrscher der Bulgaren aus dem Jahre 865, in dem der Gebrauch der Folter in strafrechtlichen Fällen untersagt wird, ein bemerkenswertes Beispiel liefert; das Verbot wird mit dem Prinzip begründet, daß Geständnisse weder erpreßt noch erzwungen werden dürfen und christliche Laien und Priester daher Folter nicht anwenden können. Über die von Nikolaus vorgetragenen Gründe hinaus gab es jedoch noch weitere, die den meisten Kirchenvertretern die Anwendung der Folter und das Vergießen von Blut untersagten. Von allen Strömungen des Widerstandes gegen die Folter ist die moralisch motivierte generell die ansprechendste, ihr Einfluß jedoch am wenigsten meßbar. Das 18. Jahrhundert wird schon relativ weit fortgeschritten sein, bevor sie zu einem brauchbaren Ansatzpunkt für die Untersuchung des Niedergangs der Folter werden kann.

Was Fiorellis soziale Kategorie angeht, so wird die Folter in einem kulturellen und gesellschaftlichen Umfeld gesehen, aus dem sie nur schwer zu lösen ist.

In einer Ära, in der sich jede Philosophie von Aristoteles, jede Astronomie von Ptolemäus, jede Medizin von Hippokrates und Galen herleitete und in der das Recht in jenen Texten römischer Gelehrsamkeit zusammengefaßt war, die durch Justinians Sammlung überliefert waren, wäre (unerhörte Kühnheit!) Kritik an der Folter, die ja von diesen Texten sanktioniert wurde, gleichbedeutend gewesen damit, dem Respekt, der widersprochenen Autorität das Fundament zu entziehen, auf dem in dieser Epoche die Ordnung nicht nur des Rechts oder des menschlichen Wissens, sondern einer ganzen Gesellschaft selbstverständlich ruhte. (*La tortura*, II,218)

Diese Stellung der Folter innerhalb eines kulturellen und sozialen Zusammenhangs wurde durch logisch begründete Kritik eher noch gestärkt. Selbst die gelegentlich harte Kritik eines Vives oder Montaigne, die auf logischen oder moralischen Prinzipien basierte, hätte ohne eine gleichzeitige Lösung der Folter aus einer Gesellschaftsordnung kaum Wirkung haben können.

Das ist der Hintergrund, vor dem die im späten 16. und 17. Jahrhundert zunehmende Kritik am Einsatz der Folter in Fällen, in denen es um Zauberei und Hexerei ging, verständlich wird. Die Gegner der Hexenverfolgung von Cornelius Loos (1564–1595) über Adam Tanner (1572–1632) bis zu Friedrich von Spee (1591–1635), Jesuit und selbst Beichtvater verurteilter Hexen, legten erbitterten Protest gegen die routinemäßige Anwendung der Folter ein, mit deren Hilfe Geständnisse von Menschen erpreßt wurden, die nach Auffassung einer wachsenden Zahl nicht getan haben konnten, was sie unter der Folter gestanden hatten. Dem sei eine Anmerkung von John Langbein zu der Tatsache hinzugefügt, daß in der englischen *Petition of Rights* von 1628 jede Erwähnung der Folter fehlt:

> Die Parlamentarier, die die Bittschrift zur Wiederherstellung des Rechts veranlaßten, hatten kaum Grund zu der Befürchtung, daß die Folter bei ihnen und ihresgleichen angewendet werden würde. Selbst auf ihrem Höhepunkt hatte es [in England] nur zwei Kategorien von Folteropfern gegeben, von denen keine über eine Gefolgschaft im *House of Commons* verfügte, nämlich zum einen Personen, die der Aufwiegelung zum Aufruhr verdächtigt waren, wobei es sich bei diesen vornehmlich um Jesuiten handelte, und zum anderen etliche Schwerverbrecher, die zumeist den niederen Schichten angehörten. (*Torture and the Law of Proof*, S. 139)

Die Folterung von Hexen und Ketzern verstärkte den Zorn jener, die normalerweise – wie Langbeins Parlamentarier – allenfalls einen logisch oder moralisch begründeten Protest eingelegt hätten. Einer der frühesten und ausdrücklichsten Kritiker, der sich auf persönliche Erfahrungen berufen konnte, war Johannes Grevius, ein holländischer Arminier, der in seinem *Tribunal Reformatum* von 1624 zwar große Achtung vor dem römischen Recht bekundete, zugleich jedoch in aller Deutlichkeit die Anwendung der Folter durch Christen verurteilte – in welchem Fall, aus welchem Grund und an welchen Personen auch immer. Grevius' großes Wissen, sein systematischer und fachmännischer Umgang mit juristischem Quellenmaterial und juristischen

Argumentationsweisen und sein unermüdliches Eintreten für die Menschenliebe als einzigem Maßstab für den Richter, zeigt, daß zu Beginn des 17. Jahrhunderts manche der überkommenen, aber isoliert gebliebenen Einwände gegen die Folter nun langsam miteinander verbunden werden. Das allein hätte vielleicht nur wenig bewirkt. Als die Folter jedoch bei Angehörigen von Gesellschaftsschichten angewendet wurde, die sich herkömmlicherweise nicht in den Netzen eines Strafverfahrens verfingen, wurde solcher Kritik Gehör geschenkt auch außerhalb des engen Kreises der Juristen und Moralisten. Die immer lautere verfahrenstechnische und moralische Kritik, die als politische Kategorie die regierenden Versammlungen und Herrscher beeinflußte und unter Druck setzte, soll erst im nächsten Kapitel erörtert werden.

Fiorellis logische, moralische und soziale Kategorien eröffnen die Möglichkeit zu einer sehr viel breiter angelegten Beschäftigung mit der Geschichte der Folter als die herkömmliche Vorstellung einer »Anti-Folter-Bewegung«. Selbst die bunte Versammlung von Kritikern und Protestlern, die uns Alec Mellor vorstellt (*La torture*, 1949), beweist nicht das Vorhandensein einer Bewegung, sondern lediglich, daß es im späten 16. und im 17. Jahrhundert eine breite, diffuse und sehr unterschiedlich motivierte Kritik an der Folter gibt. Die treffendste Darstellung des allmählichen Verschwindens der Folter bleibt jedoch die von John Langbein. Langbein verneint den humanitären Einfluß, hebt statt dessen zwei rein rechtliche Kräfte hervor, die im 17. Jahrhundert wirksam werden, die Entwicklung neuer strafrechtlicher Sanktionen und das revolutionären Veränderungen unterworfene Gesetz des Beweises.

Ausgehend von den neuen Sanktionen, die im 16. und 17. Jahrhundert aus unterschiedlichen Gründen erlassen wurden und im Falle von schweren Verbrechen langsam auch andere Strafen als Tod oder Verstümmelung zuließen, macht Langbein auf eine weitere Dimension des sozialen Wandels aufmerksam, die Auswirkungen auf das rechtliche Verfahren hatte. Die Galeere, das Arbeitshaus und die Deportation boten eine unmittelbar nützliche – und zweckmäßige – Alternative zum Tod. Sie bildeten gleichsam das Bindeglied zwischen der Epoche, in der Haftstrafen noch sehr selten und die Todesstrafe das Normale waren, und derjenigen, in der die disziplinierende und bessernde Haftstrafe die zentrale Rolle spielt. Einigen Aspekten dieses Wandels ist Michel Foucault in seinem faszinierenden Buch *Surveiller et punir. La naissance de la prison* (1975) nachgegangen. Indem die europäische Gesellschaft des 17. und 18. Jahrhunderts der Todesstrafe weitere, weniger harte Sanktionen hinzugefügte, entzog sie der Folter eine ihrer Stützen, ohne der konventionellen moralischen Kritik verpflichtet zu sein.

Was die Veränderungen der Beweisregeln angeht, macht Langbein einerseits auf den beachtlichen Ermessensspielraum aufmerksam, den die Richter bei der Festlegung der Strafe hatten, andererseits auf die Tatsache, daß dies in Fragen der Voruntersuchung und insbesondere der Folter kaum der Fall war. Die neuen Sanktionen im 17. Jahrhundert vergrößerten den Entscheidungsspielraum hinsichtlich des Strafmaßes erheblich, ermöglichten den nächsten Schritt: Wenn genügend Indizien vorhanden waren, um eine Folterung des Verdächtigen zu rechtfertigen, dieser jedoch nicht geständig war, oder wenn Beweise gegen den Verdächtigen zwar vorlagen, jedoch nicht ausreichten, um foltern zu lassen, machte es der Umstand, daß weniger schwere Strafen zur Verfügung standen, den Gerichten möglich, ein Urteil auch ohne Vorliegen eines vollgültigen oder auch nur halben Beweises zu sprechen. Wie Langbein ausführt, bedeutet diese als Verdachtstrafe bezeichnete Praxis, daß die Bestrafung eigentlich auf der Grundlage der privaten Überzeugung des Gerichts erfolgte, ohne einen im Sinne des römisch-kanonischen Rechts vollgültigen Beweis: »Ein neues Beweissystem entstand, bei dem das Geständnis nicht mehr nötig war, um Verbrechen bestrafen zu können.« Hier läßt sich eine Parallele zu anglo-amerikanischen Rechtspraktiken wie etwa dem *plea-bargaining* erkennen. Zum *plea-bargaining* kommt es, wenn der Terminkalender der Gerichte übervoll ist, wenn die vorliegenden Beweise unvollständig oder nicht überzeugend sind und wenn berechtigter Anlaß zu der Annahme besteht, der Angeklagte sei tatsächlich schuldig. Der Angeklagte erklärt sich in einem geringfügigeren Anklagepunkt für schuldig (und darf deshalb auf eine weniger schwere Strafe zählen), obwohl er unter anderen Bedingungen einer schwereren Straftat wegen angeklagt, vor Gericht gestellt und verurteilt werden könnte (wobei er auch mit einer schweren Strafe rechnen müßte). Die neuen Sanktionen und die Zulassung von Beweismitteln, die früher den *delicta levia* vorbehalten gewesen waren, boten den Richtern des 17. und 18. Jahrhunderts die Möglichkeit eines dem heutigen *plea-bargaining* vergleichbaren Verfahrens. Zumindest in einer Hinsicht erinnert uns diese revolutionäre Veränderung daran, daß in einer Welt, in der die Alternative Tod oder Freilassung lautet, theoretisch immer gewichtige Hinweise auf die

Schuld des Angeklagten notwendig sind, um ihn auf die Folter schikken zu können. Eine formale Forderung steht hinter der Theorie der Verdachtstrafe ebenso wie hinter dem modernen *plea-bargaining*, daß nämlich ein Verdacht gegeben sein muß, und zwar, wie französische Juristen sagen würden, »suspicion très violent«, ein starker, auf umfangreichem, wenn auch noch nicht gänzlich ausreichendem Beweismaterial beruhender Verdacht. In der Gerichtswelt des *Ancien régime* setzte ein Freispruch ebenso wie eine Verurteilung den Beweis voraus, und wenn es für das eine wie für das andere an Beweisen fehlte, so standen nun das neue Verfahren und die neuen Sanktionen zur Verfügung, um die Lücke zu füllen und das Problem zu lösen. Dank der veränderten Strafmöglichkeiten, der Revolution im Beweisrecht und der dadurch verminderten Bedeutung des Geständnisses für eine Verurteilung, waren die neuen, beruflich qualifizierten und zentral kontrollierten Juristen des 18. Jahrhunderts auf die Folter als integralen, unverzichtbaren Bestandteil des Strafverfahrens nicht mehr angewiesen. Ihrer verfahrenstechnischen und legalen Stützen beraubt, wurde die Folter endlich anfällig für die logische, moralische und soziale Kritik, gegen die sie so lange praktisch immun gewesen war. Sie wurde nun sogar Opfer des trivialsten aller Vorwürfe, den Grevius als erster erhob und den dann selbst die Gestalter der *Grande Ordonnance Criminelle* von 1670 aufgriffen, nämlich daß Folter »un usage ancien« sei, eine archaische Praxis vergleichbar den Gottesurteilen und anderen irrationalen Verfahrensweisen einer entlegenen, anstößigen Vergangenheit. Als Kritik wie diese frei geäußert werden konnte, hatte sich ein Aspekt der Geschichte der Folter überlebt.

Einige weitere Aspekte der Rechtsphilosophie und Rechtskultur des 18. Jahrhunderts können gleichfalls dazu beitragen, den Prozeß der Aufhebung der Folter zu erhellen. Es sind der »Fall England«, die Doktrin der Ehrlosigkeit, die vor allem auf dem Kontinent zu verzeichnende Bewegung für eine Trennung der legislativen und der richterlichen Gewalt und deren genauere Definition und schließlich die Formulierung ständig wachsender Bedeutung des Naturrechts.

Wie wir im Falle Englands bereits gesehen haben, waren der relativ geringe Stellenwert des Geständnisses in der Hierarchie der Beweise, das praktische Fehlen ausreichender Einrichtungen für eine vorprozessuale Untersuchung und die erstaunliche Freiheit der Jury, auf Grund von Beweisen zu verurteilen, die im römisch-kanonischen Prozeß kaum als *indicium* gewertet worden wären, sowie die späte Schaffung des Amtes eines Staatsanwalts Faktoren, die einer Aufnahme der Folter in das englische Strafverfahren entgegenwirkten. Das bedeutet jedoch nicht, daß das englische Recht eine höhere Menschlichkeit oder Rationalität widerspiegelte oder daß umgekehrt andere Aspekte des englischen Verfahrens – im Vergleich zum kontinentaleuropäischen – Mängel der Rechtspraxis darstellten.

Von Bedeutung für die Aufhebung der Folter ist außerdem die eigenartige Geschichte des Begriffs der Ehrlosigkeit. Wie für Griechenland und Rom, waren *atimia* und *infamia* geeignet, den Status, den der freie Bürger normalerweise vor dem Gesetz hatte, aufzuheben. Vom 12. Jahrhundert an war die Ehrlosigkeit sowohl nach dem kanonischen als auch nach dem römischen Recht eine Sanktion, die die Ergebnisse eines Gottesurteils aufwiegen und eines von mehreren Indizien sein konnte, welche auch zu einer Folterung führten. Ehrlosigkeit war ein so schwerwiegender Vorwurf, daß die fälschliche Unterstellung zur Grundlage späterer Gesetze wurde, die Ehrabschneidung, üble Nachrede und Verleumdung ahndeten. Dennoch scheint die Doktrin der Ehrlosigkeit auch für die Revolutionierung des Strafverfahrens wichtig gewesen zu sein, welche die Aufhebung der Folter nach sich zog. Als die Sanktionen vielfältiger wurden und die Verurteilung zum Tode nicht mehr die einzige Möglichkeit der Strafe war, erhielten viele der Indizien des römisch-kanonischen Verfahrens wesentlich größeres Gewicht für die Verurteilung und wirkten so der Notwendigkeit eines Geständnisses entgegen. Die Rechtsunfähigkeit, die mit der Aberkennung der Ehre verbunden war, überdauerte die Folter um viele Jahrzehnte, und scheint als Konzept ihre Anziehungskraft auch dann noch behalten zu haben, als sich die Rechtsreform und die politische Revolution längst auf das Strafverfahren ausgewirkt hatten. Das französische Strafgesetzbuch von 1791 enthielt eine die zivile Degradierung betreffende Bestimmung, nach der einem verurteilten Verbrecher öffentlich folgendes zu erklären war: »Ihr Land hat Sie eines infamen Verbrechens für schuldig befunden: das Gesetz und das Gericht sprechen Ihnen die Eigenschaften eines französischen Bürgers ab.« Im Jahre 1842 veröffentlichte Alessandro Manzoni seine Verurteilung der im *Ancien régime* praktizierten Strafverfahrens unter dem Titel »*Storia della colonna infame*« [Geschichte der Schandsäule], ein Bericht über einen berühmten Prozeß, der 1630 in Mailand stattgefunden hatte. Der Titel bezieht sich auf eine Säule, die an der Stelle des eingerissenen Hauses eines Verbrechers errichtet worden war, um die Mailänder stets an die Schande dieses Mannes zu erinnern. Obwohl durch die Rechtsreformen des späten 18. und frühen 19. Jahrhunderts angegriffen, überdauerte die Doktrin der Ehrlosigkeit die der Folter, ein Umstand, der dazu beigetragen haben könnte, die Aufhebung der Folter zu beschleunigen.

Die Geschichte der Abschaffung der Folter sollte also – wie ihr Beginn – als Verkettung einer Anzahl verschiedener Veränderungen in verschiedenen Bereichen des Rechts und des täglichen Lebens gesehen werden. Die Frage ist komplexer, als moralischer Anspruch sie darstellt, und vielschichtiger, als die Historiker der Aufklärung und ihre Nachfolger – wissentlich oder unwissentlich – zuzugeben bereit waren. Eine Reihe von Gründen für die Aufhebung der Folter wurden von Lehrmeinungen und Reformen bestimmt, die unter anderen Umständen so entschieden verurteilt worden wären und wurden wie die Folter selbst.

Wenn es auch starkes Bestreben gab, das geltende Recht den Grundsätzen der Revolution anzupassen, so übernahmen die revolutionären und nachrevolutionären Regierungen dennoch zwei aus dem frühen 18. Jahrhundert stammende Gedanken, nämlich den der Trennung der Gewalten und den des Naturrechts. Montesquieu regte die Furcht vor der rechtlichen Willkür des *Ancien régime* zu einem Vorschlag an, die rechtsprechende und die gesetzgeberische Gewalt zu trennen, wobei die Vorherrschaft bei der Legislative liegen sollte, um den einzelnen Richter an das geschriebene Recht zu binden, und der Richterschaft insgesamt die Entscheidungsbefugnis über Rechtmäßigkeit und Anwendbarkeit der Gesetze zu entziehen. Diese Trennung der Gewalten wurde im frühen 19. Jahrhundert vollzogen und verringerte die traditionelle Machtposition des Richters zugunsten der Legislative. Der Rechtshistoriker John Merryman formulierte es so:

Als mit dem Aufkommen des Nationalstaates die Verwaltung der Rechtsprechung aus kirchlicher, lokaler und privater Hand in staatliche übergingen, wurden die gewöhnlichen Gerichte zum wichtigsten Werkzeug des Staates, der nun das Monopol der Rechtspflege hatte. Der]Legislative] wurde das Monopol des verstaatlichten Gesetzgebungsverfahrens zugewiesen, der Richterschaft das des verstaatlichten Rechtsprechungsverfahrens. (*The Civil Law Tradition*, 1969, S. 93)

Nach dem Willen der gesetzgebenden Institutionen wurden auf diese Weise das Verfahren und die Befugnisse des einzelnen Richters eng definiert und dieser selbst streng kontrolliert und daran gehindert, nicht vorgesehene Strafen zu verhängen.

Neben ihrer neuen Stellung innerhalb der revolutionären oder reformierten Verfassungsstrukturen erwiesen sich die gesetzgebenden Organe geprägt durch eine andere aus dem 18. Jahrhundert stammende Idee, die der universalen Bedeutung und der bindenden Kraft des Naturrechts. Die naturrechtlichen Theorien, die im 17. und 18. Jahrhundert entwickelt wurden, konzentrierten sich oft darauf, daß die Folter gegen ihre wesentlichen Grundsätze verstieß, so gegen den der natürlichen Würde des Menschen und den seines natürlichen Rechts, selber über Mittel zur Erhaltung seiner Würde zu befinden. Paul Foriers hat dies im Zusammenhang mit der Erörterung von Theorien und Praktiken des Beweises angesprochen:

> Die Folter verletzt das natürliche Recht des Individuums, sich nicht selbst beschuldigen zu müssen und sich selbst verteidigen zu können. Das ist ein natürliches Recht, das kein Abkommen, kein Gesellschaftsvertrag dem Individuum nehmen kann und das so sein wesentliches Vorrecht bleibt, und zwar in dem Sinne, den Thomas Hobbes ihm gegeben hat: »[...] was immer der Übeltäter [unter der Wirkung der Folter] antwortet, ob es nun wahr sei oder falsch, oder wenn er auch stumm bleibt, so hat er immer das Recht, in dieser Sache zu tun, was ihm selbst richtig erscheint.« Ein Widerspruch des Naturrechts, wurde die Folter von den Theoretikern des Naturrechts wegen ihrer Nutzlosigkeit und Unwirksamkeit verurteilt. (*La Preuve*, 1965, Teil 2, S. 188)

Durch die Naturrechtstheorien wurde die frühere Kritik an der Folter, die auf der mangelnden Logik und der Unzuverlässigkeit der durch sie erlangten Aussagen basierte, wesentlich gestärkt und in Beziehung zu der überkommenen moralisch begründeten Kritik gebracht. Montaigne, Thomasius und Bayle beeinflußten Montesquieu und diejenigen, die an den Rechtsreformen des 18. Jahrhunderts mitwirkten, ob nun innerhalb oder außerhalb revolutionärer politischer Bewegungen.

Dieser Überblick zur Arbeit der Historiker hat sich bislang auf eine allgemein anerkannte Abfolge von Ereignissen und deren komplexe Ursachen konzentriert. Ein ganz anderer und weitaus ehrgeizigerer Ansatz ist der von Michel Foucault, dessen Buch *Überwachen und Strafen* sich nicht direkt mit der Folter auseinandersetzt, sondern mit der Umwandlung der brutalen, auf die Vernichtung des Körpers abzielenden Strafen des *Ancien régime* in eine psychologisch motivierte Reform, für die das Gefängnis des 19. Jahrhunderts steht. Auch Foucault bewertet den Humanismus der Aufklärung nicht hoch – obwohl er zwischen den beiden oben erörterten Extremen eine kurze Zeitspanne sieht, in der durch die erzwungene Beteiligung von Kriminellen an öffentlichen Arbeiten der Versuch gemacht wurde, sie vom verbrecherischen Tun abzubringen. Viel mehr jedoch als durch das menschenfreundliche und moralische Empfinden der Aufklärung sieht Foucault die große Veränderung dadurch bewirkt, daß der Gedanke, Gewalt über den Körper des Verbrechers zu haben, für die Herrschenden an Bedeutung verlor. Foucault zufolge wird im 19. und 20. Jahrhundert Macht weniger durch physische Gewalt als durch »kerkerartige« Einrichtungen ausgeübt, wozu für ihn nicht nur die Haftanstalt gehört, sondern auch die Fabrik, die Schule und das durchorganisierte, Disziplin erfordernde militärische Leben. Foucault sieht diesen Prozeß nicht als einen befreienden und humanen an, sondern als einen, der eine vollkommen neue Art von menschlichem Wesen hervorbringt:

> Dieses Buch soll eine korrelative Geschichte der modernen Seele und einer neuen Macht zu richten sein; eine Genealogie des gegenwärtigen, wissenschaftlich-rechtlichen Komplexes, von dem die Macht zu strafen ihre Grundlagen, Rechtfertigungen und Regeln herleitet, von dem aus sie ihren Wirkungsbereich ausweitet und mit dem sie ihre einzigartige Selbstbezogenheit verschleiert.

Was Foucault als »strafende Vernunft« und »Disziplinierungstechnologie« bezeichnet, formt passive menschliche Wesen zu Objekten der Macht um. In seiner Welt verbinden sich Disziplinierungstechnologien und normative Gesellschaftswissenschaft, um den »durchschaubaren Menschen«, den manipulierten Bürger der Moderne zu erschaffen. Foucaults Theorie enthält manche Wahrheit, jedoch so gut wie keine Hoffnung.

Die Arbeit von Rechtshistorikern wie Fiorelli und Langbein, von Sozialgeschichtlern wie E.P. Thompson und von Kulturarchäologen wie Foucault eröffnet ein sehr viel weiteres und mehrdeutigeres Spektrum von Erklärungen für die Aufhebung der Folter als die moralische Leidenschaft eines Beccaria oder der Fortschrittsgedanke eines H.C. Lea. Und doch spricht vieles dafür, die unterschiedlichen Ansätze nicht als einander ausschließende zu betrachten, sondern als verschiedene Facetten eines einzigen historischen Phänomens. Foucaults

Ansatz hat gleichsam brückenschlagende, die Betrachtung der archaischen wie der modernen Welt ermöglichende Implikationen – der letzteren gegenüber skeptisch und ablehnend, zwingt uns Foucault, die erstere mit einem ungewohnten Maß an Verständnis zu sehen. Andere Historiker warnen davor, den moralischen Wiedererweckungen allzu große und allzu ausschließliche Bedeutung beizumessen, und fordern auch solche Einzelheiten wie die Veränderung der rechtlichen Sanktionen oder der Beweisführungsregeln zu berücksichtigen, auch in anderen, außerhalb der moralischen Sensibilität liegenden Bereichen des Denkens nach wichtigen Veränderungen zu suchen. Diese Ansätze vermeiden die Falle, in die Mellor durch seine Argumentation gerät, die ihm nicht erlaubt, einen Grund dafür anzugeben, daß in einem bestimmten historischen Moment eine weit zurückreichende und sehr unterschiedlich begründete Kritik an der Folter komplexe Gesellschaften zu positivem Handeln bewegen kann.

Zugleich müssen wir aber auch den Beitrag anerkennen, den die Leidenschaften geleistet haben, die die Arbeit von Beccaria erweckt hat und die sich noch bei H.C. Lea wiederfinden. Die Gleichsetzung der Folter im späten 18. Jahrhundert mit einer Weltanschauung, die inzwischen insgesamt abgelehnt wurde, hatte moralische ebenso wie rechtliche Gründe. Ja, die Folter ist seitdem und vorwiegend aus moralischen Gründen attackiert worden. Im 19. und 20. Jahrhundert ist es dennoch zu einem unheilvollen Auseinanderklaffen von moralischer Sensibilität einerseits und dem Recht und staatlicher Politik andererseits gekommen. In den abschließenden Abschnitten dieses Kapitels wollen wir uns mit einer kurzen Zeitspanne der Geschichte befassen, in der beides eng und, wie es schien, für die Ewigkeit miteinander verbunden war.

Die gesetzliche Abschaffung der Folter

Vor dem von Langbein skizzierten Hintergrund läßt sich die Geschichte der Abschaffung der Folter in den meisten europäischen Staaten des späten 18. Jahrhunderts in einer historisch realistischeren Art und Weise verstehen. Gemeinsam ist den meisten dieser Staaten, daß der Prozeß der Abschaffung der Folter Teil einer allgemeinen Revision der Strafrechtssysteme ist, nicht ein Vorgang, der sich schlagartig vollzog, sondern der eine längere Zeit beanspruchte, fast überall einige Jahrzehnte. Offensichtlich warteten die Staaten des späten 18. Jahrhunderts – wie ihre Vorgänger an der Wende vom 12. zum 13. Jahrhundert – zunächst einmal ab, was ihre Rechtsreform erbringen würde, um erst dann den Prozeß der Abschaffung der Folter einerseits und die allgemeine Revision des Strafrechte andererseits zu vollenden.

Schweden bietet als das Land, das als erstes die Folter abzuschaffen begann, ein gutes Beispiel dafür. Die meisten Foltermethoden, die erst im 16. Jahrhundert unter dem Einfluß von Strafgesetzbüchern, vor allem der *Constitutio Criminalis Carolina*, aus dem Heiligen Römischen Reich eingeführt worden waren, wurden bereits 1734 wieder untersagt, aber bei außergewöhnlich schweren Verbrechen war die Folter noch bis 1822 zulässig. In Preußen verlief der Prozeß ähnlich, dauerte aber nicht so lange. 1721 verfügte Kurfürst Friedrich I., die Folter dürfe nur angewendet werden, wenn der Herrscher in jedem einzelnen Fall gesondert zugestimmt hatte. Als Friedrich II. im Jahre 1740 den Thron bestieg, änderte er diese Verfügung nur insofern, als er festlegte, in welchen Fällen kein Gebrauch von der Folter gemacht werden durfte. Aber bereits 1754 wurde sie in Preußen als dem ersten Land Europas vollständig aufgehoben. Eine vergleichbare Entwicklung vollzog sich im Großherzogtum Baden zwischen 1767 und 1831, in den österreichischen Niederlanden zwischen 1787 und 1794, in Venedig zwischen 1787 und 1800 und in Österreich selbst zwischen 1769 und 1776. In einer ganzen Reihe von Fällen arbeiteten die Monarchen und gesetzgebenden Organe mit juristischen Experten zusammen. In Preußen konnte sich Friedrich II. auf den Rat von Heinrich von Cocceji stützen, der zu den führenden Rechtsgelehrten des 18. Jahrhunderts gehörte. Maria Theresia und Joseph II. versicherten sich der Dienste des großen Juristen Joseph von Sonnenfels. Und selbst hinter der Kritik von Beccaria stand das juristische Fachwissen der Brüder Verri aus der Lombardei.

Weitere Fürstentümer und Königreiche verboten die Folter im letzten Viertel des 18. und im ersten des 19. Jahrhunderts. Braunschweig, Sachsen und Dänemark im Jahre 1770, Mecklenburg im Jahr 1769, Polen 1776, Frankreich 1780 und – was die *question préalable* betrifft – 1788 (wobei beide Verbote 1789 durch die revolutionäre Nationalversammlung bestätigt wurden), die Toskana 1786, die Lombardei 1789 und die Niederlande 1798.

Während der napoleonischen Zeit sorgte der französische Einfluß in den eroberten oder verbündeten Ländern für eine schnelle Reform des Strafrechts. In einem Falle schlug jedoch der Export der Rechtsreform fehl: Die Schweiz schaffte 1798 die Folter ab, führte sie jedoch 1815 nach dem Sturz Napoleons wieder ein. Erst stückchenweise von Kanton zu Kanton vorgenommene Reformen führten dazu, die Folter schließlich aus dem Recht der Schweiz zu eliminieren: 1831 in Zürich, 1848 in Fribourg, 1850 in Basel und 1851 in Glarus. Bayern hob die Folter 1806 auf, Württemberg 1809. In Norwegen wurde die Folter 1819 abgeschafft, in Hannover 1822, in Portugal 1826, in Griechenland 1827, in Gotha 1828. Der Einfall Napoleons in Spanien führte dort 1808 zur Aufhebung der Folter, vorübergehend auch zur Aufhebung der Inquisition. Diese wurde 1813 bei der Thronbesteigung Ferdinands VII. wieder eingeführt, nicht jedoch die Folter.

Diese Woge von Rechtsreformen beeindruckte die Zeitgenossen ebenso wie den heutigen Leser. Aber die Schnelligkeit und das Ausmaß an sich rufen die komplexen Erklärungen Fiorellis und Langbeins ins Gedächtnis, die viele verschiedene Gründe für die Opposition gegen die Folter aufführen, darunter auch einige sehr drängende verfahrenstechnische und soziale. Die von Thomas Paine formulierte Erklärung der Menschenrechte und die französische Déclaration des droits de l'homme von 1789 waren ja noch nicht weltweit akzeptiert und zur moralischen und rechtlichen Grundlage entsprechender Reformen geworden. Edmund Burke sprach in seiner 1790 erschienenen Schrift *Reflections on the Revolution in France* der Französischen Revolution und ihrer Zielsetzung die moralische Rechtschaffenheit ab. In England, so bemerkte er, »sind nicht Atheisten unsere Prediger, nicht Verrückte unsere Gesetzgeber«. Ohne Frage erfreuten sich die Engländer der größten Freiheiten, aber diese Freiheiten entsprangen Burke zufolge »im Inneren der Nation« und waren nicht vom Naturrecht oder anderen Rechten abgeleitet. Jeremy Bentham, ein größerer Bewunderer des positiven Rechts als Burke, war nicht weniger emphatisch: »Naturrecht ist Unsinn, natürliche und unveräußerliche Rechte schlichtweg rhetorischer Unsinn, Unsinn im Quadrat.« Bentham vertraute jedoch weniger auf die Traditionen Englands als auf die Kraft der utilitaristischen Vernunft, ein positives Recht zu schaffen, das den Zielen der Menschheit dienen würde. Bei Burke, Bentham und anderen stießen die 1789 formulierten Grundsätze und moralischen

Imperative auf erheblichen Widerstand, nicht jedoch die Kritik an der Folter. Robespierre, Burke und Bentham wären sich in diesem Punkte durchaus einig gewesen. Und diese Übereinstimmung legt nahe, den übergreifenden Prozeß einer Rechtsreform wie der oben beschriebenen im Zusammenhang komplexer sozialer und kultureller Bedingungen zu sehen, die Veränderungen vorbereiten und auslösen. Obwohl die Verbindung von rechtlichem Vorgehen und moralischem Urteil eine gewaltige Errungenschaft darstellt, erklärte sie nicht den Prozeß als solchen. Moralischer Eifer schafft noch keine Gesetze, obwohl er in den Augen jener, die auf die geschaffenen Gesetze und deren symbolische Bedeutung zurückblicken, diese sehr wohl »färben« kann.

Einige Vergleiche

Man ist im Falle der Folter – wie früher beim »Feudalismus« – versucht, die Erfahrungen Westeuropas mit jenen der Kulturen am äußersten Rande oder gänzlich außerhalb dieses Kontinents zu vergleichen. Das erfordert jedoch ein gewisses Maß an Reduktionismus und führt leicht dazu, die wesentlichen (und, um an Burke anzuknüpfen, normalerweise entscheidenden) Unterschiede in Brauchtum und Erfahrung zu vernachlässigen, die die Kulturen voneinander trennen. Der hier angebotene Vergleich ist also notwendig allgemein und oberflächlich, denn zu einer wahrhaft vergleichenden Geschichte der Folter bedürfte es einer wahrhaft vergleichenden Geschichte der Rechtskulturen, die aber noch lange auf sich warten lassen dürfte. Trotz der großen, von Max Weber bis zum heutigen Tag reichenden Tradition ist eine vergleichende Untersuchung der Stellung des Rechts und der Rechtsinstitutionen noch immer kaum vorstellbar. Aus diesem Grunde ist auch am Anfang dieses Buches eine Darstellung persischer und ägyptischer Rechtspraktiken ausgespart worden – wie an seinem Ende Spekulationen über Themen wie etwa das der angeblich biophysischen Grundlagen der menschlichen Aggressivität vermieden werden sollen. Um als Geschichte Sinn zu ergeben, muß diese irgendwo zwischen bloß farbenfrohem Anekdotenerzählen und spekulativer Philosophie und Psychobiologie angesiedelt sein.

Eine schwache, dennoch meßbare Grundlage für den Vergleich sehr verschiedener Kulturen ist das allgemein anerkannte Verfahren selbst, im Normalfall die niedergeschriebene Prozeßordnung. Denn der Gebrauch geschriebener Dokumente, wo immer es dazu kommt, läßt das Recht – wenn auch nur in einem bestimmten Umfang – in Distanz zu dem unergründlichen Geflecht der nicht analysierten Rituale und der mündlich tradierten Kultur treten, aus dem es hervorgeht. Der Vergleich dokumentierter Praktiken ist zweifelsohne nicht die beste und einzige Möglichkeit, mag aber für unsere Zwecke ausreichen.

Die Folter, wie sie im Osmanischen Reich praktiziert wurde, weist auffällige Unterschiede zur europäischen, aber auch Ähnlichkeiten mit dieser auf, jedenfalls was die europäische Praxis der Zeit vor den großen Rechtsreformen des 18. Jahrhunderts angeht. Das islamische Recht, die Scharia, anerkennt die Gültigkeit eines durch Gewaltanwendung oder die Androhung von Gewalt erzwungenen Geständnisses nicht, und trotz der häufigen, von den Behörden des Osmanenreiches akzeptierten Anwendung der Folter waren die Muftis durchweg dagegen und forderten sogar, ein Folterer, der sein Opfer umgebracht habe, müsse Blutzoll zahlen, was nach dem Zivilrecht nicht erforderlich war. Gleichwohl enthielt das Recht des Osmanischen Reiches Bestimmungen zur Folter. Es stellte fest, daß vorbestrafte Verdächtige und solche, gegen die eine Fülle von Indizienbeweisen vorlagen oder die sich vor Gericht in Widersprüche verwickelt hatten, gefoltert werden konnten, wohingegen bloße Anschuldigungen normalerweise noch keine Anwendung der Folter rechtfertigten. Die Muftis verurteilten auch alle jene aufs schärfste, die jemanden derart fälschlich belasteten, daß er gefoltert wurde. Praktisch sagt auch die Doktrin der Osmanen nichts darüber aus, was tatsächlich geschah. Vieles weist darauf hin, daß ungeachtet der offiziellen Lehren häufiger von der Folter Gebrauch gemacht wurde, manchmal sogar bereits vor Eröffnung eines Prozesses, so daß der Ankläger zu Beginn des Verfahrens mit einem Geständnis vor das Gericht treten konnte, welches von diesem als Beweis gewertet wurde und zur Verurteilung des Angeklagten führte.

Der deutliche Unterschied zwischen dem Willen der Regierung und dem Widerstand der Muftis steht im Einklang mit der islamischen Geschichte und Kultur, aber in scharfem Gegensatz zu der Rolle, die die katholische Kirche in der frühen europäischen Rechtsgeschichte gespielt hat.

In Japan findet sich der früheste Hinweis auf eine rechtliche Sanktionierung der Folter im Rechtssystem des *Ritsuryo,* das vom chinesischen T'ang-Recht abgeleitet war. Nach dem *Dangoku*-Strafverfahren, der japanischen Entsprechung des chinesischen *Ritsu,* war ein Geständnis erforderlich und der Richter ermächtigt, den Angeklagten zu diesem Zweck mit Stöcken auf Rücken und Gesäß schlagen zu lassen. In der Zeit zwischen dem 10. und 16. Jahrhundert scheinen sich diese frühen Folterregeln um archaische Verfahren einschließlich des *Yu-Gisho* erweitert zu haben, eine Form des Gottesurteils durch kochendes Wasser, das hier als Methode des Folterverhörs angewandt wurde. Im Japan des Tokagawa Shogunats waren bei Strafverfahren Geständnisse erforderlich, und man kannte die *Gomon* genannte Methode, eine Entsprechung der *quaestio* oder *tortura.* Aber diese Folter durch Aufhängung an den auf dem Rücken gebundenen Händen war nur bei Mord, Brandstiftung, Diebstahl, Raub, unerlaubtem Durchschreiten einer Sperre und Fälschung eines Dokuments oder Siegels zulässig. Sonst gab es nach dem japanischen Recht noch die Möglichkeit des *Romon,* einer Art »Quasifolter«, die offensichtlich sehr viel öfter eingesetzt wurde, vielleicht weil der Einsatz der Gomon-Folter auf einen ungeschickten Vernehmungsleiter schließen ließ und es für das Gericht ein Gesichtsverlust war, wenn man trotz der Folterung kein Geständnis erhalten hatte. Zur *Romon*-Methode gehörten Peitschenhiebe auf den Rücken, Knieen auf dreieckigen Holzstückchen, wobei die Knie mit einhundert Pfund schweren Steinen belastet wurden, und das Sitzen mit verschränkten Beinen, bei dem Seile an den Fußgelenken festgebunden und über den Nacken geführt wurden, die sich dann anziehen ließen, was zu einer sehr schmerzhaften Krümmung des Körpers führte. Es scheint kaum wert, große Unterschiede zwischen *Romon* und *Gomon* zu machen, aber die japanische Jurisprudenz tat dies in aller Deutlichkeit, und Romon wurde sehr viel häufiger angewandt bis zur Rechtsrevision im Jahre 1876 und dem endgültigen Verbot der Folter im Jahr 1879.

In der seit 1789 geltenden Verfassung der Vereinigten Staaten untersagt das fünfte Amendment die Selbstbezichtigung, und europäische Historiker haben dies als Schutzbestimmung gegen die Folter interpretiert. Dieses fünfte Zusatzgesetz knüpft einerseits an die englische Rechtsgeschichte an und nimmt andererseits einige im 19. und 20. Jahrhundert auftauchende Probleme des amerikanischen Rechts vorweg. Zunächst einmal findet sich darin eine alte Tradition des englischen

Gewohnheitsrechts wieder, nach der mehrere Jahrhunderte überhaupt jede Aussage eines Angeklagten unzulässig war, was in England eine der »Sicherungen« gegen die Einführung der Folter war – wenn der Angeklagte keinerlei Aussage machen durfte, war auch die Folter zur Erlangung eines Geständnisses oder sonstiger Beweise sinnlos. Das fünfte Zusatzgesetz ließ jedoch – früher als das englische Recht – die freiwillige Aussage des Angeklagten zu, unterband aber gleichwohl jede Aussage, die seine eigene Beteiligung an dem Verbrechen, dessen er angeklagt war, zum Gegenstand hatte. In Großbritannien wurde dem Angeklagten erst durch den *Criminal Evidence Act* von 1898 (S. I/ b/, 61 & 62 Vic.c.36) die Möglichkeit eingeräumt, in eigener Sache auszusagen. Der Wert des Geständnisses als eines Beweismittels außerhalb des eigentlichen Aktes der beeidigten Aussage hat in der amerikanischen Rechtsgeschichte eine lange und hindernisreiche Entwicklung, und es könnte, wie wir im folgenden Kapitel noch sehen werden, zu einer Hintertür geworden sein, durch die die Folter wieder Eingang in die Gerichtswelt des 19. und 20. Jahrhunderts gefunden hat.

Die interessantesten und nützlichsten Vergleiche sind aber wohl die zwischen Westeuropa und Rußland. Die frühesten Gesetze Rußlands weisen viele Ähnlichkeiten mit den archaischen Rechtspraktiken Griechenlands, Roms und des frühmittelalterlichen Westeuropa auf. Von der Selbsthilfe bis zur Mediation, vom Konflikt zweier Parteien auf gleicher sozialer Ebene bis zum Auftauchen einer dritten Partei öffentlicher Rechtsexperten, von der zunehmenden Bedeutung der öffentlichen Autorität, im Normalfall durch den Landesherrn verkörpert, zur Einführung erweiterter Strafmöglichkeiten findet sich alles im frühen russischen Recht wieder und macht es dem anderer Länder vergleichbar.

Die Folter wird erstmals im *Kurzen Recht* (Pravda) von ca. 1100 erwähnt, wo es heißt, daß ein Bauer, der ohne Befehl des Landesherrn gefoltert worden ist, eine Entschädigung erhalten soll. Das erweiterte *Russische Recht* des 13. Jahrhunderts bestätigt diese Bestimmung, sonst findet sich aber wenig mehr zu diesem Thema. Die Charta der Stadt Pskow befaßt sich – wie Gesetzesbestimmungen anderer Städte – sehr ausführlich mit Geldbußen und Ablösesummen als Sanktionen für strafrechtliche Delikte, erlaubt den Zweikampf und den Schwur, erwähnt aber nirgends das Gottesurteil oder die Folter. Seit dem 13. Jahrhundert wird für das russische Recht jedoch die zunehmend herausgehobene Stellung des Landesherrn und seiner Diener sowie einer vergrößerten Zahl von Personen im Dienste des Rechts bestimmend. Der Rechtshistoriker Daniel Kaiser faßt so zusammen:

> Auf diese Weise waren die lateralen rechtlichen Beziehungen mit ihrer vornehmlichen Berücksichtigung der Interessen der streitenden Parteien zum Untergang verurteilt. Das Anliegen der Kläger trat nun hinter den Interessen der Gesellschaft als Ganzes zurück, die vom Staat wahrgenommen wurden. Diese Entwicklung verschaffte der Funktion und dem Begriff der Strafe eine größere Bedeutung und verringerte zugleich den Anspruch des Opfers auf Entschädigung. (*The Growth of the Law in Medieval Russia*, 1980, S. 91)

Die wachsende Bedeutung des Landesherrn und seines Justizapparates läßt sich gerade am Beispiel Rußlands sehr gut beobachten. Das Gesetzbuch Iwans III., das *Sudebnik* von 1497, gestattet die Anwendung der Folter durch Justizbeamte des Landesfürsten bei übel beleumdeten Verdächtigen. Auch das Gottesurteil taucht in diesem Gesetzbuch auf, ferner stark verfeinerte Untersuchungs- und Vernehmungsmethoden. Etwa zur gleichen Zeit findet sich die Folter auch im russischen Litauen dokumentiert. Zu Ende des 16. Jahrhunderts schuf Iwan IV. die kurzlebige Opritschnina, einen Orden, der sich dem Schutz des Herrschers und der Vernichtung seiner Feinde widmete und die Folter unterschiedslos, weit außerhalb des durch die konventionelle russische Rechtstheorie und -praxis vorgegebenen Rahmens anwendete.

Die Schwäche der Monarchie in der ersten Hälfte des 17. Jahrhunderts sowie das – auch für andere Länder charakteristische – Vorhandensein verschiedener, praktisch autonomer Zentren der Justiz bedeutete vor allem, daß die Folter, nun durch die Provinzgouverneure, die Woiwoden, angeordnet, weite Verbreitung fand. Die Vielzahl in verschiedensten Funktionen tätiger Justizbeamter blieb in Rußland bis zum Jahr 1880 erhalten, aber es gibt nicht für alle eine hinreichend geklärte Geschichte, um verläßliche Verallgemeinerungen zum Gebrauch der Folter im jeweiligen Bereich ihrer Jurisdiktion zuzulassen.

Das Gesetzbuch von Alexei I. aus dem Jahr 1649 unterschied politische von anderen Verbrechen und forderte für beide die Denunziation. Der Geheimdienst des Zaren, der von 1653 bis 1676 am Werk war, und das spätere Preobraschenski-Büro (1697–1729) haben offensichtlich regelmäßig gefoltert. Zu den bekannten Methoden gehörten die

Wippe, die Knute und das Feuer. Allerdings scheinen die Folterungen nach 1718 stark zurückgegangen zu sein.

Auch Rußland blieb von den Rechtsreformen im übrigen Europa nicht unberührt, und Alexander I. erklärte in einem Ukas vom 27. September 1801 die Folter formell für abgeschafft. Unter dem Einfluß der »Kommission für die Revision früherer Strafsachen« hatte Alexander bereits vorher den Geheimdienst aufgelöst. 1801 wurde ihm von einer Folterung berichtet, deren Opfer geständig war, sich später jedoch als unschuldig erwiesen hatte, woraufhin er diesen Fall untersuchen ließ und den Erlaß vom 27. September herausgab. Darin heißt es:

> [Der Regierungssenat] hat mit aller gebotenen Strenge und unter Androhung unvermeidlicher und schwerer Bestrafung sicherzustellen, daß nirgendwo im gesamten Reich es jemand in der einen oder anderen Form [...] wagt, Folterungen zu gestatten oder durchzuführen [...], daß angeklagte Personen höchstselbst vor dem Gericht erklären, keiner ungerechten Vernehmung unterworfen worden zu sein [...], daß schließlich die Bezeichnung »Folter« selbst, die der Menschheit Schande und Tadel einbringt, auf ewig aus dem Bewußtsein der Menschen getilgt werde.

Drei Jahre später sah sich Alexander I. genötigt, an seinen Erlaß zu erinnern – wie P. S. Squire meint, war die Vierte Abteilung des Senats »seit langem daran gewöhnt, daß nicht nur der Geheimdienst und seine Vorgänger, sondern auch die örtlichen Polizeibehörden folterten, weshalb die Senatoren dies auch weit weniger beunruhigte als den jugendlichen Alexander«. (*The Third Department*, 1968, S. 22) Squire erwähnt auch den Fall eines Mannes, der 1827 zu Tode gefoltert worden war, und verweist dabei auf die »Instruktion« des Generals Benckendorff aus dem gleichen Jahr, in der dieser über die noch immer große Selbständigkeit der Gerichte im gesamten Zarenreich Klage führt – »Do Boga vysoko, do Tsarya dalyoko«, »Gott ist hoch und der Zar ist weit«. Obwohl die Zaren des frühen 19. Jahrhunderts auch weiterhin bereit waren, außerordentliche Maßnahmen zu ergreifen, um die Sicherheit des Staates zu gewährleisten, gibt es kaum Hinweise auf eine Wiedereinrichtung früherer Foltermethoden. Mit der Dritten Abteilung der zaristischen Justizverwaltung schufen Nikolaus I. und General Benckendorff im Jahre 1825 das wichtigste politische Instrument zum Schutz der Regierung, das den größten Teil des Jahrhunderts überdauerte. Aber auch hier gibt es kaum Anzeichen dafür, daß unter ihrer Ägide gefoltert wurde – und kaum welche für ihre Effektivität. Die Dritte Abteilung wurde 1880 mit Ukas vom 6. August aufgelöst und alle polizeilichen Aufgaben einer dem Innenminister unterstellten Polizeibehörde übertragen. Ein Jahr später wurden dann jedoch in St. Petersburg und Moskau voneinander unabhängige Abteilungen einer Geheimpolizei aufgebaut, deren Aufgabe die Verfolgung politischer Verbrecher war. Diese Abteilungen wurden, um die allgemeine und ungenaue Bezeichnung zu benutzen, Ochrana genannt, d. h. »Schutz« des Staates und des Zaren.

Obwohl die Reformen des frühen 19. Jahrhunderts die Anwendung der Folter erheblich eingeschränkt, ja, zu ihrer offiziellen Abschaffung geführt haben, scheinen gegen Ende des Jahrhunderts die Ochrana sich ihrer wieder bedient zu haben, vor allem in dem von Terror bestimmten Klima, das die zentralen Behörden des russischen Staates umgab. Zumindest lassen Aussagen später erfolgreicher Revolutionäre aus der Zeit nach 1917 darauf schließen, daß die Folter in Rußland in der Zeit des politischen Verbrechens gegen Ende des Jahrhunderts wieder da war. Auf die Rolle, die sie dann im 20. Jahrhundert spielte, werden wir später noch eingehen.

Die Entwicklung in Rußland ist besonders aufschlußreich, im großen und ganzen entspricht sie aber der im übrigen Europa. Wirre, einander überschneidende Bereiche der Jurisdiktion, eine große Lücke zwischen Rechtswissenschaft und Rechtspraxis, autonome Lokalbehörden, die Vorstellung von Verbrechen, die einerseits der Zar, andererseits das Volk sich machten, sowie die frühe Entwicklung einer Verratsdoktrin zeigen an, wie schwierig eine eindeutige Aussage ist, ob die Folter auf bestimmten Ebenen oder in bestimmten Bereichen der Rechtspraxis angewandt wurde.

Die Befreiung des Rechts

Angesichts der politischen und kulturellen Revolutionen, die das Ende des 18. Jahrhunderts begleiten und den Frieden des frühen 19. Jahrhunderts bedrohen, fällt es schwer, die große Bedeutung des Strafrechts und der Rechte von Bürger und Untertan tatsächlich wahrzunehmen. Trotz der bürgerlichen und militärischen Leidenschaften, die die revolutionären und die napoleonischen Kriege weckten, und trotz der Blutbäder des Revolutionsterrors sahen die Denker der Aufklärung ebenso wie die sozialen und politischen Reformer im Recht eines ihrer wichtigsten Werkzeuge. Befreit von den häßlichen Verkrustungen aus Jahrhunderten der Privilegien und der Tyrannei, gereinigt von Archaismen und ritueller Rohheit und in Einklang gebracht mit dem, was der Mensch an hoher Vernunft und edlem Gefühl hervorzubringen vermag, war das Gesetz des frühen 19. Jahrhunderts dazu angetan, dem Bürger jene Rechte und Freiheiten zu gewähren, die eine Verfassung nach der anderen kategorisch zum natürlichen Recht aller Menschen erklärt hatte. Selbst das Nationalgefühl des frühen 19. Jahrhunderts, das auch einiges Interesse an einer ethnischen Rechtsgeschichte aufleben ließ, konnte die Harmonie aus allgemeinen Menschenrechten und spezifisch nationalen Rechtssystemen nicht stören. Mit Ausnahme Englands, das sich einen eigenen Mythos einzigartiger, verfassungsmäßiger Freiheiten aufgrund eines unsystematischen Gewohnheitsrechts geschaffen hatte (oder von anderen hatte schaffen lassen), hätten die meisten europäischen Staaten dieser Zeit der Metapher des französischen Revolutionärs Sieyès zugestimmt – daß der Schlüssel zum Recht die Gleichheit sei, daß das Recht als ein riesiger Planet gesehen werden müsse, von dem alle Menschen gleich weit entfernt seien, und daß dieser gleiche Abstand bedeute, daß das Recht gleichermaßen Garant der Vernunft, der Gerechtigkeit und der Gleichheit sei. Nicht länger verlieh der Staat Rechte, er schützte die bereits vorhandenen. Und seine Aufgabe war sowohl eine moralische als auch eine politische.

Dieser große Traum der Vernunft ruhte, wenigstens für kurze Zeit, auf tragfähigen institutionellen Reformen von weiter sozialer und politischer Akzeptanz. Das England von Blackstone und Bentham, das Frankreich von Nicholas, Dupaty und Périer (und ungeachtet Muyart de Vouglans'), das Österreich von Sonnenfels und die Lombardei der Gebrüder Verri – sie alle liefern Belege dafür, daß sich das Strafrecht schon lange vor den politischen Unruhen des Jahrhundertendes auf der breiten Straße zur Reform befand.

Hinter beiden Bewegungen standen die großen Probleme des Strafrechts des 18. Jahrhunderts – die Reform der Strafen und die Frage des Beweises. Das englische Beispiel, wenn auch nur selektiv publiziert, hatte längst gezeigt, daß es zu einer Verurteilung eines Geständnisses nicht bedurfte und daß ein Strafrechtssystem, das sich nicht auf das Geständnis stützte, ja, das Aussagen des Angeklagten nicht einmal zuließ, gleichwohl eine zivilisierte und relativ gesetzestreue Gesellschaft zu zieren vermochte. 1675 hatte Friedrich Keller nicht nur das alte Israel, sondern auch das Aragonien und England seiner Zeit als mustergültige, zivilisierte Länder herausgestellt, die die Folter nicht anwendeten. Im späten 18. Jahrhundert wurde Preußen für andere Reformer in ähnlicher Weise zum Vorbild. Die Entwicklung eines alternativen Straf- und Beweissystems auf dem Kontinent und das Auftauchen psychologischer und sozialer Theorien, die Haft und Buße über Hinrichtung und Verdammung stellten, schienen in der Sphäre des Rechts vielen jener Werte zum Durchbruch verholfen zu haben, die Publizisten und Philosophen in der Sphäre der Moral proklamiert hatten.

Wenn das Zeitalter der Revolution nichts anderes bewirkt hätte, so bleibt, daß es, was die juristischen Berufe angeht, ein allgemeines Gefühl und eine verfahrenstechnische Reform zusammenbrachte, deren Wächter zu sein diesen Berufsstand mit Stolz erfüllte. Es fällt auf, daß in dieser Zeit, in der die verfassungsmäßigen und politischen sowie die schnell folgenden wirtschaftlichen und sozialen Veränderungen im Mittelpunkt der meisten Berichte stehen, so viele Bilder aus dem Bereich des Strafrechts die Ereignisse beherrschen. Der Sturm auf die Bastille, die Guillotine, die Erkenntnis der Folter als unmenschlich und irrational, die Konzentration auf das Strafrecht selbst als ein Mittel der sozialen Repression – all dies gehört zu den eindrücklichsten Bildern nicht nur der Französischen Revolution, sondern des Revolutionszeitalters ganz allgemein. Das Strafverfahren erschien als Produkt einer zutiefst verabscheuten Vergangenheit, als Inbegriff der allgemeinen Ungerechtigkeit und Unmenschlichkeit und als anspornendes Symbol einer idealen, gerechten Gesellschaft. Welche Kräfte auch hinter den Strafrechtsreformen gestanden haben mochten, zu denen es ein Jahrhundert vor der Revolution gekommen war – das Werk der Philosophen und Publizisten versah diese Reformen und den sie tragenden Berufsstand, die Richter und Anwälte, mit dem Gütesiegel der revolutionären Zustimmung und eines aufgeklärten Humanismus.

Neue Gesetzbücher folgten auf die Welle der Reformen, die am Ende des 18. Jahrhunderts zur Abschaffung der Folter geführt hatten, und obwohl Beccarias Schrift *Über Verbrechen und Strafen* von 1764 wenig zu einer gesetzlichen Abschaffung beigetragen haben mag, so hatte sie doch großen Einfluß auf die Philosophie der Strafrechtsreform und das Denken jener, die sie durchsetzten. Nun wurde das Gefängnis nicht nur zu einer der wichtigsten Formen der Strafe, sondern die Gefängnisreform selbst ein Thema, mit dem sich aufklärerische Werte zur Sprache bringen ließen. John Howard verglich in seinem 1777 veröffentlichten Buch *The State of the Prisons* die Haftbedingungen in England und Frankreich und löste damit eine lebhafte Diskussion aus. Das Aufkommen des Utilitarismus, der ebenfalls das Augenmerk auf das Strafrecht und die Frage der Bestrafung lenkte, trug wesentlich dazu bei, die allgemeine Besorgnis über die in den Haftanstalten herrschenden Zustände zu vergrößern. Vor allem Jeremy Bentham, von Hause aus Jurist, befaßte sich intensiv mit der Beziehung zwischen utilitaristischer Philosophie und den Institutionen des Rechts. Und so wurde schließlich die Gefängnisreform zur zentralen philanthropischen Forderung des frühen 19. Jahrhunderts, selbst in der einen oder anderen Weise auch vom Humanismus der Aufklärung inspiriert.

Am Ende dieser Epoche stand die Entwicklung regulärer Polizeiverbände und ein gleichermaßen intensives Interesse an ihrer Ausbildung und an der Beachtung der Bürgerrechte. Die wirksamere Verfolgung von Verbrechern auf der einen Seite und das humane Bemühen um deren Besserung auf der anderen bedeuteten ein Ideal, an dem gemessen die alte Zeit der Folter und der brutalen Exekutionsmethoden noch abstoßender erschien. Folter und Exekution gehörten in eine Welt, die man nicht nur überwunden, sondern ganz und gar vernichtet hatte. Vernunft und Humanität machten ihre Rückkehr unmöglich.

Der Abscheu vor der Folter als Symbol der Greuel des *Ancien régime* war so groß, daß nicht einmal die sittlichen Leidenschaften der Revolution und der folgenden Reaktion ihre Rückkehr anregten. Weder die Revolution selbst noch der spätere Terror berichten von Folter – weder die Presse der Emigranten noch die royalistische Presse (nach 1814) erwähnen sie. In der Vendée nicht ein Wort davon. Diese Tatsache zeigt den wirklichen Einfluß von Autoren wie Voltaire und Beccaria – ihre Schriften hatten die Folter schlicht zu etwas völlig Undenkbarem gemacht und vertraut, daß die Reform des Rechts und der juristischen Berufe sie auch zu etwas Unausführbarem machen würde.

Die Rechtsreform, sei es im spezielleren Sinne als Konkretisierung universal gültiger Grundsätze der menschlichen Vernunft oder, allgemeiner, als Manifestation kollektiver nationaler Erfahrung und eines ebensolchen Charakters, verlieh dem Gedanken der Legalität, ihrer Beziehung zu den Rechten der Bürger und der Verantwortung der juristischen Berufe eine neue, öffentliche Dimension. Wenn der Staat dazu da war, das Recht – sei es auf Eigentum oder auf Freiheit – zu garantieren und zu schützen, dann waren diese Rechte dem Staat in mancher Hinsicht übergeordnet oder zumindest so souverän. Im Frankreich des 19. Jahrhunderts scheint beispielsweise weder ein Herrscher noch eine herrschende Körperschaft je vorgehabt zu haben, sich in die Angelegenheiten des Rechts einzumischen. Dazu sagt Alec Mellor:

> Die Tradition eines Fouché [der Polizeiminister Napoleons, der oft genug Spitzel und Betrug einsetzte, niemals aber die Folter, und der Balzac das Vorbild für seinen Vautrin lieferte] blieb [im 19. Jahrhundert] lebendig und zeigte sich auch und vor allem in den Salons, aber weder die oppositionelle Presse noch die Literatur erwähnt Folterknechte.
> Weder der leibhaftige Vidocq noch der fiktive Javert nehmen finstere Gestalten der Wirklichkeit vorweg. Die autoritärsten Minister – selbst Casimir Périer – blieben im Prinzip Liberale und unbeugsam dem Gedanken der Legalität verpflichtet.
> Die Richterschaft, fast ausschließlich aus dem Großbürgertum, gebildet, wohlhabend, verband eine natürliche Seßhaftigkeit mit der steten Sorge um die Erhaltung ihres Amtes. »Der Polizeirichter«, schrieb Duverger, Untersuchungsrichter in Niort, in seinem *Manuel du juge d'instruction* von 1839, »soll niemals ein Verfahren eröffnen, bevor er sich nicht in ausreichendem Maße auf rein legalem Wege informiert hat; ein vorschnelles Eintreten in einen Fall läßt alles zur Spionage, zur Inquisition verkommen und besudelt die Justiz.« (*La torture*, 1949, S. 173)

In weiten Teilen Europas mögen Richter wie Duverger konservativ gewesen sein, in politischer und sozialer Hinsicht in Fragen des Strafvollzuges unbarmherzig und hart – was jedoch das Verfahren und die Legalität angeht, scheinen sie sich durchweg eine liberale Haltung bewahrt zu haben. Die politische Führung hat sie im großen und ganzen in dieser Haltung bestärkt, so daß für ein Jahrhundert das Recht zur größten Errungenschaft der neuen Staaten wurde – geschützt, isoliert und ungehindert, die Freiheiten der Bürger zu wahren und nicht nur Recht zu sprechen, sondern auch der Gerechtigkeit zum Sieg zu verhelfen. Wie es Pierre-Henri Simon anschaulich formuliert hat:

Das 19. Jahrhundert war weit davon entfernt, unbefleckt zu sein; in Bürgerkriegen, in sozialen Auseinandersetzungen, bei der Unterdrückung nationalistischer Revolutionen floß reichlich Blut: das Blut der Seidenweber von Lyon und das der Arbeiter von Paris; das Blut der Kommunarden; das Blut der Polen, die von den Armeen des Zaren hingemetzelt wurden; das Blut liberaler Italiener, die von ihren eigenen Duodezfürsten erschossen oder gehenkt wurden; das Blut der Kabylen und der Buren. Und doch legte das Jahrhundert eine Form von Bescheidenheit an den Tag, die das unsere nicht mehr kennt – selbst wenn seine Tribunale Unschuldige verurteilten, selbst wenn sie nach sozialer Klassenzugehörigkeit Recht sprachen, erhielten sie sich genug von jenem humanistischen und christlichen Geist der Menschenrechtserklärung selbst und einem davon inspirierten Strafrecht, um diejenigen vor der Folter zu bewahren, die sie unter Anklage stellten. [...] Wie verhärtet sie auch gewesen sein mögen – weder Vautrin noch Javert wäre je in den Sinn gekommen, daß sie das Recht haben könnten, einen Verdächtigen zu foltern.

Die ersten Historiker der Folter, Henry Charles Lea und seine Nachfolger, wuchsen in eben dieser Atmosphäre auf, ob nun in den Vereinigten Staaten, in England oder auf dem Kontinent. Für sie und ihre Zeitgenossen war eine lange, grausame und archaische Geschichte im späten 18. Jahrhundert zu Ende gegangen. Sittliche Argumente hatten diesem Wandel Schwung und Richtung gegeben, und das 19. Jahrhundert war zuletzt frei von seinen Nachwirkungen. Die Befreiung von der Folter war ein Meilenstein in der Geschichte der Menschheit, eine Errungenschaft von ewiger Dauer, in der das 19. Jahrhundert eine der größten moralischen Lektionen für die Menschheit, einen wirklichen Schritt zur Befreiung von der Herrschaft des Aberglaubens und der Gewalt sah.

Am Rande des Rechts

Als William Blackstone um 1769 in seinem Werk *Commentaries on the Laws of England* kurz auf die Folter zu sprechen kam, tat er diesen Punkt als nicht zum Thema gehörig ab – die Folterbank sei, so schrieb er, »ein Werkzeug des Staates, nicht des Gesetzes«. Was Blackstone, der sich auf die juristische Literatur, aber auch auf die seit Fortescue geübte Rechtspraxis berufen konnte, damit zum Ausdruck brachte, war, daß Folter nicht Bestandteil des *Common Law* geworden war und daß, war sie gelegentlich angewendet worden, dies ausschließlich durch politische Organe und mit politischer Zielsetzung geschehen war. Im großen und ganzen ist Blackstones Urteil zutreffend und genau, auch wenn die Folter, wie die Forschungen von Langbein und Heath ergeben haben, dem englischen Strafrecht im 16. und 17. Jahrhundert nicht ganz fremd war. Blackstones Bemerkung kennzeichnet jedoch nicht nur das 19. Jahrhundert insgesamt, weil die Folter, praktisch aus allen kontinentaleuropäischen Strafgesetzbüchern und Rechtssystemen eliminiert, ein potentielles Werkzeug des Staates blieb, sondern auch das 20. Jahrhundert, in dem sie, nach wie vor unvereinbar mit den meisten Strafgesetzen, zunächst im Gebrauch politischer, dann aber auch legaler Instanzen wieder auftauchte.

»Staat« für Blackstone konstituierte sich durch den König, königliche Bedienstete und den Kronrat – ein Verständnis, das ein Jahrhundert nach der Glorreichen Revolution und angesichts des gemäßigten Absolutismus' der hannoverschen Monarchie durchaus seine Berechtigung hatte. Blackstones »Staat« beruhte noch auf einem weitgehend personalisierten und privatisierten Begriff von Herrschaft, und dem entsprach, daß für das *Ancien régime* der Hochverrat im wesentlichen noch ein persönliches Verbrechen am Monarchen, an seiner Person, seiner Familie und seinen Dienern war. In dieser Hinsicht unterschieden sich die Vorstellungen von Verrat, wie sie das 18. Jahrhundert hatte, nicht sehr von denen des Römischen Reiches, wie sie ihren Niederschlag im römischen Recht gefunden hatten, das ja seinerseits nach dem 12. Jahrhundert die meisten europäischen Rechtssysteme beeinflußt hatte. Im römischen Recht war der Verrat, wie wir gesehen haben, ein außergewöhnliches Verbrechen, und eine entsprechende Anklage eröffnete einen sicheren Weg, die üblichen Verfahrensweisen und die damit verbundenen status- und klassenbedingten Schutzbestimmungen zu umgehen. Selbst bei freien Bürgern und Untertanen, die normalerweise nicht mit den schwersten Strafen zu belegen waren, führte Anklage wegen Verrats zur Folterung, und dies wiederum zur Folter auch in anderen Fällen, einige davon am Rande oder außerhalb der Grenzen des reformierten Rechts.

Wie im Fall des Strafrechtsverfahrens und des Krieges, änderte sich die Auffassung von Verrat im Laufe des 18. Jahrhunderts; bezog sich zu Beginn des Jahrhunderts der Begriff noch auf die Person des Herrschers, so an seinem Ende auf den Staat oder das Volk als Abstraktum. Die französischen Revolutionäre sprachen nicht mehr von *lèse-majesté*, sondern von *lèse-nation*, also von der Beleidigung der Nation und nicht mehr ausschließlich der der Majestät, die den Staat verkörperte. Während des 19. Jahrhunderts wurden die europäischen Staaten sehr viel klarer gegliederte und mächtigere Gebilde, als sie es zur Zeit Blackstones gewesen waren. Ihre Stärke beruhte auf der Fähigkeit, enorme Ressourcen zu mobilisieren, und auf einem sehr viel weiter gefaßten Begriff der Legitimität von Herrschaft. Pragmatische Rationalität und regional-nationale Solidarität machten den Staat zum Vehikel der Völker, *ethne*. Die Berufsjuristen und die gesetzgebenden Institutionen des Staates, ihres Liberalismus' und einer aufgeklärten Jurisprudenz sicher, konnten sich im 19. Jahrhundert noch weitgehend den Glauben leisten, eine Stärkung der staatlichen Macht vergrössere zugleich den Schutz des Bürgers, der Staat, wie mächtig auch immer, sei Wachhund und Hüter apriorischer und nun öffentlich anerkannter Menschenrechte, ein größerer und stärkerer Hüter als je zuvor. Und diese Rechte wurden immer mehr Mitgliedern der Gesellschaft zuerkannt.

Weder Blackstone noch irgend jemand sonst – ausgenommen einige, die die Exzesse der Französischen Revolution als Ankündigung einer neueren und gewalttätigeren Art von Staat ansahen – hätte sich das Maß an Macht vorstellen können, über das die Staaten des späten 19. und des 20. Jahrhunderts geboten. Im frühen 20. Jahrhundert war mancher mächtig genug geworden, konventionelle Gerichtshöfe praktisch abschaffen und die Gesetzesvorschriften ignorieren zu können, um mit Hilfe weltanschaulicher Rechtfertigungen das Recht nach Bedarf und Gutdünken umzuschreiben oder außer Kraft zu setzen.

Blackstone hätte aber ebensowenig jenen Augenblick vorhersehen können, in dem der Staat seinerseits im Namen oder im Dienst des Volkes oder einer Ideologie in eine untergeordnete, nur noch instrumentale Rolle gedrängt werden konnte – und mit ihm das Recht. Eine solche Transformation des Staates war weder Blackstone noch den ersten Historikern der Folter zu Zeiten des *Ancien régime,* H.C. Lea und seinen unmittelbaren Nachfolgern, vorstellbar. Die Befürchtungen Leas, wie seine späteren Meisterwerke zur Geschichte der mittelalterlichen und der spanischen Inquisition deutlich machen, galten der Reinstitutionalisierung einer Religion und weniger den möglichen Übergriffen des säkularisierten Staates. In den Augen der liberalen Rechtshistoriker des 19. Jahrhunderts war der rationale moderne Staat die Schutzmacht, die die Wiederkehr einer autonomen willkürlichen kirchlichen Macht verhinderte und deren beste Waffe das Recht war.

Als in unserem Jahrhundert einige Staaten begannen, die schützende Funktion des Rechts zu ignorieren, zunächst in politischen, außerrechtlichen Bereichen, dann aber auch in jenen der traditionellen, routinemäßigen Rechtspflege, trat plötzlich sowohl die große Macht als auch die Verwundbarkeit des modernen Staates deutlich zutage. Den alten Vorstellungen von Verrat zufolge war dieser gleichbedeutend mit dem Angriff auf eine bestimmte Person, auf den Herrscher, der dadurch in eine gleichsam meßbare Gefahr geriet. Im 20. Jahrhundert nun war das Verbrechen sehr viel schwerwiegender, wenn auch weniger spezifisch, ging es nun doch um die Zerstörung eines Volkes oder Staates insgesamt. Ein ganzes Volk oder den Staat überhaupt zu zerstören, war viel ungeheuerlicher als der Anschlag auf einen einzelnen Menschen, mochte dieser auch hochstehend sein. Wie aber zerstörte man ein Volk oder einen Staat? Wie schritt man gegen die Revolution eines Volkes ein? Je abstrakter Begriffe wie Verrat oder konterrevolutionäre Aktivität wurden, desto weitreichender und zugleich unbestimmter wurde die Natur der entsprechenden Vergehen.

Die Folter tauchte zunächst im Zusammenhang mit der Arbeit der revolutionären Sonderkommissionen, die zwischen 1917 und 1922 im alten Russischen Reich am Werk waren, dann im faschistischen Italien und in Spanien und schließlich im nationalsozialistischen Deutschland wieder auf, durchgesetzt von revolutionärer, parteiengebundener oder staatlicher Autorität und später – unter bestimmten Umständen – auch durch normale rechtliche Instanzen. Die frühen Rechtshistoriker von Blackstone bis Henry Charles Lea hätten für diesen Vorgang keine Erklärung gehabt. Die Geschichte der Folter muß zunächst auf der anderen Seite des Wendepunktes, den die Zeit von 1917 bis 1945 darstellt, aufgenommen werden.

Einer der ersten und leidenschaftlichsten Versuche, dies zu tun, ist der des französischen Juristen Alec Mellor, dessen bemerkenswerte Arbeit zum Thema Folter, *La torture*, von 1949 nach der Aufdeckung der Folterungen in Algerien 1961 in einer zweiten Ausgabe erschien. Eine gewissermaßen dritte Auflage dieses Buches unter dem Titel *Je dénonce la torture* veröffentlichte Mellor 1972 nach dem Tumult, den das Erscheinen der Memoiren des Generals Jacques Massu im Jahr 1971 verursacht hatte (vgl. Kap. 5). Nach kaum mehr als einem Jahrzehnt sah sich Mellor genötigt, seine ursprüngliche Geschichte, in deren Mittelpunkt die Tscheka und die Gestapo gestanden hatten, zu überarbeiten, da in dieser Zeit die Folter auch in Frankreich zurückgekehrt war – und in dem Jahrzehnt nach 1961 allem Anschein nach in der ganzen Welt.

Mellors Darstellung des 19. und 20. Jahrhunderts sei hier kurz und kritisch skizziert, da sie eindrücklich jene Bereiche staatlicher Aktivität behandelt, die sich außerhalb des Rahmens der Jurisprudenz entwickelten und in denen die Folter erstmals wieder zur Anwendung kam. Nach Mellor gibt es drei Hauptursachen für das Wiederauftauchen der Folter: das Erscheinen des totalitären Staates, dessen Endprodukt die UdSSR war; die durch die moderne Kriegsführung begründete Notwendigkeit, »um jeden Preis, in jedem Augenblick und stets mit höchster Dringlichkeit zu nachrichtendienstlichen Erkenntnissen zu kommen, was zur Schaffung spezieller Dienste und auch spezieller Verhörmethoden führte«; und schließlich als dritte Ursache das, was Mellor »Asianismus« nennt, vage definiert als staatliche Praxis, verstärkt Spitzel einzusetzen und bei der Behandlung von Gefangenen keinerlei Zurückhaltung zu üben. Dieser »Asianismus« sei, so Mellor, durch den Russisch-Japanischen Krieg von 1905 über den »sowjetischen Kanal« nach Europa gelangt.

Das Buch von Mellor, das nie ins Englische übersetzt wurde, ist auf harte, berechtigte Kritik juristischer Experten gestoßen, die sich vor allem an den leidenschaftlichen, unreflektierten Anachronismen des Autors, an seiner oberflächlichen, ethnozentrischen Verurteilung des »Asianismus«, seinem erbarmungslosen Anti-Marxismus und seinem moralisierenden Ton gestoßen haben. Doch ist Mellor von Beruf Jurist, und seine Leidenschaftlichkeit beeinflußt sein Urteil und sein bewundernswert umfangreiches Wissen vor allem deshalb, weil er selbst Zeuge der Aushöhlung von Grundsätzen der Rechtsprechung und des Humanismus hatte werden müssen, die im aufklärerischen 18. und im frühen 19. Jahrhundert formuliert worden waren. Noch zu seinen Lebzeiten schienen diese Grundsätze, wie er meinte, auf barbarische und groteske Weise durch die Wiederbelebung jener Welt aufgehoben zu werden, von der man angenommen hatte, sie sei spätestens um die Mitte des 19. Jahrhunderts endgültig untergegangen. Für Mellor besteht kein Unterschied zwischen den Herrschern moderner Folterstaaten und den spätrömischen Kaisern oder den mittelalterlichen Inquisitoren. Er betrachtet diese Staaten als bloße – technisch überlegene – Wiedergeburten der früheren totalitären Kaiserreiche und zwangsherrscherlichen Kirchen, säkularisiert, blasphemisch und deshalb auf schreckliche Weise effektiver als ihre Vorgänger. Bei diesen modernen Staaten zwingt darüber hinaus keine herrschende Elite einer widerstrebenden Bevölkerung ihren Willen auf, sondern sie spiegeln den Willen ihrer Bürger wider und sprechen eine Herrschenden und Beherrschten gemeinsame Sprache, eine Sprache, die die Feinde des Volkes, des Staates, der Partei oder der Revolution als Frevler wider den Gottesstaat des totalitären Zeitalters denunziert. Das Vorgehen Frankreichs in Algerien nach 1954 war nicht geeignet, Mellor zu besänftigen, und das, was er aussprach, löste bei einer großen Zahl französischer Intellektueller – von Jean-Paul Sartre bis Pierre Vidal-Naquet – lebhaftes Echo aus. Ja, ein großer Teil der nach 1945 zum Thema »Folter« erschienenen Literatur weist eine der Mellorschen ähnliche Tonlage auf.

Doch trotz aller gebotenen Vorsicht ist es notwendig, einige der

Beobachtungen Mellors zum 19. und 20. Jahrhundert zu rekapitulieren, da manche von ihnen sehr zutreffend sind. Bei seiner Erörterung des totalitären Staates, der ersten Ursache für das Wiederaufleben der Folter, skizziert er die Umwandlung des »Wächterstaates« der politischen Theorie des 19. Jahrhunderts in den instrumentalen Staat, den Adolf Hitler in *Mein Kampf* beschreibt:

> Die Grundidee ist, daß der Staat nicht Zweck, sondern Mittel ist. Er ist sicherlich die Grundvoraussetzung für die Bildung einer menschlichen Zivilisation von höherem Wert, nicht aber ihre Ursache. Diese ruht allein und ausschließlich in einer Rasse, die für die Zivilisation bereit ist. (II.2)

Die Vorstellung einer höheren Rasse, der der Staat als Werkzeug zur Erschaffung einer »Zivilisation« von höherem Wert dient, beinhaltet auch, daß diese das Strafrecht als »Mittel im Kampf gegen die Reste einer Vergangenheit benutzt, die nie wiedergeboren werden darf, und als eine Waffe, die sicherstellt, daß sich eines Tages eine weit überlegene menschliche Ordnung durchsetzen wird«. Mellor argumentiert sodann, daß die UdSSR zu genau dieser Art von instrumentalem Staat wurde, ja, zu seinem vollkommensten Repräsentanten. Er sieht hier Parallelen zum späten römischen Kaiserreich, zu dessen vergöttlichten Herrschern, dem autokratischen Verwaltungsapparat, der harten Unterdrückung jeder Unorthodoxie und dem Gedanken vom Verbrechen des Sakrilegs.

In der Erläuterung der zweiten Ursache für das Wiederaufleben der Folter, dem Bedarf der modernen Armeen an schnellen, detaillierten und vielschichtigen Informationen, zeigt Mellor, daß diese nicht zuletzt von Gefangenen ohne Rücksicht auf die geltenden Regeln (die ein deutscher General einmal als bloße Überbleibsel »chevalresker« Vorstellungen von Kriegführung abtat) erpreßt werden müssen. Für Mellor sind auch die modernen Methoden der Nachrichtensammlung eine Errungenschaft des Russisch-Japanischen Krieges von 1905, ebenso die weitere Entwicklung der Techniken der Spionage und Gegenspionage, das Auftreten spezieller Kader, die diese Arbeit verrichten, und die sich wandelnde Auffassung von der Bedeutung des Spions im Kontext der internationalen Beziehungen. Er stellt dabei fest, daß der Beruf des Spions vor allem in der Zeit zwischen dem Russisch-Türkischen Krieg (1877–78) und dem Russisch-Japanischen Krieg (1905) langsam seine Anrüchigkeit verlor und dafür jenen Glanz gewann, den er noch bis in die allerjüngste Vergangenheit hatte. 1914 konnte sogar ein Sohn Kaiser Wilhelms II. mit der Einwilligung seines Vaters als Spion agieren. Mellor geht auch auf die wirtschaftlichen, industriellen und kulturellen Dimensionen ein, die der Spionage zusätzlich zu ihren militärischen und diplomatischen zuwuchsen, und erörtert die Antwort der Staaten des späten 19. Jahrhunderts auf dieses neue Phänomen, die beispielsweise in Frankreich darin bestand, aus dem *Deuxième Bureau* der militärischen Welt des Zweiten Kaiserreiches die DST *(Direction de la Surveillance du Territoire)* zu machen.

Schließlich befaßt Mellor sich mit der Ausbreitung der Folter unter den neuen Bedingungen der vergrößerten Macht und Verwundbarkeit des Staates in der Sowjetunion, im faschistischen Italien und im nationalsozialistischen Deutschland, außerdem mit dem Auftauchen der »Politfolter« in den Vereinigten Staaten, in Argentinien und Frankreich sowie mit dem Aufbau von Geheimdiensten, die ihre »besonderen« Verhörmethoden haben. Die abschließenden Kapitel seines Buches sind den sozialen, medizinischen, rechtlichen und moralischen Problemen gewidmet, die sich aus dem Wiederaufleben der Folter ergeben haben.

Jede Darstellung der Wiederkehr der Folter im späten 19. und im 20. Jahrhundert muß die Argumente von Mellor berücksichtigen, von denen manche praktisch nicht zu widerlegen sind. Aber seitdem ist sehr intensiv Forschungsarbeit geleistet worden, und so bedürfen einige seiner Anschauungen auch der Überprüfung und Korrektur, traditionelle Positionen sind einzubeziehen, Anachronismen zu beseitigen und Leidenschaften im Interesse der Genauigkeit zu dämpfen. Dennoch bleibt Mellors Abriß wichtig. Er berichtet nicht zuletzt auch davon, wie Praktiken, die zu Beginn des 19. Jahrhunderts noch außerlegal waren, allmählich gewissen Bereichen der Staatsmacht weniger abstoßend erschienen, und wie das Recht, zu Anfang des Jahrhunderts dem Staat noch vorgeordnet und von ihm geschützt, allmählich und weitaus gründlicher, als sich Blackstone das hätte vorstellen können, zu einem »Werkzeug des Staates« wurde – und die Folter damit zu einem »Werkzeug des Rechts«.

Obwohl keine Auseinandersetzung mit der Frage nach dem Beitrag des 19. Jahrhunderts zur Wiederbelebung der Folter um Mellor herumkommt, muß sie sich nicht notwendig an dessen Perspektive oder Strukturierung des Stoffes halten. So liegt eine gewisse Logik darin, sich zuerst die Praktiken der Polizei anzusehen, da hier eine enge Verbindung zu denen der gewöhnlichen gerichtlichen Instanzen gegeben ist. Sodann können wir uns mit den militärischen Nachrichtendiensten und der Spionage befassen und, daran anknüpfend (und von Mellor kaum behandelt), zum einen mit dem Auftauchen einer Doktrin, die die Einführung neuer Kategorien des politischen Verbrechens und die Unterordnung des Rechts unter das Rechtsempfinden des »Volkes« – was im Deutschen als »Volksempfinden«* bezeichnet wird – ermöglichte und umsetzte, indem das Gesetzesrecht und das traditionelle Verfahren in ein Verwaltungsrecht und ein *ad-hoc*-Verfahren umgewandelt wurden, zum anderen mit einer parallel dazu entwickelten ähnlichen Doktrin, die das Gesetzesrecht nicht zu seinem Vorteil an den Forderungen einer revolutionären Ideologie und Bewegung maß. Abschließend wollen wir uns dann mit dem ersten Auftauchen der Folter in revolutionären und faschistischen Staaten befassen und mit dem Schock in allen liberaldemokratischen Ländern, als sich herausstellte – wie in Algerien nach 1954 – daß die Folter viel weitere Verbreitung erreicht hatte, als die Erfahrung mit Rußland, Italien, Spanien und Deutschland hatte erwarten lassen.

Die Polizei und der Staat

Mit der Reform des Strafverfahrens im späten 18. Jahrhundert und dem Erscheinen neuer, den Rechtsreformen entsprechender Gesetzbücher im frühen 19. Jahrhundert trat ein drittes Element des modernen Strafrechts in Erscheinung, die Polizei. Der Aufbau einer Polizei und die Gefängnisreform gingen im frühen 19. Jahrhundert nicht nur zusammen, sondern sie waren beide auch Gegenstand eines sehr lebhaften internationalen Meinungs- und Erfahrungsaustauschs, wofür nur der Besuch Alexis de Tocquevilles in Amerika und der von John Howard in Frankreich als Beispiele genannt seien. Verbrechen, Gefängnis, Verbrecher und Polizei waren Fragen, die zu dieser Zeit sehr Viele beschäftigen, und die unterschiedlichen Antworten sind bezeichnend für die Geschichte der modernen Strafjustiz. Der Historiker Samuel Walker hat diese Entwicklung zutreffend zusammengefaßt:

* Im Original Deutsch »Volksgewissen«.

Drei neue Institutionen bildeten sich zwischen 1820 und 1870: die Polizei, das Gefängnis und die ersten Einrichtungen für Jugendliche. Alle waren dazu bestimmt, das menschliche Verhalten zu regulieren, zu kontrollieren und zu formen. Was die Polizei angeht, so hat Alan Silver darauf hingewiesen, daß sie für einen beispiellosen sozialen und politischen Vorgang stand, für »die ›Durchdringung des täglichen Lebens durch die zentrale politische Autorität, und deren ständige Präsenz darin.‹ Das Dasein unterlag nun ständiger Überwachung, ›nicht akzeptierbares‹ Verhalten wurde bestraft. In gleicher Weise war im Gefängnis das Leben eines jeden Häftlings unausgesetzter Beobachtung und Kontrolle unterworfen. Der französische Historiker Michel Foucault hat in seiner Geschichte des Gefängnisses [*Überwachen und strafen*] die Auffassung vertreten, daß Fabrik, Schule, Polizei und Gefängnis ein gemeinsames Anliegen hätten, nämlich das Verhalten zu kontrollieren oder zu ›disziplinieren‹ und zu ›strafen‹.« (*Popular Justice*, 1980, S. 56)

Obwohl manche dieser Feststellungen eindeutig übertrieben sind und für das 19. Jahrhundert allenfalls teilweise zutreffen, bedeutet das Auftauchen des Gefängnisses und der Polizei in der Geschichte der Strafjustiz zweifellos einen Wendepunkt, der jedoch in der Praxis nicht völlig mit den Reformidealen des späten 18. und des 19. Jahrhunderts übereinstimmte.

Zudem entwickelten die verschiedenen Gesellschaften verschiedene Arten von Polizeiapparaten. In England, wo die Polizei das Ergebnis jahrzehntelanger Untersuchungen und politischen Manövrierens war, von Henry Fieldings *Enquiry into the Causes of the Late Increase of Robbers* aus dem Jahr 1754 bis zu Sir Robert Peels Gründung der Polizei 1829, glich die entstehende Organisation mehr der zeitgenössischen Armee als dem alten, ungeordneten System der Gemeindewachtmeister. Seit den *Gordon Riots* im Jahr 1780 und den berüchtigten *Peterloo Massacre* 1818 waren die englischen Politiker immer unzufriedener geworden mit dem alten Konstabler-System, hatten aber zugleich an ihren Bedenken bezüglich eines Einsatzes der Armee zur Unterdrückung ziviler Rebellionen festgehalten. Beides führte schließlich zur Schaffung einer Polizei, die deutlich weder das eine noch das andere war. Die unermüdlichen Anstrengungen Sir Robert Peels und anderer hoher Polizeibeamter halfen, lokale Autoritäten, denen der Verlust ihres Gemeindewachtmeisters mißfiel, zu beruhigen und die Befürchtung liberaler Politiker, eine zu starke Polizei (vor allem eine nach Art der *gendarmerie*, wie sie in Frankreich während der Revolution entstanden war) werde die Macht der Regierung in gefährlicher Weise vergrößern und die Innenpolitik aus dem Gleichgewicht bringen, zu zerstreuen. Die englische Lösung war, um uns der Worte des Historikers Eric Monkonnen zu bedienen, die Entwicklung

> einer neuen Art von Bürokratie, die an einem Ort der Gesellschaft angesiedelt wurde, der auf halbem Weg zwischen einer militärischen Streitmacht und der Gruppe von Menschen lag, die es zu kontrollieren galt. Die halbmilitärische Uniform der hauptstädtischen Polizei sollte Ausdruck dieser Position sein, die weder eine zivile noch eine militärische war. [...] Die Uniform symbolisierte die bewußt uneindeutige Stellung der neuen Polizei, denn ihr Aussehen allein machte es unmöglich zu sagen, auf welcher Seite sie stand, auf der des Staates oder der der Allgemeinheit. (*Police in Urban America 1860–1920*, 1981, S. 39)

Durch den Innenminister dem Parlament verantwortlich, blieb die Londoner Polizei stets unter strenger gerichtlicher und parlamentarischer Kontrolle. Sie agierte als Repräsentant der Verfassung und kontrollierte das Verhalten der Bevölkerung, wobei sie dieser gegenüber zwar höflich auftrat, die Distanz jedoch stets aufrechterhielt.

Nach dem Vorbild der englischen *Metropolitan Police* aufgebaut, entwickelte sich die amerikanische Polizei doch in einer ganz anderen Gesellschaft und war bereits zu Beginn des 20. Jahrhunderts eine gänzlich andere Institution. Die Umstände und freie Entscheidung führten in den Vereinigten Staaten zum Aufbau etlicher tausend voneinander unabhängiger Polizeitruppen. Sie alle waren eng mit den jeweiligen lokalen politischen Kräften verbunden, weshalb sie für gewöhnlich auch nur den Interessen eines Teils der örtlichen Bevölkerung dienten. Die Schwäche des Gesetzesvollzugs und der Ermittlungsmaschinerie verdankte sich, um es mit Charles Reith zu sagen, »der Tatsache, daß die Polizei – nach dem Willen des Volkes – Werkzeug und Diener nicht des Gesetzes, sondern der Politik und lokaler, korrupter Kontrolleure dieser Politik werden konnte«. Außer der Polizei waren natürlich auch die örtlichen Staatsanwälte entsprechend verstrickt. Die im frühen 19. Jahrhundert vorherrschende Nachlässigkeit hinsichtlich der Ahndung krimineller Aktivitäten, der weite administrative und richterliche Ermessensspielraum, die im Vergleich zur englischen außerordentlich große Freiheit der amerikanischen Jury, die Zulassung illegal erhaltenen Beweismaterials durch die Gerichte und die Unbeständigkeit und Inkonsequenz ihres Urteilens und Strafens – all dies erhielt der amerikanischen Polizei im großen und ganzen die Freiheit, nach eigenem Gutdünken zu verfahren, wobei sie weniger durch Prinzipientreue und gerichtliche Überwachung im Zaum gehalten wurde als durch politischen und gesellschaftlichen Druck. Ein Ergebnis dieser Entwicklung war der immer lauter werdende Ruf nach einer Polizeireform, ein Echo der gleichzeitigen Forderung einer Gefängnisreform. Diese Bewegung, für die in unterschiedlicher Weise die Übernahme des Postens des New Yorker Polizeichefs durch Theodore Roosevelt und die berufliche Karriere von Richard Sylvester und August Vollmer um die Jahrhundertwende kennzeichnend sind, erbrachte Verbesserungen, die bis 1931 in einzelnen Abteilungen vorgenommen wurden und Stückwerk blieben.

Im selben Jahr berichtete jedoch der ungemein einflußreiche *Wickersham Report*, genauer der *Report of the National Commission on Law Observance and Enforcement*, in größter und schauerlichster Ausführlichkeit über die gewaltsame und willkürliche Vorgehensweise der amerikanischen Polizei. Dieser knüpfte an Berichte und gezielte kritische Stellungnahmen an, die in den vorangegangenen Jahren in Fachblättern wie *Harvard Law Review, University of Pennsylvania Law Review* und *University of Michigan Law Review* erschienen waren, während er wiederum zwei bemerkenswerte, umfassende und an die Adresse eines breiteren Publikums gerichtete Bücher hervorbrachte, Ernest Hopkins' *Our Lawless Police* (1931) und Emmanuel H. Lavines *The Third Degree: American Police Methods* (1933). Der schleppende Fortgang der Polizeireform beschleunigte sich als Folge des *Wickersham Report*, und die Polizeiverfahren wurden mehr in Einklang mit den Anforderungen der Justiz und der Verfassung gebracht. Die Aufdeckung von Folterungen außerhalb eines nur lose geordneten und insularen Justizsystems, mit wenig oder gar keiner Kontrolle über die Polizei und ebensowenig Interesse an dieser, illustriert einen klassischen Aspekt der modernen Polizeigeschichte, nämlich ihr Verhältnis zur Folter und zu anderen Verletzungen von Bürgerrechten. Wenn belastende Aussagen oder gar Geständnisse außerhalb des Zuständigkeitsbereichs der Gerichte erzwungen werden konnten und von den Gerichten als Beweismaterial akzeptiert wurden (ohne daß die Justiz an der Folter beteiligt war oder Kenntnis von ihr hatte), dann brauchte die Folter nicht offiziell Mittel der Jurisprudenz zu sein, um angewandt werden und Einfluß auf die Justiz nehmen zu können.

England hatte Polizei und Öffentlichkeit getrennt, die Polizei zur nationalen Institution gemacht und einer strengen Überwachung durch Justiz und Parlament unterworfen. Die Vereinigten Staaten dagegen hatten die Polizei nur von einem Teil der Öffentlichkeit getrennt, machten sie zu einer lokalen Institution und ließen sie nur durch örtliche Autoritäten überwachen, die kaum juristisch vorgebildet und interessiert waren, was bisweilen auch auf Richter und Anwälte zutraf. Andere westliche Länder wiederum bauten noch andere Polizeiapparate auf und entwickelten dementsprechend auch andere Polizeiverfahren. Die große Schlagkraft und Allgegenwärtigkeit der französischen Revolutionspolizei, die die Gegner von Sir Robert Peels Polizeitruppe so erschreckt hatten, scheinen unter Napoleon und den nachfolgenden Regierungen eingeschränkt worden zu sein. So hat beispielsweise Alec Mellor in Frankreich bis zu der Zeit nach dem Ersten Weltkrieg keine Hinweise auf eine Anwendung der Folter durch die Polizei gefunden. Für ihn setzt sie erst 1929 ein und wird dann bis in die Phase nach dem Zweiten Weltkrieg immer häufiger. Aus dieser Zeit stammt wohl auch die berüchtigte *passage à tabac*, die französische Entsprechung des amerikanischen »dritten Grades« oder Folterverhörs, in etwa gleichbedeutend mit »grober Behandlung« und »Schlägen«. Aber das relativ gemäßigte Vorgehen der französischen Polizei im 19. Jahrhundert könnte auch das Resultat des furchterregenden nachrichtendienstlichen Netzes sein, das sie sogar schon vor der Revolution aufzubauen begonnen hatte, das unter Napoleon durch Fouché verbessert wurde und von seinen Nachfolgern in der Zweiten Republik und im Zweiten Kaiserreich beibehalten worden war. Ausgedehnte polizeiliche Informationssysteme, Vorbeugehaft, die fehlende Möglichkeit, Kaution zu stellen, die doppelte richterliche Instanz des französischen Strafverfahrens, der erforderliche Nachweis eines hinreichenden Tatverdachts als Voraussetzung einer Verurteilung und das Recht des Richters der ersten Instanz, ein Urteil aufgrund innerer Überzeugung zu fällen – all dies scheint in Frankreich in der Zeit vor dem Ersten Weltkrieg sehr gut funktioniert und das Aufkommen von Folterungen – im älteren, herkömmlichen wie im neueren, amerikanischen Sinne – durch die Polizei verhindert zu haben.

So gibt es für das 19. Jahrhundert zwar keinen einzigen Bericht über Folterungen durch die Polizei, wohl aber gewichtige Beweise dafür, daß die Arbeit der Polizei in den Vereinigten Staaten und anderen Ländern – wenn auch nur indirekt – zum späteren Wiederaufleben der

Folter beigetragen hat. Sie komplizierte sich nämlich erheblich, als sich die Polizeikräfte sowohl mit Straftaten als auch mit politischen Vergehen befassen mußten, als sie mehr oder weniger scharf durch andere Regierungsstellen überwacht und statt von einer unabhängigen Justiz von der Staatsführung kontrolliert wurden. Die spätere Geschichte der Polizei in Rußland zeigt das sehr anschaulich. Trotz der Verwaltungsreformen durch Alexander I. und Nikolaus I. im frühen 19. Jahrhundert, die, wie wir gesehen haben, zu einer förmlichen Abschaffung der Folter führten, gab es in Rußland noch bis 1880 eine Reihe verschiedener Polizeitruppen, die verschiedene Verantwortungsbereiche und Machtbefugnisse hatten und von denen einige, wie neuere Forschungen ergeben haben, in den sechziger und siebziger Jahren die Folter einsetzten. Das Gendarmeriekorps, die lokalen und regionalen Polizeieinheiten der Generalgouverneure, die Dritte Abteilung der zaristischen Justizverwaltung und die dem Ministerium des Inneren (MVD) unterstellte Stadtpolizei wurden erst 1880 unter dem Einfluß von M.T. Loris-Melikow zu einer dem Innenminister unterstellten Staatspolizei zusammengeführt. Aber selbst diese durchgreifende Reform scheint kein Erfolg im Sinne der Reformer geworden zu sein, denn bereits 1881 wurden in St. Petersburg und in Moskau voneinander unabhängige Geheimpolizeiorganisationen eingerichtet. Und so kam es wohl in der Hauptsache erst nach 1881 zu einer verbreiteteren Anwendung der Folter durch die Polizei, als nämlich diese Organisationen, Ochrana genannt, für Alexander III. zum wichtigsten Werkzeug der Bekämpfung und Unterdrückung des Terrorismus wurden.

Das Anwachsen der Verwaltungsbürokratie in den meisten Ländern Europas und in Nordamerika im späten 19. Jahrhundert in Verbindung mit Polizeikräften, die entweder unter unabhängiger politischer Kontrolle standen, oder solchen, denen speziell politische Aufgaben zugewiesen worden waren, bot einen guten Nährboden für das Wiederaufleben der Folter – und dies selbst in Ländern mit starker, unabhängiger Justiz und dem gesetzlichen Verbot der Folter. Der Staat hatte sich neben den Richtern andere Beamte zugelegt, denen er die Folter anvertrauen konnte, und ein gesetzliches Verbot bedeutete wenig, wenn es nur für die Richterschaft, nicht aber für andere, ihrer Kontrolle entzogene Staatsbeamte Gültigkeit hatte.

Das Wachstum der staatlichen Sicherheitspolizei, der eigentlich politischen Polizei, ist vielleicht der entscheidende Grund für das

Wiederaufleben der Folter im 20. Jahrhundert. Aber in chronologischer wie in institutioneller Hinsicht geht ihr das zweite der nicht dem Bereich der Justiz zugehörigen Organe des modernen Staates, das Militär, voraus.

Kriegführung, Gefangene und militärischer Geheimdienst

Trotz der durch die Religionskriege des 16. und 17. Jahrhunderts und die dynastischen Kriege des frühen 18. Jahrhunderts erweckten Leidenschaften blieben überkommene Regeln der Kriegführung – zumindest solche, die auf der Ebene der Befehlshaber galten – noch bis ins 19. Jahrhundert anerkannt und wurden manchmal auch beachtet. Als im zweiten Viertel des 18. Jahrhunderts eine Zeit begrenzter Kriege anbrach, fiel dies mit einigen der politischen und sittlichen Veränderungsprozesse zusammen, von denen bereits die Rede war. Wie die Praxis des Rechts, so wurde auch die der Kriegführung einer aufklärerischen Prüfung unterzogen und Kombattanten und Nicht-Kombattanten gleichermaßen betreffende Regeln diskutiert, ausgearbeitet und ebenfalls gelegentlich beachtet. Nach 1792 wurden die Kriege jedoch von ganz neuen Leidenschaften bestimmt, was unter anderem auch Veränderungen in der Behandlung von Gefangenen und in der nachrichtendienstlichen Informationsbeschaffung mit sich brachte.

Zunächst einmal brachte die Uniformität strenger militärischer Disziplin eine Form zwar regulierten und homogenisierten, die Soldaten aber gleichwohl brutalisierenden soldatischen Daseins hervor. Der Ruf der französischen Revolutionäre nach Bürger-Soldaten löste den Prozeß der Identifikation der Sache des Staates mit der des Soldaten aus. Die Armeen Napoleons wurden zu Vorläufern von Bürger-Armeen großen Stils. Wie der Verrat, so war auch der Krieg nicht mehr länger eine Sache allein der Könige und ihrer Minister, sondern eine Sache ganzer Völker, ihrer moralischen Grundsätze und ihrer Gefühle.

Die neuen, größeren, komplizierteren und technisch überlegenen Bürger-Armeen erforderten eigene Regeln und eigene Führer. Diese »Machthaber« verfügten nicht nur über interne rechtliche Autorität, sondern auch über das technische Wissen, das sie in die Lage versetzte, ihre Truppen besser zu bewaffnen und auszurüsten. Die Informationen, die jetzt gefangene Soldaten oder Spione liefern konnten, konnten sich gleichfalls als lebenswichtig erweisen, weshalb man sie schnell brauchte. Das Verhör von Kriegsgefangenen, vorgenommen in der Hitze des Gefechts und geregelt allenfalls durch ein Minimum an durchsetzbaren Vorschriften bezüglich der Behandlung eines Feindes, der ja nicht den Schutz eines gemeinsamen Rechts genoß, ist ein Charakteristikum des modernen Krieges. Selbst die Existenz einer Reihe von internationalen Konventionen, einer umfangreichen Literatur und diplomatischer, die Rechte der Gefangenen betreffender Übereinstimmung haben das Militär nicht gehindert, eigene Regeln für den Umgang mit potentiell informativen Gefangenen zu entwickeln.

Der Schutz gefangener Spione und die Beachtung ihrer Rechte war natürlich noch geringer. Bis zum Ersten Weltkrieg war das Geschäft des Spions ein *métier vil*, ein ehrloses Geschäft, und wenn er gefangen wurde, konnte er nicht mit Gnade rechnen. Im dritten Viertel des 19. Jahrhunderts war die Spionage dennoch eine sehr beliebte Tätigkeit. Man hat geschätzt, daß Preußen im Jahre 1870 um die 30 000 Agenten verschiedenster Art in seinen Diensten hatte. Seit der Mitte des 19. Jahrhunderts erkannten immer mehr Länder den Wert militärischer Geheimdienste und verfuhren zugleich sehr hart mit den Spionen der anderen Seite, die ihnen in die Hände fielen.

Das Beispiel des Kriegsgefangenen und das des Spions veranschaulichen die Autonomie des Militärs und einen vergrößerten Bedarf an nachrichtendienstlichen Erkenntnissen. Beides verdankt sich zu einem Teil der größeren Verwundbarkeit der industrialisierten, urbanen Gesellschaften. Die Beschaffenheit der militärischen Streitkräfte und die neue Forderung nach geheimdienstlichen Informationen setzten sowohl die traditionellen als auch die neuen Ideale einer geordneten Kriegführung (von einem gewissen Maß an Ritterlichkeit bis hin zum diplomatischen Instrumentarium des 19. Jahrhunderts) erheblichen Belastungen aus. Obwohl sich die meisten Staaten zur menschlichen Verantwortung einander bekriegender Feinde bekannten, besaßen doch nur wenige die Fähigkeit, das Verhalten der Soldaten genau zu reglementieren und zu kontrollieren. Die zunehmende Unabhängigkeit militärischer Führer und Stäbe und das wachsende zerstörerische Potential der modernen Streitkräfte wurden zu einer immer härteren Belastungsprobe für jene Grundsätze, die die Achtung der Rechte von

Gefangenen und Nicht-Kombattanten zum Gegenstand hatten, und trugen nicht dazu bei, das Los gefangener Spione zu verbessern.

So, wie der Bürger zum Soldaten und zum militärischen Ziel wurde, so wurde er bisweilen auch zum Kombattanten – entweder als Partisan oder als Revolutionär, im einen wie im anderen Fall als Angehöriger einer Guerilla. Und wie Raymond Aron einmal bemerkt hat, »erfordert der geheime Krieg mehr Brutalität und Terror als der, der mit regulären Truppen geführt wird«. Das gilt auch für jene Art von industrialisiertem Krieg, der die Kontrolle und Beherrschung feindlicher Zivilisten erfordert, d. h. eine Okkupationsarmee.

Vielleicht wurden, wie Mellor meint, alle diese neuen Elemente des militärischen Agierens wirklich erst seit dem Beginn des 20. Jahrhunderts in hinreichend systematischer Weise und in Verbindung miteinander wirksam, um sichtbar werden zu lassen, daß die Streitkräfte moderner Staaten in einem sehr wesentlichen Sinn »hinter den Gesetzen des Krieges eine beachtliche Quasi-Jurisprudenz verstecken, die nicht nur ihre eigenen Praktiken, sondern auch ihre eigenen Regeln hat«. Das Militär bildete jedoch auch schon vor dem Russisch-Japanischen Krieg und dem Ersten Weltkrieg einen zweiten Bereich, kaum kontrolliert durch die Justiz, letztlich den Bestimmungen der zivilen Jurisprudenz nicht unterworfen.

Bereits vor diesen beiden Kriegen – und insbesondere während des ausgehenden 19. Jahrhunderts – war es zu Terrorakten gekommen, über die die Presse ausgiebig berichtet hatte und die später in Romanen, Memoiren und Filmen anschaulich dargestellt worden waren. Nicht nur der Spion, sondern auch der Terrorist avancierte zum Helden der Dichtung – und der Wirklichkeit. Die Exzesse der Polizei und des Militärs jenseits der zivilen Jurisprudenz fanden nicht selten ihren Widerhall in einer Bevölkerung, die umfassender, wenn auch nicht genauer über die Gefahren, die dem Staat drohten, über die Notwendigkeiten und Gelegenheiten, außerordentliche Maßnahmen zu seiner Verteidigung und zur Vernichtung seiner Feinde zu ergreifen, informiert war.

Das Ausmaß der Verwundbarkeit des Staates läßt sich zumindest teilweise an den sich ändernden Einstellungen zum politischen Verbrechen ablesen.

Das politische Verbrechen

Wie bei Blackstones Auffassung vom Verrat, so ging es auch bei den frühen europäischen Definitionen des politischen Verbrechens um die Person des Herrschers und die Würdenträger aus seiner unmittelbaren Umgebung. Pierre Padadatos hat gezeigt (*Le délit politique*, 1955), daß eine der auffälligsten Neuerungen des französischen Strafgesetzbuches von 1791 die Bestimmung des politischen Verbrechens als Beleidigung des Staates (*lèse-nation*) ist, die die frühere Definition der Majestätsbeleidigung (*lèse-majesté*) ersetzt. Von diesem Zeitpunkt an wurden – in manchen Ländern langsamer, in manchen schneller – der weitere, abstraktere Begriff Staat, Nation oder Volk als Ziel des politischen Verbrechens angesehen, nicht mehr oder nicht mehr ausschließlich die Person des Landesherrn, seiner Familie und seiner Diener. Der schon weite Horizont des politischen Verbrechens erweiterte sich auf diese Weise noch mehr, da viele der früheren Kategorien in die neue Gesetzgebung, die das Resultat neuer politischer Theorien war, übernommen wurden. Und doch blieb trotz des Terrors von 1793 und der Epoche des Imperialismus und der Reaktion in Frankreich der Horizont selbst eng. Die ersten Kapitel in der Geschichte des modernen politischen Verbrechens zeichnen sich zwar durchaus durch eine gewisse Härte aus, aber ebenso und noch überwiegender durch liberale Grundsätze und, soweit sich sehen läßt, auch Vorgehensweisen.

Wie Mellor zeigt, haben offensichtlich weder die Girondisten noch die Jakobiner, weder Napoleon noch Louis XVIII., weder die Julimonarchie noch die Zweite Republik die Folter erneut in das Recht oder die polizeiliche Praxis aufgenommen, was für die strafrechtlichen Delikte wohl ebenso gilt wie für die politischen. Wenn man sich die Maßnahmen im Sinne einer politischen Kontrolle ansieht, die die meisten dieser Regierungen ergriffen, und obendrein bedenkt, daß in Frankreich die Zweite Republik und das Zweite Kaiserreich den bösen Ruf eines »Polizeistaates« hatten, so ist es durchaus bemerkenswert, daß in dieser Zeit gerade die europäische Nation, die am schwersten unter den Geburtswehen der modernen Welt zu leiden hatte und größere Schwankungen zwischen Revolution und Reaktion durchlebte als jede andere, nie und zu keinem Zweck auf die Folter zurückgegriffen hat. Die *Ordonnance* von Louis XVI. aus dem Jahr 1788 lebt im revolutionären Gesetzbuch von 1791, im *Code des délits et des peines* von 1795, im *Code d'instruction criminelle* von 1808 sowie im *Code pénal* von 1810 weiter und hat seitdem im französischen Recht fortbestanden.

Einige Aspekte des politischen Verbrechens und seiner Bestrafung waren natürlich sehr viel drastischeren Veränderungen unterworfen als andere (das reicht von der Politik des Strafens bis zu Deportation und Exil), aber dies ist nicht der Ort, um in eine auch nur verkürzte Erörterung dieses sehr vielschichtigen Themas einzutreten. Aus gegebenem Anlaß wurden im Laufe des 19. und 20. Jahrhunderts einige Vergehen – neu definiert – in verschiedenen Ländern wieder in die Strafgesetzbücher aufgenommen. Unterlassung der Anzeige von Verrat etwa, also das Versäumnis, die Behörden bei Kenntnis von Anschlägen oder politischen Verbrechen zu verständigen, wurde zum Beispiel in das französische Strafgesetzbuch von 1810 aufgenommen, 1832 gestrichen, 1839 jedoch wieder eingeführt. In Rußland war dieser Tatbestand 1649 in das Recht eingeführt worden, in Hessen 1795 und in Preußen 1798, obwohl er dort dann nicht mehr im neuen Strafrecht des Deutschen Reiches auftauchte. In England wurde er Gegenstand einer 1797 vom Parlament verabschiedeten Rechtsvorschrift. Es ist durchaus zutreffend, daß die Zahl der als »politisch« eingestuften Straftaten zwar zunahm, die Strafen, mit denen sie belegt wurden, aber häufig weniger hart ausfielen. Die Geschichte des politischen Verbrechens ist jedoch viel zu umfangreich, um sie hier angemessen abhandeln zu können.

Es gibt einige Aspekte des politischen Verbrechens, die große Bedeutung für die Beantwortung der Frage haben, wie die Staaten des 19. und des frühen 20. Jahrhunderts mit dem Recht umgingen. Eine der Folgerungen, die, wie wir bereits gesehen haben, hohe Regierungsbeamte und Rechtsphilosophen aus den europäischen Erfahrungen der Jahre zwischen 1789 und 1830 zogen, war die, die Justiz müsse ideal und notwendigerweise unabhängig sein. So meinte beispielsweise François Guizot, politische Verbrechen lägen außerhalb der Kompetenz der Rechtssysteme und stellten eine Gefahr dar, weil sie die rechtlichen Bestimmungen über die Grenzen hinaus ausweiteten, welche von den Juristen und Gesetzgebern vorgesehen waren, zwängen dazu, Taten von der Person her zu sehen, die sie begangen hatte, forderten dazu heraus, über Absichten statt über Taten zu urteilen, ließen zu, daß Beweise durch Vermutungen ersetzt würden. Ferner seien die Gerichte viel zu eingehend über die Angeklagten unterrichtet, gegen Einzelpersonen würde eher auf der Basis allgemeiner politischer Ideen als auf der spezieller Rechtsverstöße verhandelt, Beweise würden nicht selten von Spitzeln, Informanten und *agents provocateurs* geliefert, bei politischen Verbrechen träte der Justizminister als Ankläger auf und die Presse würde häufig ausgeschlossen. Viele andere machten sich solche Gedanken über die Probleme, vor die sich die Justiz im Falle politischer Verbrechen gestellt sah. Neben dem aufgeklärten Humanismus ließen nicht zuletzt die Lehren Jeremy Benthams die ausgewogenen Grundsätze einer utilitaristischen Jurisprudenz wirksam werden, was vor allem für das französische Strafgesetzbuch von 1810 gilt; kurz wurde die Zeit zwischen 1830 und dem beginnenden 20. Jahrhundert in England und Frankreich, aber auch, wie wir gesehen haben, in Rußland zu dem, was Barton L. Ingraham (*Political Crime in Europe,* 1979) mit Blick auf das politische Verbrechen den »Frühling und Sommer milder Nachsicht« genannt hat.

Obwohl viele Regierungen eine Reihe neuer Strafen für politische Verbrecher empfahlen und die Definition des politischen Verbrechens immer wieder revidierten, und obwohl einige von ihnen bald schon sehr erfahren darin waren, Informanten, Spitzel und *agents provocateurs* in verdächtige Gruppen einzuschleusen – gefoltert haben sie alle nicht. Selbst die nach 1848 feststellbare Tendenz, zwischen Anarchisten und »oppositionellen« politischen Verbrechern zu unterscheiden, führte in der Hauptsache nur dazu, daß einigen dieser kriminellen Anarchisten der Schutz der neuen, liberaleren Gesetze entzogen wurde. Diese Praxis scheint nach 1886 weitere Verbreitung gefunden zu haben, vor allem bei Verhandlungen gegen Spione und Anarchisten. Die wichtigste Lehre, die daraus zu ziehen ist, ist wohl die, daß die theoretische und tatsächliche Abschaffung der Folter nicht notwendigerweise auch der Neigung mancher Staaten entgegenwirkte, in ihrer Praxis autoritärer zu sein, als Liberale es wünschen würden.

Doch hat die allgemein liberale Behandlung politischer Verbrechen im gesamten 19. und im frühen 20. Jahrhundert zwei für die Geschichte der Folter bedeutsame Folgen gehabt. Sie führte zu einer eingehenden und langen Auseinandersetzung mit dem Wesen und der Autorität des Staates – und dies von verschiedensten Standpunkten aus. Und sie legte den Grund für eine Geschichte der nachsichtigen Ahndung politischer Verbrechen, gegen die man Stellung beziehen konnte, als sich zu Ende des Jahrhunderts die Haltung zu einigen Erscheinungsformen dieses Verbrechens änderte. Die ersten, bei denen sich das zeigte, waren die Anarchisten, aber auch unabhängig von Anarchie und Terrorismus kam es zum Wandel in der Einstellung dem politischen Verbrechen und dem Staat gegenüber.

Wie viele Historiker des politischen Verbrechens gezeigt haben, werden in der Auseinandersetzung des 19. Jahrhunderts mit diesem Thema zwei Arten unterschieden, und zwar das innere und das äußere Verbrechen. Das erstere, von Personen begangen, die allgemein als hochgesinnte, edelmütige und idealistische Reformer betrachtet wurden, war eben jenes, das im 19. Jahrhundert zumeist mit Nachsicht behandelt wurde. Als nach 1870 viele europäische Staaten – vor allem nach der Ausbreitung eines heftigen, durch die Propaganda angeheizten Nationalgefühls – wieder zu Drohungen griffen, die sich nach außen richteten, ging der politische Täter das Risiko ein, eher als Verräter an der nationalen Einheit und dem Volk (dessen »Arm« der Staat ja nur war) zu erscheinen denn als idealistischer Reformer. Die einschneidendste Veränderung auf diesem Gebiet waren wahrscheinlich die französischen *lois scélerates,* die »entehrenden Gesetze« aus den neunziger Jahren. Selbst England, während des größten Teils des 19. Jahrhunderts politischen Flüchtlingen und Asylanten gegenüber bekanntermaßen gastfreundlich, nahm nach 1894 eine antianarchistische Haltung ein.

Der große Wandel in der Einstellung zum politischen Verbrechen und in der entsprechenden Gesetzgebung vollzog sich aber erst in den Jahren unmittelbar vor und nach dem Ersten Weltkrieg. Wie Ingraham in seinem Buch *Political Crime in Europe* treffend festgestellt hat, wurde das äußere politische Verbrechen nun als sehr viel verwerflicher angesehen – und das innere als ihm ebenbürtig. Eine Ursache dieses Wandels war natürlich die Tatsache, daß es seit den siebziger Jahren wieder zu diplomatischen Verwicklungen und Kriegen (wie 1877–1878 zum Russisch-Türkischen und 1905 zum Russisch-Japanischen) gekommen war und daß der Erste Weltkrieg den Beginn des Jahrhunderts überschattete. Staaten, die allem Anschein nach bis dahin den Anforderungen der Mehrheit gerecht geworden waren, genügten nun immer weniger Bürgern. Von anderen, rivalisierenden Staaten, internationalen Bewegungen und einer lautstarken inneren Opposition kritisiert, erfuhren sich diese Staaten als sehr viel anfälliger gegenüber politischer Feindschaft, als das noch im vorangegangen Jahrhundert der Fall gewesen war.

Zu dieser neuen, meßbaren Feindseligkeit und Verwundbarkeit kamen noch andere den Staat kennzeichnende Merkmale, die sich im späteren 19. Jahrhundert herausgebildet hatten. Die Aspekte einer nationalen Gemeinschaft, die am Anfang des Jahrhunderts im Denken Hegels noch so abstrakt und in dem Herders noch so unpolitisch erschienen, waren bis zu seinem Ende um vieles konkreter und politischer geworden. Der organische Nationalismus war tatsächlich ein Produkt des Jahrhundertendes, als nämlich, wie Eugen Weber es ausgedrückt hat, Bauern zu Franzosen wurden, ebenso Kleinbürger und andere, und Leidenschaften dieser Art immer mehr Einwohner Englands zu Engländern werden ließen oder Rheinländer, Sachsen, Preußen und Bayern zu Deutschen (*The Nationalist Revival in France, 1905–1914*). Die Identifikation von Staat und ethnischer, nationaler Gemeinschaft, durch Propaganda und Gesetzgebung gefördert, machte aus dem Staat des frühen 20. Jahrhunderts einen ganz anderen Organismus, als es der abstrakte Staat der Aufklärung und der von ihm inspirierte der Eklektiker, Klassizisten, Utilitaristen und Positivisten des 19. Jahrhunderts gewesen war. Jetzt repräsentierte, ja, personifizierte der Staat – wie auch das Gesetz – das Volk und wurde nach dessen Willen gelenkt. Jene, die gegen ihn opponierten, ob gewöhnliche Kriminelle oder politische Verbrecher, widersetzten sich dem Willen des Volkes – und allmählich sah man den politischen Verbrecher als gefährlicher und verabscheuenswürdiger an als den gewöhnlichen Gesetzesbrecher. Für den Volks-Staat wurde das Spionieren zu einer ehrenvollen Sache, desgleichen andere Praktiken, die bislang suspekt oder verächtlich gewesen waren.

Zu der neu entstehenden Vorstellung des Nationalstaates kam 1917 der erstarkende revolutionäre Marxismus, der bestimmte Staatsformen lediglich als interimistische politische Einrichtungen benutzte, um die Ziele seiner internationalen Ideologie zu verwirklichen. Die Verteidigung des Nationalstaates bedeutete nun nicht mehr die Verteidigung eines Volkes gegen feindliche gesinnte andere Staaten, sondern auch gegen internationale revolutionäre Bewegungen, die diese Staatsform als un- oder konterrevolutionär ablehnten. So veränderte sich nach der Jahrhundertwende auch das politische Verbrechen selbst und die Bedingungen, unter denen es verübt wurde. Die nachsichtige Behandlung des politischen Verbrechens, zu Beginn des Jahrhunderts von vielen Regierungen, deren Mitglieder selbst einmal politische Verbrecher gewesen waren, gesetzlich verankert, wich der Zwillingsmacht von Nationalstaat und revolutionärer Philosophie und machte einer erhöhten Idee des politischen Verbrechens und einem erweiterten Begriff dessen, was »politisch« war, Platz. Mit Blick auf das Recht und andere Werkzeuge des Staates reflektiert das neue Bild des politischen Verbrechens sowohl eine konzeptionelle als auch eine tatsächliche Verwundbarkeit des Nationen-Staates im 20. Jahrhundert. Denn zu dem neuen Begriff des politischen Verbrechens kamen in immer größerer Zahl tatsächlich politische Verbrecher und solche, die nicht auf Grund traditioneller Definition politische Verbrecher waren, sondern auf Grund einer willkürlichen Auffassung des Staates dazu gemacht wurden.

Die extremen Positionen des Anarchismus im 19. Jahrhundert korrespondieren weitgehend mit der Verwundbarkeit des Staates. J. L. Talmon faßt die anarchistische Debatte über die Rechte des Revolutionärs eindrucksvoll zusammen:

> Ihre Mission war es zu rebellieren, gegen das Recht zu verstoßen und gegen eine Gesetzlichkeit anzugehen, die das inkarnierte Böse war. Das ermutigte und berechtigte zu unkonventionellen, ungesetzlichen Aktionen, Tricks, Betrug und Gewalt. Da nur fanatische Entschlossenheit und rücksichtsloses Handeln wirkungsvoll und erfolgreich sein konnten, wurde die Befähigung dazu zum Test nicht nur der Effizienz, sondern auch der Stärke und Tiefe von Überzeugung und Hingabe. Der Haß auf das vorhandene Königreich des Bösen und der Mut, vor nichts zurückzuschrecken, was zu seiner Vernichtung getan werden mußte, erforderten einen gleichermaßen tiefen und leidenschaftlichen Glauben an den absoluten Wert, die Reinheit und die erlösende Qualität jener Welt, die herbeizuführen die Revolutionäre ausersehen waren. (*The Origins of Totalitarian Democracy*, 1970, S. 315)

In seinen extremsten Positionen steht der Anarchismus des 19. Jahrhunderts dem des 20. in nichts nach. Zu seiner Zeit war er sogar noch wirkungsvoller als der heutige, weil er origineller und noch nicht so zur Routine geworden war.

Länder, die keine Revolution erlebt hatten, entwickelten so eigene Kategorien des politischen Verbrechens anhand ihrer Erfahrungen mit einer stärker werdenden inneren Gegnerschaft und äußeren Opposition, sei es von Seiten konkurrierender Mächte oder revolutionärer

Bewegungen. Auf der anderen Seite hatten die revolutionären Staaten ihre eigenen Gründe, das Recht zu revidieren und das politische Verbrechen neu zu definieren. Sie wurden die ersten Staaten, die Folter offen und routinemäßig wieder anwendeten.

Das Recht und der Staat
in revolutionären Gesellschaften

In einer Reihe von Ländern wurde im frühen 20. Jahrhundert die traditionelle Trennung von Recht und Politik im Interesse mächtiger und rücksichtsloser Regime und im Namen einer erhöhten oder vereinfachten Idee des Staates aufgehoben. Der erste europäische Nationalstaat, in dem solch ein Regime und solche Ideen die Macht übernahmen, war das Rußland nach dem November 1917. Bessere Beispiele bieten jedoch die Staaten, die gewöhnlich »faschistisch« genannt werden. Als 1922 in Italien eine revolutionäre Regierung die Macht übernahm, wurde sie von Benito Mussolini geführt, der selbst einmal sozialistischer Revolutionär gewesen war. Alec Mellor zitiert die von Mussolini selbst für die neue italienische Enzyklopädie von 1932 gelieferte Definition des Faschismus: »Der Mensch ist nichts. Der Faschismus erhebt sich gegen den abstrakten Individualismus, der auf materialistischen Grundlagen und Utopien basiert. Jenseits des Staates ist alles Menschliche oder Geistige ohne jeglichen Wert.« (*La torture*, 1949) Für den italienischen Faschismus war der Staat Repräsentant und ausführendes Organ einer sehr viel größeren und bedeutenderen Wesenheit, nämlich des Volkes. Nichts außerhalb – und nichts anderes innerhalb – des Staates besaß eine rechtmäßige Autorität. Obwohl Teile der italienischen Armee und der Justiz sich diesen Ansprüchen und den Verfahrensänderungen, die sie zur Folge hatten, widersetzten, wuchs der italienischen Regierung und den Parteifunktionären dank ihrer Durchsetzung eine außergewöhnlich große Macht zu. Nach 1929 setzte die OVRA, die politische Geheimpolizei, die Folter regelmäßig im Falle von Personen ein, die im Verdacht standen, Feinde des Staates, der Partei oder des Volkes zu sein (vgl. Finer, *Mussolini's Italy*, 1969).

In Deutschland wurde das nach 1932 noch ein Stück weitergetrieben. Der Staat wurde zum administrativen Vehikel der nationalsozialistischen Partei erniedrigt. Der Führer der Partei, Adolf Hitler, personifizierte – der Parteipropaganda zufolge – das Volk, wobei das Volk als eine radikal alles Fremde ausschließende, nationale und historische Gemeinschaft verstanden wurde. Sogar die Partei wurde, wie Hitler selbst treffend bemerkte, zu einer Organisation, die sich grundlegend von allen herkömmlichen Parteien unterschied: »Politische Parteien neigen zum Kompromiß; philosophische Lehren nie. Politische Parteien einigen sich sogar noch mit ihren Feinden; philosophische Lehren erklären sich selbst für unfehlbar.« (*La torture*, S. 207) Das bedeutete, daß die nationalsozialistische Partei nicht eine politische Partei im konventionellen Sinne sein sollte, sondern aktive Verkörperung einer unfehlbaren Philosophie des Volkes, dem Staat und Recht notwendigerweise untergeordnet waren. In dieser Welt fanden die alten aufklärerischen Lehren vom abstrakten Staat ebenso wie die ursprünglich ganz unterschiedlichen Gedanken von Herder, Hegel und Fichte ein populäres und starkes Machtorgan, in dem sie Gestalt annehmen konnten.

Die Partei benutzte den Staat im Namen eines neu und exklusiv definierten Volkes. Diesem Volk, der sich aus den »Volksgenossen« zusammensetzenden »Volksgemeinschaft«, wurde eine einzige höchste Weisheit und ein einziger Wille zugeschrieben. »Volkstum« stand für die höchsten und exklusivsten Werte, die Bewahrung der Ehre und den tiefsten Sinn individueller Existenz. Denn der Einzelne besaß jenseits seiner Zugehörigkeit zum Volk weder Identität noch Wert.

So, wie die überkommenen Vorstellungen von Partei und Staat der höheren Vision und dem hingebungsvollen Wirken der nationalsozialistischen Partei untergeordnet wurden, so auch die traditionelle Idee des Rechts. Wie Otto Kirchheimer schreibt:

> Die Trennung von Recht und Ethik, ein Axiom aus der Zeit des auf Wettbewerb basierenden Kapitalismus, ist [1939] durch eine moralische Überzeugung ersetzt worden, die sich unmittelbar vom »rassischen Gewissen« herleitet. [...] Das Volksgewissen ist durch Erhebung von Vorstellungen wie »Wohlfahrt des Volkes« und »gesundes Volksempfinden« zu offiziellen Wertmaßstäben in das Strafrecht eingeführt worden. (*Punishment and Social Structure*, 1939, S. 179–180)

Im Bereich der Justiz führten nationalsozialistische Theorie und Praxis zur Schaffung von Sondergerichten, zur Erweiterung der Definition des politischen Verbrechens und zur Verschärfung der Verhörmethoden sowie der Strafen. Nach 1933 befaßten sich Sondergerichte mit den Fällen, die die Partei als zu wichtig ansah, um sie dem zu überlassen, was vom alten Rechtssystem noch überlebt hatte, denn man traute den Richtern nicht zu, politisch akzeptable Urteile fällen zu können. 1934 wurde der »Volksgerichtshof« geschaffen, der für Verratsfälle zuständig war und an dem nicht nur Berufsjuristen tätig waren – sein Personal stammte teilweise aus verschiedenen Parteiorganisationen, war ohne juristische Ausbildung und Berufspraxis. Gegen die Urteile des Volksgerichtshofes war keine Berufung möglich, und den Angeklagten wurde nur selten Gnade zuteil. Wie Kirchheimer an anderer Stelle bitter vermerkt:

> Das System technischer Rationalität als Grundlage des Rechts und der Rechtspraxis hat [1941] alle anderen Systeme, die dem Schutz individueller Rechte dienten, aufgehoben und so Recht und Rechtspraxis endgültig zum Werkzeug der skrupellosen Herrschaft und der Unterdrückung in den Händen jener gemacht, die die wichtigsten ökonomischen und politischen Schaltstellen der gesellschaftlichen Macht besetzt halten. Niemals ist der Prozeß der Entfremdung von Recht und Ethik soweit fortgeschritten wie in dieser Gesellschaft, die vorgeblich die Integration beider Elemente vollendet hat. (*Politics, Law and Social Change*, 1969, S. 109)

Wie der Staat, so trat auch das Recht in den Dienst der Partei und des Führers – und auch hier im Namen des Volkes. Dessen gesundes Rechtsempfinden, das, was als »gesundes Volksempfinden« bezeichnet wurde, wurde zur einzigen Norm, an der individuelle Rechte und rechtliche Verfahren zu messen waren – um sich stets als unzureichend zu erweisen. Mellor zitiert die Definition, die der deutsche Innenminister Friedrich Frick 1933 vortrug: »Recht ist, was dem deutschen Volk dient. Unrecht ist, was dieses Recht verletzt.« (*La torture*, S. 211)

Viele Historiker haben darauf aufmerksam gemacht, daß revolutionäre Gesellschaften, ob mittelalterliche oder moderne, im allgemeinen von »neuen Männern« geführt werden – von Individuen unbestimmter sozialer Herkunft, die keine Bindungen an traditionelle soziale Strukturen haben und deshalb nicht den moralischen und institutionellen Beschränkungen unterworfen sind, die für traditionelle Gesellschaften gelten. Obwohl die traditionellen Eliten anfangs mit ihnen zusammenarbeiten, führen die Unterschiede zwischen den überkommenen und den revolutionären Anschauungen schon bald zur Verstimmung dieser Anhänger, so daß es den Revolutionären dann allein überlassen bleibt, die Ziele neu festzulegen und die vorhandenen Beschränkungen zu beseitigen. Im Dritten Reich wurde nicht bloß das normale Rechtssystem im Namen von Staat und Volk modifiziert und abgeschafft, auch andere, traditionelle Sanktionen erlitten dasselbe Schicksal – so etwa die allgemein als politische Verbrechen angesehenen Straftaten wie Verrat und Spionage. Mellor zitiert die Antwort, die General Keitel 1941 Admiral Canaris zuteil werden ließ, als dieser sich über die unkorrekte Behandlung russischer Kriegsgefangener in Keitels Befehlsbereich beklagt hatte: »Man erhebt diese Einwände, die von einer ritterlichen Auffassung vom Krieg angeregt sind, aber wir haben es hier mit einer Ideologie zu tun. Deshalb bin ich mit diesen Methoden einverstanden und werde sie auch weiterhin anwenden.« (*La torture*, S. 212) Der Staat, das Recht und die Regeln der Kriegführung waren zu anachronistischen Überbleibseln einer anderen Zeit geworden.

Im Juni des Jahres 1942 (ein Jahr, in dem die Einrichtung und Genehmigung von Sonderinstanzen ein bis dahin unerreichtes Ausmaß annahm) gab Heinrich Himmler einen Erlaß heraus, der zum Einsatz des von ihm explizit so bezeichneten »dritten Grades« ermächtigte, womit ganz eindeutig die Folterung gemeint war. Der »dritte Grad« sollte angewendet werden, um Aussagen zu erzwingen, wenn die Ermittlungen Hinweise darauf ergeben hatten, daß der Gefangene über nützliche Kenntnisse – vornehmlich über den Widerstand – verfügte:

> Der dritte Grad darf in diesem Fall nur bei Kommunisten, Marxisten, Zeugen Jehovas, Saboteuren, Terroristen, Angehörigen von Widerstandsbewegungen, asozialen Elementen, widersetzlichen Elementen oder polnischen und russischen Vagabunden angewandt werden.

Zum »dritten Grad« gehörten Ernährung mit Wasser und Brot, Isolationshaft, außergewöhnliche körperliche Qualen, Geheimzellen, Schlafentzug und Schläge. Bei mehr als zwanzig Schlägen sollte zwar ein Arzt konsultiert werden, diese Bestimmung verdankte sich, wie Mellor wohl zu recht meint, eher dem Bestreben, den Tod eines Gefangenen unter der Folter zu verhindern, um ihn sich für weitere Verhöre zu erhalten. Mellor weist in diesem Zusammenhang auf die Rolle hin, die die Ärzteschaft im Dritten Reich auch andernorts – vor allem in den Konzentrations- und Todeslagern – gespielt hat. Wie das folgende Kapitel noch zeigen soll, hat das Dritte Reich die Folter nicht

nur wieder eingeführt, sondern auch eine medizinische Spezialdiszi-
plin daraus gemacht – eine Entwicklung, die für die zweite Hälfte
unseres Jahrhunderts schwerwiegende Folgen haben sollte.

Der Nationalstaat und das »Volk« stellen einen der Wege dar, auf
denen die Folter in die Welt des 20. Jahrhunderts zurückkehrte. Ein
weiterer tut sich in der Geschichte der revolutionären Ideologie auf.
Als Hitler von »philosophischen Lehren« sprach, wählte er lediglich
einen intellektuell etwas anspruchsvolleren Begriff für Volk und Blut.
Darüber ging sein Denken nicht hinaus – und konnte es auch gar nicht.
Aber ob nun aus der Saat der russischen Revolution von 1917 oder aus
der schon älteren des politischen Erfindungsreichtums der Aufklärung
– etliche echte philosophische Lehren gingen auf, die Praktiken nach
sich zogen, an die ihre Urheber wahrscheinlich nie gedacht hatten und
die sie wohl auch nie gebilligt hätten.

Im großen und ganzen gibt es zwei Einstellungen moderner revolutionärer Regime zur Jurisprudenz, zum Gesetzesrecht und zum
Berufsstand der Juristen. Einmal – wie im Falle der Vereinigten Staaten
und des revolutionären Frankreich – kann ihnen das Recht, wie es vor
der Revolution Gültigkeit hatte, wert scheinen, im wesentlichen, mit
nur geringen Änderungen, erhalten zu bleiben. Manchmal erhalten
revolutionäre Regime sogar mehr von der Jurisprudenz der Vergangenheit, als sie ursprünglich vielleicht vorgehabt hatten. Zum anderen
kann ein duales Rechtssystem entstehen, bei dem – zumindest im
20. Jahrhundert – »normale« Delikte und routinemäßige Rechtsstreitigkeiten in traditioneller Art behandelt werden, trotz aller den neuen
philosophischen oder ideologischen Rechtsgrundsätzen zuzuschrei-
benden formalen Änderungen, während bestimmte Kategorien von
Rechtsbrüchen, die die Revolutionäre für besonders kritisch halten,
Sondergerichten mit neuen Verfahren vorbehalten bleiben.

Im zweiten Fall wird das Recht im allgemeinen als Paradebeispiel für
die Irrtümer oder die Korruptheit des alten Regimes angesehen –
grundlegende Mängel, die total beseitigt werden müssen, bevor eine
gänzlich neue Gesellschaft aufgebaut werden kann. Robespierre ver-
trat sogar die Auffassung, in einem vollkommenen revolutionären
Staat sei das Recht überhaupt nicht mehr vonnöten, dann nicht mehr,
wenn in der Gesellschaft die Übereinstimmung von Volkswille und
Willen der Regierung herrsche. Bis 1794 nahm das revolutionäre
Frankreich die Lehren Robespierres mit Zustimmung auf. Sein Schü-

ler, Claude de Saint-Simon, sah gleichfalls eine revolutionäre Gesellschaft voraus, in der es, sofern die politischen Strukturen dem Volkswillen entsprachen, nur wenige, wenn überhaupt noch irgendwelche formalen Mechanismen zur Durchsetzung des Rechts geben würde. Und noch später drängten revolutionäre Denker auf die Abschaffung des bestehenden Rechts zugunsten eines »lebendigen«, von einem revolutionären Künstler geschaffenen, die tote Last des alten abwerfenden progressiven Rechts, in dem sich eine fortschrittliche Gesellschaft widerspiegeln würde und das sich deshalb nicht vorweg kodifizieren ließe. Von allen modernen politischen Philosophien ist der Sozialismus vielleicht diejenige, die am härtesten mit bestehenden Rechtssystemen umgesprungen ist, weil diese nicht nur für eine verhaßte Herrschaftsordnung standen, sondern auch für das fundamentale Vergehen der Bourgeoisie, das Rechtssystem zur Erhaltung der eigenen Macht, der eigenen Privilegien und des eigenen Wohlstands mißbraucht zu haben. Die Stärke der Ideen, die Marx und Engels zu Recht und Verbrechen entwickelt haben, liegt darin, daß sie die Widersprüche zwischen den bürgerlichen Aussagen und der tatsächlichen Rechtspraxis (selbst in liberaldemokratischen Staaten) sehr genau gesehen haben.

So läßt sich die utopische Kritik an vorgegebenen Rechtssystemen von Robespierre über Marx und Engels bis hin zu einer Reihe von revolutionären Staaten des 20. Jahrhunderts verfolgen. Auch Lenin kam nach langer Erfahrung mit den Wechselfällen sozialistischer Rechtstheorien schließlich zu einem ähnlichen Ergebnis:

> In einer klassenlosen Gesellschaft, in der alle Bürger in der Volksmiliz dienen, wäre die Notwendigkeit einer besonderen Polizeitruppe nicht mehr gegeben, da das Volk als ganzes die Überwachung, Aburteilung und Bestrafung selbst übernehmen würde. Durch Rotation käme es zu einer aktiven Beteiligung aller Bürger sowohl an der Gesetzgebung als auch an der Verwaltung der Angelegenheiten der Gemeinschaft, und so wäre ein eigenes, übergeordnetes Beamtentum überflüssig. (Talmon, *Origins of Totalitarian Democracy*, 1970, S. 425–5)

Das Recht, wie es der bürgerliche Staat gekannt hatte, würde praktisch aufhören zu bestehen und an seine Stelle die kommunistische Version des »Volksgewissens« treten, die permanente, freiwillige Beachtung und Anwendung revolutionärer Prinzipien durch das Volk. Eine Generation vor Lenin hatte der revolutionäre Sozialist Lawrow bereits Ähnliches vorhergesehen, und zwar eine »direkte Volksjustiz«.

Da die revolutionären Gesellschaften im Lauf des vergangenen halben Jahrhunderts deutlicher in Erscheinung getreten sind, hat sich die Kritik an ihrem Rechtswesen vor allem auf die zweite der beiden angesprochenen Entwicklungsmöglichkeiten gerichtet, nämlich jene, bei der Rechtsverstöße unter philosophischen oder ideologischen Gesichtspunkten neu klassifiziert werden. Das hat dazu geführt, daß die Kritik einen großen Teil – in den meisten Fällen sogar den Hauptteil – der Jurisprudenz dieser Gesellschaften vernachlässigt hat und daß ganze revolutionäre Systeme nur wegen eines Teils ihrer Rechts- und Verwaltungspraxis stigmatisiert worden sind. Mit Blick auf die folgenden Erörterungen ist es wert, jetzt festzustellen und sich später daran zu erinnern, daß, die »politischen«, wie immer definierten Verbrechen ausgenommen, ein Großteil ihrer Rechtstheorie und -praxis von früheren Regimen stammt und hier keine Berücksichtigung findet.

Wie laut moderne Revolutionäre auch den Tod früherer Rechtssysteme verkündet und in welchem Umfang Systeme wie das Dritte Reich das gesamte Rechtswesen nach eigenen Vorstellungen umgewandelt haben mögen – kam erst mit der Russischen Revolution von 1917 die Doktrin auf, eine revolutionäre Regierung habe das Recht, Maßnahmen zum eigenen Schutz und ganz allgemein auch der Revolution zu ergreifen, wie dies früher für eine Nation, einen Staat oder ein Volk gegolten hatte.

Selbst im bekanntesten Fall, nämlich der Umwandlung des zaristischen Rußlands in die Union der Sozialistischen Sowjetrepubliken, wurde die Verteidigung der Revolution nicht sofort zum Grundsatz für die Bestimmung des politischen Verbrechens und die Bereitschaft gezeigt, aus politischen Gründen auf die Folter und andere außergewöhnliche Sanktionen zurückzugreifen. Trotz der erbitterten und fast einhelligen Ablehnung des zaristischen Rechtssystems durch die Revolutionsorgane des Jahres 1917 hielt die neue Regierung an vielen Grundsätzen der Justizreform von 1881 fest – in ähnlicher Weise wie nach 1789 die revolutionäre Regierung Frankreichs vieles von den noch nicht allzu lange zurückliegenden Rechtsreformen des *Ancien régime* beibehalten hatte.

Obwohl es hier nicht möglich ist, den Änderungen der sozialistischen, Recht und Gesetz betreffenden Theorien im einzelnen nachzugehen, müssen doch ein paar ihrer Grundzüge hervorgehoben werden, vor allem jene, die in Beziehung zu den Ereignissen in Rußland in den

Jahren zwischen 1917 und 1922 und zwischen 1936 und 1938 stehen. Das endliche Verschwinden des Gesetzes ist zwar ein Prinzip der sowjetischen Theorie geblieben, mußte aber auf eine fernere Zukunft verschoben werden.

Die Umstände, die Lenin erst zu einem Befürworter der Diktatur des revolutionären Teils des Proletariats und dann zum Führer der Revolution von 1917 hatten werden lassen, führten zu spektakulären Veränderungen im russischen Rechtssystem. Obwohl anfangs ein Teil der überkommenen Jurisprudenz beibehalten wurde, deuteten zwei Entwicklungen schon auf die spätere Abschaffung hin, nämlich einmal die Einsetzung revolutionärer Sondergerichte und zum anderen der Aufbau der Tscheka in den Jahren von 1917 bis 1922, sowie 1936 bis 1937 die Ablehnung der Ideen Paschukanis zum Dahinschwinden des Rechts einerseits und die Schaffung neuer sowjetischer Gesetzbücher (von der Verfassung von 1936 bis zum Strafrecht und der Strafprozeß-ordnung von 1965) andererseits.

Im Rahmen der revolutionären Justiz, wie sie durch die Tscheka unter ihrem ersten Direktor, Feliks Edmundovich Dserschinski, definiert und in die Praxis umgesetzt wurde, scheint die Folter regelmäßig angewendet worden zu sein, zumindest in jenen Fällen, in denen man davon ausging, daß ein Zusammenhang mit konterrevolutionären Aktivitäten bestand. Unter Dserschinski wurde die Tscheka zum Werkzeug der Verteidigung der Revolution, und man konnte ihr auch theoretisch kaum Beschränkungen auferlegen: »Wir haben nichts gemein mit dem militärischen Revolutionstribunal. [...] Wir stehen für den organisierten Terror, und es sollte ganz offen gesagt werden, daß dieser Terror unter den augenblicklichen revolutionären Bedingungen unerläßlich ist. Unsere Aufgabe ist es, die Feinde der Sowjetregierung und der neuen Ordnung zu bekämpfen.« (nach Leggett, *The Cheka*, 1981. S. 68) Eine derartige Mission konnte wenig anfangen mit konventionellen rechtlichen Schutzbestimmungen im Sinne der Aufrechterhaltung eines Minimums an menschenwürdigen Zuständen in den Gefängnissen und des Verzichts auf harte Verhörmethoden, insbesondere nicht in Hinsicht auf die Operationen zur Aufdeckung Verdächtiger. Diese konnten mitten in der Nacht festgenommen, verbal und physisch mißhandelt, auf schnellstem Wege in ein Gefängnis abtransportiert und mit dem Tod bedroht werden (indem man sie mehrfach zum Schein zur Exekution brachte und wieder ins Gefängnis zurückschleppte). Es wurde nicht in einem regulären Verfahren gegen sie verhandelt, und eine Verteidigung war nicht zugelassen.

Abgesehen von den Zuständen in den Gefängnissen und den erschreckenden Bedingungen, unter denen die Gefangenen im Normalfall leben mußten, wurden sie bei den Verhören oft brutal geschlagen und gefoltert, wobei die verschiedenen Abteilungen der Tscheka ihre eigenen Methoden entwickelten. Die eine »bevorzugte das Skalpieren und Auspeitschen; in Woronesch wurden die Opfer der Tscheka nackt in ein nagelstarrendes Faß gesteckt und darin herumgerollt; andere brannten den Opfern einen fünfzackigen Stern in die Stirn und ›krönten‹ Priester mit Stacheldraht.« (ebda.) Alexander Solschenizyn berichtet im *Archipel Gulag*, daß in den zwanziger Jahren die Standardmethode der Folterung von Personen, die Gold gehortet hatten, die war, sie mit Salzheringen vollzustopfen. Die Tscheka von Kiew hinwiederum soll eine Verhörmethode entwickelt haben, bei der man dem Gefangenen das offene Ende eines Metallrohres auf die Brust setzte, in das man dann am anderen eine Ratte schob und das Rohr hinter ihr mit Maschendraht verschloß. Wenn nun das Rohr erhitzt wurde, fraß sich die Ratte, in dem panischen Versuch, der Qual zu entkommen, in das Fleisch des Gefangenen hinein.

Obwohl die Führung der Tscheka in einer Reihe von Erklärungen die Anwendung der Folter abstritt, gaben einzelne Angehörige des Tscheka-Büros und Publikationen dies offen zu. Angesichts der höheren Ziele, der Verteidigung der Revolution, konnten geringere moralische Erwägungen (oder genauer *andere* moralische Erwägungen, die automatisch als die geringeren erschienen) ebensowenig Berücksichtigung finden wie die normalen Gerichtsverfahren des sowjetischen Staates.

Die Strafprozeßordnung von 1923/24 war ein weiterer Schritt zur Aufhebung der Unterschiede zwischen Polizeiverhör und vorprozessualer Ermittlung und unterstellte beide – sowie einen Großteil des Verfahrens selbst – der Überwachung durch öffentliche Ankläger. Obwohl es in dieser Strafprozeßordnung in Abschnitt 136 heißt: »Der Ermittlungsbeamte soll nicht das Recht haben, Aussagen oder Geständnisse durch Anwendung von Gewalt, Drohungen oder anderen, ähnlichen Methoden zu erlangen«, ist diese Bestimmung wohl nur bei Fällen eingehalten worden, die keine politische Dimension hatten, wenn es so etwas überhaupt gab. Denn es gibt eine Fülle von Belegen dafür, daß Folterungen weit verbreitet waren, auch noch nach Auflösung der Tscheka und besonders nach 1936. Nikita Chruschtschow verwies einmal auf ein von Stalin 1939 an das Volkskommissariat des Inneren gerichtetes Telegramm, in dem es hieß:

> Es ist bekannt, daß alle bürgerlichen Geheimdienste bei Angehörigen des sozialistischen Proletariats zu Mitteln der physischen Einflußnahme greifen, und dies in skandalösester Art und Weise. Die Frage stellt sich, ob sich die sozialistischen Geheimdienste den verrückten Agenten der Bourgeoisie gegenüber humaner verhalten sollen. [...] Das Zentralkomitee der Kommunistischen Partei ist der Ansicht, daß die Anwendung von physischem Druck als zu rechtfertigende und angemessene Methode in Ausnahmefällen obligatorisch sein sollte, und zwar bei bekannten und verstockten Feinden des Volkes.

Andere Quellen belegen den Rückgriff auch auf Praktiken, die in der Zeit von 1917 bis 1922 noch als außergewöhnlich gegolten hatten, die nach 1936 aber zur Routine wurden. In den Ländern, die nach dem Zweiten Weltkrieg unter sowjetischen Einfluß gerieten, kam es ebenfalls zu Fällen von Folterung – vor allem 1956 in Polen durch die Geheime Staatspolizei.

Sinn der Darstellung dieser Veränderungen in der UdSSR nach 1917 ist nicht die Behauptung, Folter sei in Osteuropa unterschiedslos und regelmäßig – zumindest in allen politischen Fällen – eingesetzt worden. Es ging vielmehr darum zu zeigen, wie eine besonders erfolgreiche revolutionäre Ideologie neue Kategorien staatlicher Autorität einführt, die von der Folter Gebrauch machen können und Gebrauch gemacht haben. Das gegenwärtig in der UdSSR geltende Strafgesetzbuch macht die Folter (eines Kriminellen) zu einem das normale Strafmaß verschärfenden Verstoß (Art. 108.2 u. Art. 109.2)

Trotz sehr unterschiedlicher Vorgehensweisen des Dritten Reiches und der Sowjetunion in anderen Fragen, stellte die von beiden praktizierte Legitimation der Folter in einem – technisch gesehen – außerrechtlichen Bereich den ersten Bruch mit jenen Grundsätzen dar, die im 18. Jahrhundert formuliert und in den ersten modernen revolutionären Verfassungen, in den amerikanischen und französischen Erklärungen der Menschen- und Bürgerrechte niedergeschrieben worden waren. Die Entwicklungen und Ideen, die die Zeit zwischen diesen und den Revolutionen des 20. Jahrhunderts geprägt haben, erklären die Unterschiede. Unabhängig davon, wie die Nationalsozialisten und Bolschewiken zum 19. und zum frühen 20. Jahrhundert standen, spiegeln die Konsequenzen der revolutionären Justiz auch die prekäre Stellung der Justiz angesichts eines so viel mächtigeren Staates wider, in dem die administrative Gewalt sowohl die gesetzgebende als auch die rechtsprechende überschattete. Blackstones Anmerkung, daß die Folter in England ein Werkzeug des Staates und nicht des Rechts gewesen sei, ist, was das anbelangt, durchaus zutreffend. Der revolutionäre Staat des 20. Jahrhunderts ist jedoch von einer Art, wie sie sich Blackstone niemals hätte vorstellen können. Unendlich viel reicher und mächtiger, bewegt von Ideologien, die immer mehr Bürger zu mobilisieren vermochten, im Besitz von Mitteln und Informationen, die auf die traditionelle Aufteilung der Autorität verzichten lassen konnten, konnte der die Gewalt nicht scheuende revolutionäre Staat des 20. Jahrhunderts die Folter in viele oder auch alle seiner Verfahren wieder einführen, hatte er doch nicht nur neue Möglichkeiten der Machtausübung, sondern auch eine neue Anthropologie entwickelt. An die Stelle der Rechte des Menschen und Bürgers trat das ausschließliche Recht des Volkes oder der Revolution. Das ließ die schwachen rechtlichen Schranken, in die die Denker und Juristen des späten 18. und des 19. Jahrhunderts so großes Vertrauen gesetzt hatten, schneller zerbrechen, als sie es je für möglich gehalten hätten.

Die bisher in diesem Kapitel erörterten Entwicklungen bezeichnen auch die Trennungslinie, die die aus dem 19. und frühen 20. Jahrhundert stammenden Berichte zur Geschichte der Folter von den nach 1945 entstandenen scheidet. Selbst die abschließenden Kapitel von Piero Fiorellis großer Geschichte *(La tortura giudiziaria nel diritto comune)* vermögen die Erfahrungen des 20. Jahrhunderts nicht angemessen einzuordnen. Sie helfen aber, die Leidenschaftlichkeit und Ungenauigkeit der Arbeit von Mellor zumindest in Ansätzen zu erklären. Mellor ist ein christlicher Humanist und zugleich Berufsjurist, und er erkannte, was aus dem liberalen und hochgesinnten Rechtswesen wurde, als nicht- oder außerrechtliche Elemente die Kontrolle über das Recht und damit auch in starkem Maße über das Leben der Menschen übernahmen. Mellor blieb natürlich nicht der einzige. In einem bemerkenswerten, 1951 in New York erschienenen Rückblick auf das Leben in russischen Gefängnissen widmen die beiden ehemaligen politischen Häftlinge F. Beck und W. Godin ein aufschlußreiches, bitterkomisches Kapitel den »Theorien«, die ihre Mithäftlinge – in der Mehrzahl orthodoxe Marxisten – entwickelt hatten, um die grauenvollen Verhältnisse, in denen sie sich mitten in einem marxistischen Staat wiederfanden und die erschreckende Art und Weise, in der man sie behandelte, zu erklären. Diese »Theorien« zeigen den ganzen Umfang der Paranoia des 20. Jahrhunderts – so gingen einige der Häftlinge davon aus, daß »Faschisten« die kommunistische Regierung und das Rechtswesen der UdSSR unterwandert hätten, die Folter also ein faschistischer Import sei. Andere waren der an Alec Mellors »Asianismus« erinnernden Auffassung, daß Rußland seinem Wesen nach im Prinzip »asiatisch« sei, von Natur aus gewalttätig und barbarisch, und daß diese Tatsache weit eher für die Folterungen verantwortlich gemacht werden müsse als die kommunistische Administration. Beck und Godin haben noch weitere derartige Theorien beschrieben, die sich aber im Prinzip nicht wesentlich von den beiden hier skizzierten unterscheiden.

Neben Mellor, Beck und Godin haben sich noch viele andere Denker und Autoren mit der Folter des 20. Jahrhunderts befaßt. Sowohl Arthur Koestler (in seinem Roman *Sonnenfinsternis* von 1941) als auch George Orwell (in seinem 1949 erschienenen Roman *1984*) verarbeiten Informationen über den Einsatz der Folter in faschistischen und kommunistischen Staaten vor und während des Zweiten Weltkrieges. Und Hans von Hentig, ein angesehener und sehr produktiver Rechtshistoriker, kam zu dem Schluß, der Optimismus früherer Rechtshistoriker sei denen der zweiten Hälfte des 20. Jahrhunderts nicht mehr möglich. Um 1950 war es dann soweit, daß Wissenschaftler und Journalisten gleichermaßen zugeben mußten, daß die Geschichte der Folter noch offen und unvollendet war und alle bis dahin geschriebenen der Überarbeitung bedurften. Das Schlußkapitel von Fiorellis *La tortura giudiziaria* trägt die Überschrift »Senza una fine?« (»Ohne Ende?«) und enthält einen Katalog von Foltermethoden, die im 19. und 20. Jahrhundert verboten waren. Fiorelli geht auf ihre Wiederkehr beziehungsweise auf die Anzeichen ihrer, wie er meint, nicht dokumentierten Beibehaltung ein. Er verweist auf neuere Methoden, neue Technologie und die psychologische Dimension, die bereits Thema des überaus scharfsichtigen Schlußkapitels von Rudolf Quanters *Die Folter in der deutschen Rechtspflege einst und jetzt. Ein Beitrag zur Geschichte des deutschen Strafrechts.* Dresden, 1900; repr. Aalen: Scientia, 1970, war. Quanters Überschrift »Die Seelenfolter im heutigen Strafprozeß« nahm in eigentümlicher Weise die viele Jahrzehnte später von Michel

Foucault vorgetragenen Argumente vorweg. Quanter stellt die Frage, ob das moderne, unpersönliche Strafverfahren und die neuzeitlichen Formen der Inhaftierung mehr unzulässigen Druck auf Geist und Seele des Menschen ausüben als die alten, körperlichen Strafmaßnahmen konnten.

Alle Autoren gingen von der Voraussetzung aus, daß die Wiederbelebung der Folter im 20. Jahrhundert auf bestimmte »abartige«, besonderen Bedingungen ausgesetzte Gesellschaften beschränkt war, auf das nationalsozialistische Deutschland und die Sowjetunion der frühen instabilen Entwicklungsphasen unter Lenin und Stalin. Die Vorgänge in Algerien nach 1954 und ihre langsame, schonungslose Aufdeckung durch die französische Presse haben jedoch in beunruhigender Weise deutlich gemacht, daß die Folter des 20. Jahrhunderts keineswegs eine Hervorbringung ausschließlich des Dritten Reiches oder der frühen UdSSR und der von ihr abhängigen Länder war. Zwischen der ersten Ausgabe von Mellors *La torture* (1949) und der zweiten (1961) lag die Entdeckung Algeriens.

Algerien

Die meisten liberaldemokratischen Staaten brauchten sehr lange, um den rechtlichen Erfindungsreichtum des Dritten Reiches und der Sowjetunion richtig einzuschätzen. Ihre erste Reaktion auf die Wiederbelebung und Rechtfertigung der Folter war, dies abzutun als Verirrung von psychotischen und degenerierten Regierungen, ohne Unterstützung durch das Volk, als eindeutigen Verstoß gegen Recht und Gesetz. Aber 1957 und 1958 begannen in Frankreich – zunächst noch langsam und zögernd – Gerüchte und dann Nachrichten zu kursieren, denen zufolge die französische Armee und die Verbände der Kolonialpolizei Folter gegen algerische Rebellen einsetzten, zumindest seit dem algerischen Aufstand im Jahr 1954. Nach 1957 schwollen die Meldungen zu einer wahren Flutwelle an und trugen zum Ende der Vierten Republik, zur Begründung der Fünften und zur Entlassung Algeriens in die Unabhängigkeit im Jahr 1962 bei. Das französische Recht war nicht geändert, der französischen Armee keine Sondervollmacht übertragen worden, die Franzosen waren im Gegenteil stolz auf die Humanität ihrer Einrichtungen auch in den Kolonien, und dies nicht zuletzt eingedenk der eigenen leidvollen Erfahrungen unter der deutschen Besatzung und der Vichy-Regierung. Wie Jean-Paul Sartre lapidar meinte:

> 1943 schrieen Franzosen in der Rue Lauriston [wo sich das Hauptquartier der Gestapo befand] vor Angst und Schmerzen; ganz Fankreich konnte sie hören. In jenen Tagen war der Ausgang des Krieges ungewiß, und wir wollten nicht über die Zukunft nachdenken. Nur eines schien unter welchen Umständen auch immer unmöglich: daß eines Tages Menschen von anderen, in unserem Namen handelnden Menschen zum Schreien gebracht werden würden. (in: Henri Alleg, *La question*, 1958).

Wie schon bei Beck und Godin, gab es auch hier eine ganze Reihe von erklärenden »Theorien« – so war die Folter eine Verirrung, die auf das Konto der Fremdenlegion, von Nicht-Franzosen, ging (eine modernisierte Version der Theorie der faschistischen Infiltration). Oder: die Berichte über die Folterungen waren übertrieben. Oder: es wurde, wie der bekannte *Wuillaume-Report* von 1955 feststellte, tatsächlich ein gewisser Zwang ausgeübt, was aber »nicht ganz als Folter« angesehen werden könne.

In den folgenden Jahren brachen alle diese Rationalisierungen in sich zusammen, ausgenommen die der Folterer selbst, die aber die Mehrheit der Franzosen als unglaubhaft zurückwies. Aller Erklärungsmöglichkeiten beraubt, mußte ein Großteil der Welt sich die Frage Sartres stellen, wie Frankreich das alles hatte tun können – so kurz nach der eigenen politischen Agonie, und mit einer Rechtstradition, die stärker an Grundsätzen der Menschenwürde und des Schutzes bürgerlicher Rechte orientiert war als die jedes anderen Landes. Bis zum Jahre 1957 wußte jedermann ganz genau, wie es im Dritten Reich und in der UdSSR (Chruschtschow hatte seine Rede vor dem XX. Parteitag 1956 gehalten) sogar noch während der Revolution und während Stalin seine Herrschaft festigte, zum Einsatz der Folter hatte kommen können. Daß jedoch Vertreter des französischen Staates Algerier und französische Bürger foltern sollten, daß nicht nur das Militär Folter anwendet, sondern auch die Polizei (Alleg berichtet in *La question*, daß nun die ersten Fragen von Verhafteten an ihre Mithäftlinge lauteten: »Bist du gefoltert worden? Von den Paras oder den Kriminalbeamten?«), und daß, wie Sartre 1957 berichtete, der Gebrauch der Folter in der Nationalversammlung noch zu einer Zeit abgestritten worden war, als schon Gerüchte umliefen, »daß die Folter auch in bestimmten

Haftanstalten der Hauptstadt eingesetzt« würde – das erschütterte nicht nur die Franzosen, sondern die ganze Welt. Die Publizität, die den Enthüllungen 1957 und in den folgenden Jahren zuteil wurde, brachte das Problem der Folter aus dem nahen Land verachteter und untermenschlicher Feinde in die Straßen von Paris und in die Gefängnisse Algiers. Selbst der demokratische Westen war nicht mehr gefeit gegen das, was Sartre als die Seuche des 20. Jahrhunderts bezeichnet hat.

Die Nachricht von den Folterungen in Algerien, die zuerst durch Franzosen, welche vom Einsatz nach Hause zurückkehrten (vor allem, wie Sartre angemerkt hat, durch Priester, später aber auch durch Wissenschaftler und politische Beamte wie etwa Germaine Tillion und François Mitterand), nach Frankreich gelangten, wurden durch einige wichtige Veröffentlichungen weiter verarbeitet. Hier wäre vor allem Henri Allegs Buch *La question* zu nennen, das 1958 erschien und den schon zitierten einleitenden Essay von Jean-Paul Sartre enthielt. Das Buch erschien sehr schnell, ebenfalls 1958, in einer englischen Übersetzung in den Vereinigten Staaten. Seine Wirkung, oder besser die Wirkung seiner Aussagen sowie derer von Pierre-Henri Simon, Pierre Vidal-Naquet, Alec Mellor und anderer, die sich nach 1957 zu Wort meldeten, beruhte darauf, daß endlich auf die Wiederkehr der Folter hingewiesen wurde unter Bedingungen, die kaum jemand zu akzeptieren bereit war, weder verstandes- noch gefühlsmäßig. Wie Sartre in seinem Vorwort zu »La question« feststellt: »Die Folter ist weder etwas Ziviles noch etwas Militärisches, und sie ist auch nichts spezifisch Französisches; sie ist eine Seuche, die unsere ganze Epoche heimgesucht hat.«

Sartres Bemerkung führt zu einer anderen wichtigen Frage: Inwieweit waren die Praktiken im nationalsozialistischen Deutschland, in der Sowjetunion – und nun in Algerien – einfach nur erste Anzeichen jener »Seuche«? Der Fall Algerien rüttelte zweifellos das Bewußtsein eines Teils der Welt wach, der sich bislang als gefeit gegen eine Anwendung der Folter betrachtet hatte. Indirekt weist Alec Mellor auf eine weitere Frage: Inwieweit war Algerien weniger die Fortsetzung einer Entwicklung, bei der Deutschland und die Sowjetunion die Rolle des Vorläufers gespielt hatten, als vielmehr Beispiel für das Entstehen eines Bereichs, in dem die Folter – unter besonderen Umständen – erneut angewandt werden konnte? Deutlicher: In welchem Maße bot die

Geschichte der Beziehung Europas zu den Kolonialstaaten (wie etwa Algerien), neben der nationalsozialistischen Überhöhung des Volksgewissens und der sowjetischen Überhöhung der Verteidigung der Revolution, eine dritte Möglichkeit, die Einschränkungen der Folter durch die traditionellen Regierungen zu modifizieren?

Sofort erhält der Fall Algerien eine für die Kolonialfrage wesentliche Bedeutung. Die ersten Folteropfer in Algerien waren Araber, untermenschliche »Andere« außerhalb des Territoriums der Nation (wie es die Juden für Deutschland gewesen waren), Eingeborene eines kolonialisierten Territoriums. Viele der in Algerien eingesetzten Soldaten und Polizisten hatten bereits in anderen französischen Kolonien Erfahrungen sammeln können, insbesondere kurz zuvor in Indochina. Pierre-Henri Simon und Henri Alleg berichten, auch dort sei es zu Folterungen gekommen. Es ist deshalb erforderlich, ein allgemeines Problem europäischer Kolonialpolitik in die Erörterung einzubeziehen, daß die rechtlichen Maßnahmen gegen die Folter, im Mutterland durch Gesetz festgehalten, in den Kolonien weit weniger fest verankert waren, nicht nur in Indochina und Algerien und auch nicht nur bei den Franzosen.

Die ersten europäischen Siedler, die sich im 16. und 17. Jahrhundert in der außereuropäischen Welt niedergelassen hatten, hatten die Rechtspraktiken ihrer Herkunftsländer dorthin mitgenommen. Dazu zählte auch die im Rahmen eines Gerichtsverfahrens zulässige Folter, und in den meisten Fällen scheint die Folter in den Kolonien derjenigen Länder, die selbst Gebrauch davon machten, regelmäßig angewandt worden zu sein, wobei nicht nur weiße Europäer Opfer wurden, sondern auch Eingeborene, und am Ende nur noch diese. Im holländischen Südafrika wurden zum Beispiel seit 1652 sowohl Weiße als auch Schwarze gefoltert, »nicht primär, um Informationen zu erhalten oder den Gefangenen zu bestrafen, sondern um ihn dazu zu bringen, sein Verbrechen selbst zu gestehen.« Das entsprach dem geltenden Recht in den Niederlanden, wo die Folter ja erst 1798 abgeschafft wurde. Eine Bestimmung aus dem 17. Jahrhundert regelte sogar die Vergütung der Folterer – sie sollte einen Shilling und vier Pence betragen. In Südafrika wurde die Folter erstmals 1795 nach der Eroberung durch die Engländer aufgehoben.

Vieles deutet darauf hin, daß selbst nach 1961, nach der Entlassung Südafrikas in die Unabhängigkeit, die Folter nicht sofort wieder eingeführt wurde und die Justiz sich zunächst eine relativ tolerante Haltung gegenüber den Schwarzen bewahrte, die eines Verbrechens – auch eines politischen – angeklagt waren. Im Jahr 1964 aber sagte bei dem Prozeß gegen drei Polizisten und einen Justizangestellten der Gemeinde Bulfontein einer der angeklagten Polizeibeamten aus, ein Angeklagter namens Izak Magaise sei beim Verhör gefoltert worden und an den Folgen gestorben. Drei andere Angeklagte waren ebenfalls gefoltert worden, hatten aber überlebt; sie waren geprügelt worden, hatten Elektroschocks bekommen, waren mit einer *sjambok* (einer gefürchteten, aus Rhinozeroshaut hergestellten Peitsche) geschlagen und mit Plastiktüten fast erstickt worden. Der Polizist, der das umfassende Geständnis ablegte, Jacob Barend Maree, machte zudem ganz von sich aus darauf aufmerksam, daß praktisch in allen Polizeistationen Südafrikas die gleichen Praktiken angewandt würden. Maree und seine Mitangeklagten wurden zu Gefängnisstrafen zwischen drei und neun Jahren verurteilt, und Anfragen im Parlament zur Brutalität der Polizei förderten weitere Informationen zutage, die die Wahrheit vieler der eher vagen Aussagen Marees bestätigten. Der Polizeichef verfügte daraufhin, daß bei Verhören jede Folterung zu unterlassen sei. Das Datum des Bulfontein-Prozesses ist insofern wichtig, als der Rechtshistoriker Albie Sachs die sechziger Jahre als den Zeitpunkt betrachtet, zu dem das Recht »viel von seiner Liberalität zu verlieren« begann (*Justice in South Africa*, 1973). Afrikanische Revolutionäre und Weiße beschuldigten einander gegenseitig der Folterung beziehungsweise des Terrorismus, und was die Folter anbelangt, so sind entsprechende Berichte in der Tat seit den sechziger Jahren zur Routine geworden. Den Extremfall von Kolonialismus führt das unabhängige Südafrika vor Augen – ein unabhängiger Kolonialstaat mit einer dominierenden Schicht von Kolonialisten, die eine Praxis wieder eingeführt haben, die nach allem, was man weiß, bereits in einem früheren Stadium der Kolonisation durch Gesetz abgeschafft worden war.

Seit den Angriffen gegen die europäische Kolonialpolitik von John Atkinson Hobson im Jahre 1902 bis zur Kritik der Revolutionäre der sechziger Jahre ist in unserem Jahrhundert europäischen Beamten immer wieder der Vorwurf gemacht worden, von der Folter Gebrauch gemacht oder ihren Einsatz gebilligt zu haben, besonders im Falle der einheimischen Bevölkerung. Jedoch gibt es auch schon vor Hobson Hinweise darauf, daß in den Kolonien gefoltert wurde, auch und nicht zuletzt Eingeborene von eingeborenen Polizisten. Fitzjames Stephen berichtet, daß bei der Vorbereitung einer indischen Strafprozeßordnung im Jahre 1872 auch über die Folterung von Gefangenen durch die indische Polizei gesprochen wurde und daß bei einer dieser Diskussionen ein britischer Kolonialbeamter meinte: »Das hat einiges mit Faulheit zu tun. Denn es ist sehr viel angenehmer, bequem im Schatten zu sitzen und so einem armen Teufel Chili in die Augen zu reiben, als in der Sonne herumzulaufen und Beweismaterial zusammenzusuchen.«

Stephens Kolonialbeamter hätte sich jedoch nicht nur auf seine eigene Beurteilung der Energie indischer Polizisten berufen müssen, sondern noch andere Belege beibringen können. Siebzehn Jahre zuvor, also 1855, war in Madras der *Report of the Commission for the Investigation of Alleged Cases of Torture in the Madras Presidency* erschienen, in dem zu lesen war:

> Zu den hauptsächlichen, bei Polizeifällen sehr populären Foltermethoden gehören die folgenden: feste Umwicklung eines ganzen Armes oder Beines mit einem Seil, um die Durchblutung zu behindern; Hochziehen am Bart; Versengen mit heißen Eisen; Anbringen von kratzenden Insekten auf Nabel, Skrotum oder anderen empfindlichen Körperteilen; Untertauchen in Brunnen und Flüssen, bis der Betroffene halb erstickt ist; Zusammenpressen der Hoden; Schlagen mit Stöcken; Schlafentzug; Kneifen mit Zangen; das Reiben von Pfeffer oder Chili in Augen oder Einführung in die Geschlechtsorgane von Männern und Frauen; diese Grausamkeiten werden manchmal fortgesetzt bis zum Tod.

Die Polizisten, um die es hier geht, seien, wie der Bericht festhält, eingeborene Inder gewesen, die den Anordnungen ihrer europäischen Vorgesetzten zuwidergehandelt hätten. Aber war es wirklich nur »Faulheit«, die sie so verfahren ließ? War es »asiatische« Grausamkeit, die für viele westliche Menschen des 20. Jahrhunderts eine Erklärung für alles geworden ist, was uneuropäisch und unangenehm ist? In vielen Fällen hat der europäische Kolonialismus ganz neue Machtbeziehungen geschaffen – nicht nur zwischen Kolonisierern und Kolonisierten, sondern auch unter den Kolonisierten selbst. Einige Formen der traditionellen lokalen »Kommunalverwaltung« wurden abgeschafft, andere erhalten, aber dadurch modifiziert, daß die Kolonialbehörden sie den eigenen Bedürfnissen anpaßten. Neue Dienststellen und Organe wurden geschaffen wie etwa eine aus Eingeborenen bestehende Polizeitruppe, und es kann tatsächlich die Existenz solcher neuen, das Verhältnis der Eingeborenen untereinander regelnden Formen der Macht gewesen sein, die Praktiken wie jene, die im Madras-Bericht aufgeführt sind, zuließ. Die Polizisten, in Großbritannien normalerweise vielen Beschränkungen unterworfen, waren dies weit weniger in einer Gesellschaft, deren traditionelle Machtverhältnisse durch die Kolonisierung verändert worden waren. Nicht notwendigerweise die europäischen Kolonisten selbst, sondern unter Umständen die Institutionen der Macht, die sie in den Kolonien schufen, stehen also hinter dem, was 1855 in Madras ans Tageslicht kam, und hinter den Gedanken, die man sich 1872 anläßlich der Vorbereitung einer indischen Strafprozeßordnung machte.

Eine der Standarderklärungen für das Wiederaufleben der Folter im 20. Jahrhundert war – wie wir bei Beck, Godin und bei Mellor gesehen haben –, daß eine spezifisch nicht-europäische Form des gewaltsamen Umgangs mit anderen Menschen nach Europa importiert worden sei, und zwar, folgen wir Mellor, nach dem Russisch-Japanischen Krieg von 1905 über den *canal soviètique*, anderen Autoren zufolge über das Netzwerk der Kolonialverwaltung. Es stellt sich also die Frage: Sind Praktiken, die bei den Nicht-Europäern gebräuchlich waren, von den Kolonialverwaltern übernommen und dann mit nach Hause gbracht worden? Erklärt das Algerien?

In Südafrika ist die Folter zweifellos von den Holländern eingeführt und entsprechend europäischen Normen und Verfahren angewendet worden. In anderen Ländern gibt es für diese Entwicklung kaum Belege, aber es ist klar, daß, in welcher Art und Weise auch immer Nicht-Europäer miteinander umgegangen waren, nichts im jeweiligen Repertoire der Autorität und Verachtung für die nicht-europäische Bevölkerung gleichkam, mit der sich die Kolonialbeamten vor allem der unteren und mittleren Ränge ausgestattet fühlten und der sie sichtbaren Ausdruck zu verleihen wünschten. Der Verweis auf den »Asianismus« ist nicht überzeugend. Wie die Werke von George Orwell zeigen, waren die Beziehungen zwischen Kolonialbeamten und Eingeborenen voller Dissonanzen – ganz so wie in Europa die Beziehungen zwischen den Justizbehörden und den Kriminellen. Nur gab es in den Kolonien nicht jene Kontrollmechanismen, wie sie die Rechtstheorie und -praxis der europäischen Länder vorsehen. Der Kolonialismus hat wohl tatsächlich zur Wiederbelebung der Folter beigetragen, aber nicht weil Kolonialbeamte und Polizei die entsprechenden Praktiken von der Bevölkerung gelernt hätten. Eher ist es so, daß die Umstände, unter denen sie diese im Lauf des 20. Jahrhunderts immer unruhiger werdende Bevölkerung beherrschten, zu einem Mißbrauch der Autorität führten, wozu auch die Folter gehörte, die schließlich – wie im Falle Algeriens – zur Routine wurde. Weitere Faktoren wie rassische Unterschiede, Ethnozentrismus, die Gewalttätigkeit revolutionärer Bewegungen und Aktionen oder die rechtliche Machtlosigkeit der eingeborenen Bevölkerung verschärften ein Problem, dessen Wurzel die besonderen Bedingungen der Kolonialherrschaft waren.

Viele der in Algerien eingesetzten Paras waren schon in Indochina im Einsatz gewesen, und viele Angehörige der Kolonialpolizei und der Truppen wurden nach ihrem Einsatz in Algerien wiederum in andere Kolonien versetzt oder kehrten nach Frankreich oder in andere europäische Länder zurück. Die »grobe Behandlung« derjenigen, die sie in ihrer Gewalt hatten, ließ sich nur schwer wieder abstellen, vor allem dann, wenn die Justiz nichts davon wußte und Öffentlichkeit und Gesetzgeber nur schwer von ihrer Existenz zu überzeugen waren. Im Falle Algeriens dauerte es sehr lange, bis Berichte von Folterungen in der französischen Presse Raum fanden und bis es zur Debatte in der Nationalversammlung kam. Die Regierung verhinderte sogar den Druck von Henri Allegs Buch *La question*, in dessen Anhang sich ein offener Brief an den Präsidenten der Republik findet, von André Malraux, Roger Martin du Gard, François Mauriac und Jean-Paul Sartre unterschrieben, in dem sie die französische Regierung auffordern, den von Alleg vorgetragenen Fall zu untersuchen und den Gebrauch der Folter »im Namen der Menschen- und Bürger-Rechte« offen zu verurteilen.

Es war in der Tat viel Zeit vergangen, bevor die Nachrichten aus Algerien in Frankreich Wirkung zeigten. 1949 hatte der Generalgouverneur ausdrücklich die Folter verboten. Der Premierminister Mendès-France hatte dieses Verbot 1955 wiederholt, ebenso der neue Generalgouverneur Jacques Soustelle. Zu den Beratern von Soustelle gehörten 1955 auch Germaine Tillion, eine in Algerien arbeitende Soziologin, die die Folterung durch die Gestapo überlebt und in einer mit Kriegsverbrechern befaßten Kommission in New York mitgearbeitet hatte, und Vincent Monteil, der sehr energisch gegen die harten Vergeltungsmaßnahmen der französischen Armee nach 1954 in Algerien protestierte. Monteil trat 1955 zurück, nachdem es ihm nicht gelungen war, die fortgesetzte Verfolgung und Folterung algerischer Rebellen aus Ighil-Ilef zu verhindern. Im gleichen Jahr erschien dann der Wuillaume-Bericht, der zugab, einigen Gefangenen, die im Verdacht gestanden hatten, politische Verbindungen zur *Front Libération Nationale* gehabt zu haben, sei Gewalt angetan worden, was aber »noch nicht Folter« genannt werden könne, und daß man vielleicht angesichts der gegenwärtigen, außergewöhnlichen Umstände gezwungen sei, einige dieser Gewaltmaßnahmen zu institutionalisieren.

> Die Anwendung von Wasser und elektrischem Strom soll, sofern sie mit Vorsicht erfolgt, einen Schock hervorrufen, der eher psychisch als physisch wirkt und deshalb *keine exzessive Grausamkeit darstellt.* [...] Aus medizinischer Sicht, so wurde mir gesagt, bedeutet die Wassermethode, wenn sie im oben angedeuteten Sinne angewandt wird, keine Gefahr für die Gesundheit des Opfers.

Obwohl Soustelle den Wuillaume-Bericht als unzutreffend zurückwies, wurde in Algerien weiter gefoltert, und erst 1957 gelangten endlich genügend Berichte darüber nach Frankreich, um eine Reihe höchst unterschiedlicher Autoren dazu zu bewegen, sich der Sache anzunehmen.

Der katholische Autor Pierre-Henri Simon veröffentlichte seinen Angriff *Contre la torture* im Jahr 1957. 1958 erschien außer Henri Allegs Buch mit dem einleitenden Essay Sartres auch noch *L'affaire Audin* des Altphilologen Pierre Vidal-Naquet, ein Buch, das sich mit dem Fall eines Mathematikprofessors der Universität von Algier befaßt, der bei einem Verhör durch die Armee ums Leben gekommen war. Von den französischen Intellektuellen war es besonders Vidal-Naquet, der mit größter Unnachgiebigkeit Nachforschungen anstellte. 1962 veröffentlichte er *Raison d'état*, einen sorgfältig recherchierten Bericht über systematische Folterungen durch die Armee. 1963 erschien dann in englischer Sprache sein überaus einflußreiches Buch *Torture: Cancer of Democracy*, in dem er erstmals die gesellschaftlichen Folgen dessen, was er da in Algerien entdeckt hatte, untersuchte. Das Krebsgeschwür war für ihn gar nicht so sehr die Folter selbst, sondern die öffentliche Gleichgültigkeit, die selbst den expliziten Schutz, den das bürgerliche und öffentliche Recht bieten, aushöhlte und sinnlos machte. Das Buch erschien 1972 schließlich auch in französischer Sprache, und ihm folgte 1977 *Les crimes de l'armée francaise*, ein Dokumentarbericht über die Greuel der Unterdrückung der algerischen Revolution durch die Franzosen.

Die Entdeckung Algeriens vervollständigte eine Lektion, die die Welt des 20. Jahrhunderts zuguterletzt lernen mußte: die Folter war nicht mit den gesetzlichen und rechtlichen Reformen der Aufklärung und ihrem optimistischen Menschenbild verschwunden. Folter war auch nicht eine exzentrische Praxis geistesgestörter oder psychotischer Regierungen. Es war nicht so, daß Folter nur unter unsicheren Verhältnissen wie etwa marxistischen Revolutionen auftauchen würde, und sie war auch nicht von barbarischen, nicht-europäischen Völkern übernommen. Europäer folterten Europäer und Nicht-Europäer gleichermaßen, trotz einer Gesetzgebung, die das verbot, und trotz Reformern, die entschlossen waren, diesen Mißbrauch aufzudecken. Folter konnte nicht mehr länger als erledigt betrachtet oder ignoriert werden. Die Lektion war ernüchternd, und die Antwort auf ihre Fragen ist noch nicht gefunden worden. Zu den vornehmlichsten und drängendsten dieser Fragen gehört wohl die, die Jean-Paul Sartre in seiner Einleitung zu Henri Allegs *La question* stellt:

> Plötzlich wird Benommenheit zur Verzweiflung: wenn Patriotismus zur Unehre wird; wenn es keinen Abgrund der Unmenschlichkeit mehr gibt, in den sich Menschen und Nationen nicht hinabstürzen, warum machen wir uns dann überhaupt noch die Mühe, menschlich zu werden oder zu bleiben?

Eine neue Aufklärung?

In der kurzen, von großen Hoffnungen erfüllten Zeit zwischen dem
Ende des Zweiten Weltkrieges und den Enthüllungen des XX. Partei-
tages in Moskau 1956 sowie den Ereignissen in Algerien in den Jahren
1954 bis 1962 machten sich eine Reihe von internationalen Organisationen und Kongressen mit großem Ernst und voller Optimismus an
die Arbeit, um sicherzustellen, daß die Schrecken der vorangegangenen zwei Jahrzehnte niemals wiederkehren würden. Sie beriefen sich
dabei nicht zuletzt auf die hohen und universalen Zielsetzungen der
Revolutionen von 1776 und 1789, die zwar nur der Reform einzelner
Staaten gegolten hatten, jedoch allgemeine Gültigkeit beanspruchten.
Der Einfluß dieser universellen Bestrebungen war ungeheuer groß
gewesen, niemals jedoch größer als in den Jahren nach 1945, als nach
dem Versagen von Völkerbund und Internationalem Gerichtshof ein
internationalistisches Denken wieder stärker in den Vordergrund trat.
　Trotz der zunehmenden Kälte des Kalten Krieges gab es durchaus
Grund zu Optimismus. Die Geschichte eines weltweiten Schutzes der
Menschenrechte bestand zwar nicht aus einer einzigen Kette von Sie-
gen, sie bot aber, nach den Nürnberger Prozessen und der Antwort der
Welt auf die interne Entwicklung bei den Achsenmächten während des
Zweiten Weltkrieges die begründete Hoffnung, daß es mit Hilfe inter-
nationaler, demokratisch ausgehandelter und ratifizierter Abkommen
möglich sein würde, eine Wiederkehr dieser Schrecken zu verhindern.
　Im Jahre 1864, also ein Jahr nach der Gründung des Internationalen
Roten Kreuzes, hatte die erste Genfer Konvention versucht, einen
kleinen Bereich internationaler Übereinstimmung hinsichtlich
bestimmter Rechte der am Krieg Beteiligten zu sichern – vor allem

festzusetzen, daß ärztliche Helfer als neutral angesehen wurden, damit sie sich um die Betreuung der Verwundeten kümmern konnten. Diese Konvention, die 1906 überarbeitet und 1924 zum Bestandteil eines neuen Vertrages wurde, der seinerseits 1949 und 1977 revidiert wurde, galt für inoffizielle Organe, die nicht die Macht hatten, Sanktionen zu verhängen. Das Internationale Rote Kreuz, die Internationale Arbeiterorganisation, die Mandatskommission sowie die Völkerbunds-Kommission zur Bekämpfung der Sklaverei stehen für die im frühen 20. Jahrhundert unternommenen Versuche, eine weltweit anerkannte, die menschlichen Grundrechte sichernde Konvention zu schaffen, denen die Staaten Vorrang vor ihrer jeweils eigenen Politik einräumen würden. Diese Bestrebungen, die – wenn überhaupt – befördert wurden durch das, was ein Historiker als »humanitäre Diplomatie« bezeichnet hat, erhielten durch das Wissen über die internen Vorgänge im nationalsozialistischen Deutschland und bei anderen Achsenmächten, das immer umfangreicher geworden war, je mehr sich der Zweite Weltkrieg seinem Ende genähert hatte, neues Gewicht.

Die Charta der Vereinten Nationen von 1945 war bestrebt, die universalen Rechte des Menschen in den Mittelpunkt der Aufmerksamkeit der Nachkriegswelt zu rücken. Ihr Artikel 55 enthält – erstmals nach dem Krieg – ein Bekenntnis zur weltweiten »Achtung und Beachtung der Menschenrechte und der Grundfreiheiten aller, unabhängig von Rasse, Sprache oder Religion«. 1948 wurde dieser Artikel 55 der Charta in die auf dreißig Artikel erweiterte Menschenrechtserklärung der Vereinten Nationen aufgenommen, deren 5. Artikel lautet: »Niemand soll der Folter oder grausamer, unmenschlicher oder erniedrigender Behandlung oder Bestrafung unterworfen werden.« Wie im Falle der Charta, so ist auch an der Menschenrechtserklärung kritisiert worden, daß sie nur eine Empfehlung der Vereinten Nationen sei, nicht verbindlich für die einzelnen Staaten, in ihrer Terminologie zu allgemein, deren Einhaltung ausschließlich vom guten Willen der einzelnen Staaten abhänge. Aber abgesehen von den acht Ländern, die von einer Unterzeichnung Abstand nahmen, war es die erklärte Absicht der 48 Staaten, die am 10. Dezember 1948 das UN-Dokument A/811 unterschrieben, eine Reihe universaler menschlicher Rechte anzuerkennen – auch das Recht, von der Folter verschont zu bleiben. Fast genau siebenundzwanzig Jahre später nahm die Vollversammlung der Vereinten Nationen am 9. Dezember 1975 die Resolution 3452 (XXX) an, die »Erklärung zum Schutz aller Menschen vor der Folter und anderer grausamer, unmenschlicher oder erniedrigender Behandlung oder Bestrafung«, die auf der Überzeugung basiert, daß »die Anerkennung der Würde und der gleichen und unveräußerlichen Rechte aller Angehörigen der Menschheitsfamilie die Grundlage der Freiheit, der Gerechtigkeit und des Friedens in der Welt« ist.

In einem Anhang zu dieser neuen Erklärung finden sich zwölf Artikel, die im einzelnen festlegen, was unter Folter und grausamer, unmenschlicher Bestrafung zu verstehen ist. Nach Artikel 1 dieses Zusatzes ist Folter

> jeder Akt, bei dem einem Menschen starke Schmerzen oder Qualen, seien es körperliche oder geistige, durch einen Angehörigen der staatlichen Organe oder auf dessen Veranlassung hin mit Bedacht und mit dem Ziel zugefügt werden, von ihm oder einer dritten Person Informationen oder Geständnisse zu erhalten, ihn für eine Tat zu bestrafen, die er begangen hat oder verdächtigt wird, begangen zu haben, oder ihn oder andere Personen einzuschüchtern.

Der Zusatz hält fest, daß die Folter eine erschwerte und vorsätzliche Form der grausamen, unmenschlichen oder erniedrigenden Behandlung oder Bestrafung ist (Art. 2). Er spricht den Staaten zudem das Recht ab, außergewöhnliche Umstände oder gar den Krieg als Rechtfertigung von Folterungen zu benutzen (Art. 3), und fordert, daß sie geeignete Maßnahmen ergreifen, sicherzustellen, daß ihre Repräsentanten die Folter weder praktizieren noch zulassen (Art. 4), daß sie ferner ihre Polizei und anderen Inhaber öffentlicher Ämter so ausbilden, daß die Anwendung der Folter durch sie ausgeschlossen ist (Art. 5). Es wird gefordert, daß alle Staaten ihre Vernehmungsmethoden systematisch überprüfen (Art. 6) und die Bestimmung des Artikels 1 in ihr Strafrecht aufnehmen (Art. 7). Personen, die behaupten, Opfer von Folterungen geworden zu sein, wird zugesichert, daß Behörden ihres Landes den Vorwürfen nachgehen (Art. 8), und es wird festgehalten, daß auch bei entsprechenden Informationen, die ohne förmliche Klageerhebung gegeben werden, staatliche Beamte zu untersuchen haben, ob gegen die Bestimmungen des Artikels 1 verstoßen worden ist (Art. 9). Ferner sollen Personen, die in Folge von Untersuchungen entsprechend der Artikel 8 und 9 der Folterung für schuldig befunden worden sind, nach dem geltenden Recht ihres Landes angemessen bestraft werden (Art. 10). Den Opfern rechtsgültig verurteilter

Beamter werden Wiedergutmachung und Entschädigung zugesichert (Art. 11), und es wird bestimmt, daß Informationen und Aussagen, die unter der Folter gegeben oder gemacht worden sind, keine Beweiskraft haben sollen (Art. 12).

Am 16. Dezember 1966 nahm die Vollversammlung der Vereinten Nationen zudem die Resolution 2200 A (XXI) zur Ratifizierung an, die »Internationale Vereinbarung über die bürgerlichen und politischen Rechte«, die dann am 26. März 1976 in Kraft trat. Artikel 7 dieser Entschließung lautet: »Niemand soll der Folter oder grausamer, unmenschlicher oder erniedrigender Behandlung oder Bestrafung unterworfen werden. Insbesondere soll niemand ohne seine freie Zustimmung zum Gegenstand medizinischer oder wissenschaftlicher Experimente gemacht werden.« Und schließlich unterzeichneten am 1. August 1975 fünfunddreißig Staaten das Abschlußdokument der Konferenz über Sicherheit und Zusammenarbeit in Europa, das allgemein als »Vertrag von Helsinki« bezeichnet wird und die »Fragen der Sicherheit in Europa« enthält. Abschnitt VII dieser Fragen hält fest: »Hinsichtlich der Menschenrechte und Grundfreiheiten werden die Unterzeichnerstaaten in Übereinstimmung mit den Zielen und Grundsätzen der Charta der Vereinten Nationen und der Allgemeinen Erklärung der Menschenrechte handeln.«

Soweit also ging in den ersten drei Jahrzehnten nach dem Ende des Zweiten Weltkrieges die ehrgeizige, optimistische und uncharakteristisch explizite Verurteilung der Folter. In gewissem Maße standen alle diese Erklärungen für die Hoffnung auf eine neue Aufklärung – eine Aufklärung mit allgemeinen, Staat und Politik (aber auch Gesellschaft und Wirtschaft) betreffenden Konsequenzen, die allen Menschen zugute kommen würden, das heißt nicht nur der Bevölkerung der ursprünglich achtundvierzig Unterzeichnerstaaten der Erklärung von 1948, sondern auch jenen der weit über einhundert Staaten, die seitdem den Vereinten Nationen beigetreten sind. Zusätzlich zu den verschiedenen, die Menschenrechte und besonders die Folter betreffenden Erklärungen der Vereinten Nationen haben auch etliche regionale Versammlungen – allen voran der Europarat – Garantien und Definitionen ausgearbeitet, wobei vor allem an die Europäische Menschenrechtskonvention zu denken wäre, deren erster Entwurf am 12. Juli 1949 zur Beratung vorgelegt und die am 4. November 1950 unterzeichnet wurde. Artikel 3 untersagt die Folter und jede unmenschliche oder erniedrigende Bestrafung. Die Veröffentlichung der *Traveaux prépa-ratoire* der Vorbereitungskommission des Europarates, seines Mini-sterkomitees und seiner Beratenden Versammlung im Jahr 1973 ermöglicht einen Einblick in das Denken und die öffentliche Haltung der Mitgliedstaaten, die in anderthalbjähriger Arbeit die Konvention formuliert und verabschiedet haben.

Auch die Anstrengungen des Europarates stehen im Zusammenhang mit dem ständig zunehmenden Bemühen um die Menschenrechte, für das auf internationaler, globaler Ebene die Vereinten Nationen stehen, auf regionaler eine Reihe von Bewegungen wie etwa auch die inoffizielle Europäische Bewegung, deren »Europäischer Kongreß« in Den Haag im Mai 1948 eine »Botschaft an die Europäer« verabschiedete. Diese Botschaft enthält die Forderung nach einer »Charta der Menschen-rechte, die die Freiheit des Denkens, der Versammlung und des Aus-drucks ebenso garantiert wie das Recht auf die Bildung einer politischen Opposition«. Außerdem wird die Schaffung eines Gerichtshofes gefor-dert, der mit Befugnissen ausgestattet sein soll, die Einhaltung der Bestimmungen der Charta zu gewährleisten. Im Februar 1949 stimmte der Internationale Rat der Europäischen Bewegung einer Erklärung zu, die Grundsätze zur Frage der europäischen Einheit zum Gegenstand hatte, und schuf einen eigenen internationalen Rechtsausschuß unter dem Vorsitz von Pierre-Henri Teitgen, der den Entwurf einer europä-ischen Menschenrechtskonvention erarbeiten sollte. Die Ergebnisse der Arbeit von Teitgens Ausschuß wurden am 12. Juli 1949 dem Minister-komitee des Europarates vorgelegt. Dieses Ministerkomitee war im Mai 1949 ins Leben gerufen worden und sollte nach Artikel 3 ihrer Satzung auch dafür sorgen, daß »die Grundsätze einer Herrschaft des Rechts akzeptiert werden und sich die im Bereich seiner Jurisdiktion lebenden Menschen der Menschenrechte und Grundfreiheiten erfreuen können«. Im August des gleichen Jahres wurde eine weitere Kommission unter Vorsitz von Sir David Maxwell-Fyfe eingesetzt, bei der Teitgen als *rapporteur*, als Berichterstatter, fungierte und am 5. September 1949 seinen Bericht zur Diskussion stellte. Die Behandlung des Themas »Folter« ist in den beiden ersten Bänden der *Traveaux préparatoire* dokumentiert, die die entsprechende Debatte (vom 5. bis 8. September 1949) enthalten. Die weitere Geschichte der Europäischen Konvention läßt sich anhand der Bände III bis VII verfolgen, in denen auch der endgültige Entwurf des Dokuments abgedruckt ist.

Mehr noch als die Erklärung der Vereinten Nationen spiegeln die Debatten der Beratenden Versammlung des Europarates die Einstellung der Europäer in diesen von Aufbruchsstimmung gekennzeichneten, optimistischen Jahren. In seinem ersten Bericht begründete Teitgen beredt wie niemand vorher oder nachher die Notwendigkeit einer Menschenrechtskonvention, wobei er detailliert die Schwierigkeiten darlegte, mit denen sich jede Institution konfrontiert sehen würde, die eine derartige Konvention zu verabschieden gedachte. Er verwies auf die Erklärung der Vereinten Nationen von 1948, auf die Ergebnisse der Nürnberger Prozesse und auf den Internationalen Gerichtshof als Musterbeispiele und führte unter den zu garantierenden Rechten und Freiheiten die folgenden auf:

> [...] die Freiheit, nicht nur Anschauungen äußern zu können, sondern auch Gedanken, Grundüberzeugungen, religiöse Ansichten und Meinungen [...] Das Komitee wollte alle Angehörigen der Mitgliedstaaten sowohl vor »Geständnissen« geschützt sehen, die von Staats wegen erzwungen werden, als auch vor jenen widerwärtigen Methoden des polizeilichen Verhörs oder des gerichtlichen Verfahrens, die den Verdächtigten oder Angeklagten der Kontrolle über seine intellektuellen Fähigkeiten und seines Gewissens berauben.

Abschnitt 1, Artikel 1 und Artikel 2.1 des Entwurfs lehnten sich bewußt an die Menschenrechtserklärung der Vereinten Nationen an, deren entsprechende Texte einschließlich des Artikels 5 in einem Anhang enthalten waren.

Im September 1949 schlug der Delegierte F.S. Cocks den folgenden Zusatz zum Abschnitt 1 des Artikels 2.1 vor:

> Insbesondere soll niemand in irgendeiner Form verstümmelt oder sterilisiert werden, noch in irgendeiner Form gefoltert oder geschlagen. Niemand soll zur Einnahme von Drogen gezwungen, noch sollen ihm solche ohne sein Wissen und seine Zustimmung verabfolgt werden. Niemand soll so inhaftiert werden, daß ein Übermaß an Licht, Dunkelheit, Lärm oder Stille mentales Leiden verursacht.

Artikel 1 sollte nach Ansicht von Cocks mit folgendem Zusatz versehen werden:

> Die Beratende Versammlung nimmt diese Gelegenheit wahr zu erklären, daß alle Formen der physischen Folterung, ob sie nun von der Polizei, militärischen Instanzen, Angehörigen privater Organisationen oder irgendwelchen anderen Personen angewandt werden, unvereinbar sind mit einer zivilisierten Gesellschaft, daß sie ein Verbrechen gegen Gott und die Menschheit darstellen und

unterbunden werden müssen. Sie erklären, daß dieses Verbot absolut sein muß und daß keinerlei Zweck die Folter rechtfertigt, weder die durch Erzwingung von Aussagen mögliche Rettung von Leben noch auch die Sicherheit des Staates. Sie sind der Auffassung, daß es für eine Gesellschaft besser wäre unterzugehen als zuzulassen, daß dieses Überbleibsel der Barbarei erhalten bleibt.

In einer langen Antwort auf diesen und auf eine Reihe weiterer Ergänzungsvorschläge griff Teitgen die Überlegungen Cocks' und anderer auf und beschwor die Versammlung, die Gefahr einer Wiederholung der Ereignisse aus jüngster Geschichte zu bedenken:

> Viele unserer Kollegen haben darauf hingewiesen, daß unsere Länder demokratisch und zutiefst vom Freiheitswillen durchdrungen sind; sie glauben an Sittlichkeit und ein natürliches Recht. Wir sind vor solchen Versuchen und Zerreißproben sicher. Warum sollte es deshalb notwendig sein, solch ein System aufzubauen? Andere Länder, große, schöne und hochherzige Länder, haben sich aber auch der Ethik, der Moral und der Zivilisierung unterworfen – und wurden eines Tages doch vom Bösen heimgesucht. Sie sahen sich der Zerreißprobe ausgesetzt. Unsere Länder könnten alle irgendwann in die gleiche Lage kommen und sich von Staats wegen stärkstem Druck ausgesetzt sehen. Und dann schützt uns vielleicht unser Garantiesystem vor der Gefahr.

Diese Worte entbehren nicht einer gewissen Ironie. Denn fast ein Jahrzehnt später, 1956/57, legte ein anderer Monsieur Teitgen, nämlich Paul Teitgen, Generalsekretär der Präfektur von Algier, Held der Résistance und Überlebender von Dachau, dem »Schutzkomitee« einen Bericht vor, der folgende Beobachtungen enthielt:

> Selbst eine rechtmäßige Aktion [...] kann zu Improvisationen und Exzessen führen. Wenn nichts dagegen unternommen wird, wird sehr schnell die Effizienz zur einzigen Begründung. Mangels einer rechtlichen Grundlage versucht die Aktion um jeden Preis, sich selbst zu rechtfertigen und nimmt für sich – mit ein wenig schlechtem Gewissen – das Vorrecht einer Sonderlegitimität in Anspruch. Im Namen der Effizienz ist die Unrechtmäßigkeit gerechtfertigt worden.

Der Bericht des zweiten Teitgen zeigte deutlich, wie prophetisch die Worte des ersten gewesen waren. Die Ironie erhöhte sich dadurch, daß Frankreich die Menschenrechtskonvention erst 1973 ratifizierte.

Pierre-Henri Teitgen wies bei Vorlage des Berichts auch darauf hin, daß weder in diesem noch im Entwurf der Konvention der Versuch gemacht worden sei, die Grundsätze des Naturrechts zu definieren, und er begründete dies so:

Es hat eine Geschichte so alt wie die Welt und unsere Zivilisation. Es ist das Naturrecht der Antigone; und es ist auch dasjenige Ciceros: *recta ratio, diffusa in omnes, constans, sempiterna,* wenn ich recht erinnere. Es ist das Naturrecht des Christentums und des Humanismus. Dies sind die Grundsätze und Ideale, auf denen unser Statut basiert. Es hängt damit zusammen, ob es – jenseits der menschlichen Gesetze – unveränderliche Prinzipien gibt, die der Staat nicht außer acht lassen kann und die die Grundlage der menschlichen Gesetze bilden.

Bei der Diskussion der Versammlung über die Zusatzanträge von Cocks fand die hochherzige Beredtsamkeit Teitgens manchen Nachhall, so auch bei Cocks selber, dem die Folter und die Geschehnisse der zurückliegenden zwei Jahrzehnte geradezu zur Obsession geworden waren: »Es ist das schrecklichste Erlebnis meines Lebens, daß in diesem Jahrhundert Folter und Gewalt zurückgekehrt sind, gestärkt durch Entdeckungen der modernen Wissenschaft – und daß in manchen Ländern die Menschen sich sogar daran zu gewöhnen beginnen.« Er schloß mit den Worten:

> Ich sage, es ist ein Verbrechen gegen Gott und gegen den heiligen Geist des Menschen, wenn man die schönen, geraden Körper von Männern und Frauen hernimmt, um sie durch Folter zu brechen und zu verstümmeln. Ich sage, es ist eine Sünde wider den Heiligen Geist, für die es keine Vergebung gibt. Ich erkläre, daß es unvereinbar mit der Zivilisation ist.

Sir Maxwell-Fyfe drängte Cocks, aus Gründen der Wirksamkeit und angesichts der vorliegenden, angemessenen Formulierungen seinen Zusatzantrag zurückzuziehen, erinnerte die Versammlung aber daran, Cocks habe »eine ewige Wahrheit unterstrichen, die wir alle stets vor Augen haben müssen, nämlich die, daß die Barbarei niemals hinter uns liegt, sondern unter uns. Es ist unsere Aufgabe, dafür zu sorgen, daß sie nicht an die Oberfläche kommt.« Artikel 3 der endgültigen Fassung enthält also den von Cocks gewünschten Zusatz nicht, aber die Texte der *Traveaux préparatoire* machen die Einstellung und die Befürchtungen der versammelten Delegierten hinlänglich deutlich. Obwohl man dem juristischen Sachverstand von Teitgen und Maxwell-Fyfe folgte, werden in den Worten vieler die Empfindungen von Cocks hörbar, und ihre Sprache spiegelte, wie die der Rechtsphilosophen der ersten Aufklärung, die erhabensten menschlichen Empfindungen. Liest man ihre Diskussionsbeiträge ein Vierteljahrhundert später, kann man nicht umhin, ihre Hoffnung zu bewundern und, wenn auch widerwillig, die Ironie in diesem Optimismus zu erkennen.

Die Sprache Edens

Eine der bedeutenden Leistungen der politischen Denker und Rechtsphilosophen des 18. Jahrhunderts war, die Gesetzgebung so zu beeinflussen, daß die Aktionen des Rechts und des Staates einen moralischen Rahmen erhielten, daß jeder Akt des Gesetzes und der Regierung an den moralischen Maßstäben des traditionellen europäischen aufgeklärten Humanismus gemessen wurden. Regierungen und Rechtssysteme paßten sich dem bis zum 19. Jahrhundert weitgehend an. Trotz der Skepsis von Kritikern wie Burke und Bentham einerseits und des Zynismus von Personen wie Robespierre und Saint-Simon andererseits bekannten sich die meisten Staaten zum Gedanken eines Naturrechts und einer dem Menschen eigenen Würde als Maßstab für alles staatliche und rechtliche Handeln. Selbst Historiker wie Henry Charles Lea teilten diese Auffassung, und Lea schrieb seine Geschichte der Folter nicht zuletzt in der Absicht, ihre Wiederkehr zu verhindern.

Dennoch hat mancher Historiker auch eine gewisse Ambivalenz in einer solchen Achtung der Menschenrechte gesehen, selbst in dem Jahrhundert, das sich am beredtesten dazu bekannt hat. In einem überwältigenden und leidenschaftlichen Abschnitt ihrer ausgedehnten wichtigen Untersuchung *The Origins of Totalitarianism* von 1951 hat Hannah Arendt die Entwicklung der unveräußerlichen Rechte im 19. und 20. Jahrhundert nachgezeichnet. Im 19. Jahrhundert war es keiner Institution oder Körperschaft, ob national oder international, gelungen, die Rechte staatenloser Personen zu schützen; Staatenlose selbst hatten zumeist vorgezogen, beim positiven Recht eines Nationalstaats Zuflucht zu suchen, als sich an internationale Instanzen zu wenden oder entsprechende gesetzliche Regelungen für sich in Anspruch zu nehmen; dazu schreibt Hannah Arendt weiter:

> Noch schlimmer war, daß alle Gesellschaften, die zum Schutz der Menschenrechte gegründet worden waren, und alle Versuche, ein neues Menschenrechtsgesetz zu erarbeiten, von Gestalten gefördert wurden, die eine nur marginale Bedeutung hatten – von ein paar wenigen internationalen Juristen ohne politische Erfahrung oder Berufsphilanthropen, die sich auf die unsicheren Empfindungen von Berufsidealisten stützten, abgesehen. Die Gruppen, die sie gründeten, und die Entschließungen, die sie herausgaben, wiesen in Sprache und Inhalt eine gespenstische Ähnlichkeit mit Gesellschaften zur Verhinderung der Tierquälerei auf. [...] Die Opfer teilten die Geringschätzung und die Indifferenz, die die

maßgeblichen Stellen angesichts der Versuche der marginalen Gesellschaften, die Menschenrechte in einem grundlegenden oder allgemeinen Sinn durchzusetzen, an den Tag legten.

Dieses einzigartige und beunruhigende Buch von Hannah Arendt enthält Gedanken zur modernen Politik, die manchem damaligen und manchem zeitgenössischen Leser unannehmbar erscheinen. Kaum ein Leser der Menschenrechtserklärung der Vereinten Nationen oder der Menschenrechtskonvention wird von ihren Behauptungen überrascht sein. An diesen Dokumenten ist ja auch tatsächlich kritisiert worden, daß sie mit keiner Autorität ausgestattet und von »marginalen«, mit den politischen Realitäten der zweiten Hälfte des 20. Jahrhunderts wenig vertrauten Personen konzipiert worden seien.

Eine Ursache des Problems, auf das Hannah Arendt und andere Kritiker hinweisen, war, wie Ernest Gellner und andere gezeigt haben, die ungeheure Stärke und der gewaltige Einfluß des Nationalstaates auch in den Bereichen des Rechts, der Moral und der Gesinnung, eine Tatsache, die Burke und Bentham kaum überrascht hätte. Die moralische Republik von Europa hatte nur kurze Zeit Bestand, bald schon erhoben die einzelnen Staaten einen zunehmend wachsenden Machtanspruch in Fragen der Moral und des Empfindens, und zudem einen immer exklusiveren Anspruch darauf, die staatlichen Rechte zu definieren und die Identität von Bürger und Staat immer restriktiver auszulegen. Dieser Entwicklungsprozeß führte, wie wir im vorigen Kapitel angedeutet haben, auf Seiten des Staates zur Ausbildung außerrechtlicher Verfahren, die schließlich das gesamte Rechtswesen schwächten und dazu beitrugen, daß erneut außerordentliche Maßnahmen in das zur Routine gewordene Instrumentarium des politischen Lebens aufgenommen wurden.

Aber es gibt auch noch andere Ursachen, und einige davon stehen mit der Folter im Zusammenhang. Die Assoziation der Folter mit den moralischen Übeln des *Ancien régime* brachte eine nicht ganz gerechte Akzentverlagerung mit sich – die Verurteilung der Folter erfolgte weniger aus spezifisch rechtlichen als aus allgemein moralischen Gründen. Folter wurde nun – von Voltaire, Beccaria und anderen – als mit der neuen Idee der menschlichen Würde unvereinbar gebrandmarkt. Jede Regierung, die mit dieser Vorstellung einer eigenen Menschenwürde in Verbindung gebracht werden wollte, mußte sich – konstitutionell oder institutionell – von allen Manifestationen des Alten lossagen. Wenn auch die Denker der Aufklärung und ihre unmittelbaren Nachfolger die Folter nicht schon zu ihrer eigenen Zeit abzuschaffen vermochten, so ist ihnen doch zu danken, daß sie das Vokabular des *Ancien régime* dermaßen in Mißkredit brachten, daß es nicht mehr zu direktem Gebrauch wiederbelebt werden konnte und selbst zu einem polemischen nur selten wieder aufgegriffen wurde. Das Wort »Folter« rutschte aus einem spezifisch rechtlichen Wortschatz – in dem es bestimmte Bedeutungen gehabt hatte – in das allgemeine Vokabular der moralischen Invektive ab.

Gleichzeitig aber wurde das Wort »Folter« auch zum Bestandteil eines Vokabulars der Empfindung. Von der ersten Verurteilung des kirchlichen Verfahrens durch die Reformation bis zu der anschwellenden – und zunehmend pittoresken – Literatur religiöser Polemik des 16. und 17. Jahrhunderts stellte die von der mittelalterlichen und von der spanischen Inquisition geübte Praxis der Folter einen der Mittelpunkte der reformatorischen und gegenreformatorischen Auseinandersetzungen dar. In einer Reihe weit verbreiteter Streitschriften – vom *Book of Martyrs* des John Foxe bis hin zu dem 1587 erschienenen Bericht von Montanus über die Foltermethoden der Spanischen Inquisition – wurden die mittelalterlichen und frühneuzeitlichen Verfahrensweisen der Kirche polemisch geschildert, wobei nie versäumt wurde, das Verfahren der Folter eindrücklich und schauerlich darzustellen. Diese Literatur, größtenteils wenig genau, sprach das Gefühl ebenso an wie die Moral (oder eher das moralische Empfinden als eine Erweiterung des moralischen Urteils) und wurde zu einem Vermächtnis, das nicht nur Reformern zur Verfügung stand, sondern auch Romanschreibern und Malern. Seit dem späten 18. Jahrhundert nutzten Romane, fiktive Memoiren, die Reiseliteratur und ernstzunehmende Abrisse der mittelalterlichen und Spanischen Inquisition immer wieder Folterfälle und -szenen, um damit das Interesse der Leser zu wecken. Ein Blick auf den Charakter und die Quellen einer so bekannten Erzählung wie Edgar Allan Poes »The Pit and the Pendulum« von 1843 läßt erkennen, wie sehr die Wirkung auf dem Gefühl basiert – und allenfalls nebenbei mit rechtlicher oder moralischer Entrüstung zu tun hat. Die Erzählung geht tatsächlich unter anderem auf Poes Lektüre einer damals sehr populären Geschichte der Spanischen Inquisition zurück (obwohl die geschilderte Methode wohl nie von den spanischen

Inquisitoren angewendet oder gar von ihnen erdacht worden wäre); und viele andere Werke, nicht zuletzt solche, die sich mit speziellen Formen der Erotik befaßten, und einige Varianten des Schauerromans griffen ebenfalls, um die Gefühle anzusprechen, auf den Schatz an überlieferten, düsteren Darstellungen zurück.

Diese dritte gefühlsbezogene Dimension der Folter fügte sich gut zur Beschäftigung des 19. Jahrhunderts mit der menschlichen Grausamkeit im allgemeinen. Weit entfernt von Hannah Arendts scharfer Kritik, empfanden Reformer, Philanthropen und Idealisten den Ernst ihres jeweiligen Anliegens nicht weniger tief, weil sie einige Themen ihrer Besorgnis sentimentalisierten. Nachdem die Folter aus dem rechtlichen Vokabular gelöst und als moralische Freveltat überhaupt verurteilt worden war, erweiterte das 19. Jahrhundert die Definition des Begriffes noch mehr, indem er in den gefühlsmäßigen Wortschatz aufgenommen wurde. Gerade die Moral, die den Begriff »Folter« allgemein dem Vokabular der Schande zugewiesen hatte, wandte diesen nun auch im Falle aller anderen Manifestationen dieser Schande an. Neben den juristischen und moralischen Assoziationen weckte der Begriff Folter jetzt auch gefühlsmäßige, wodurch er zwar breiter anwendbar, zugleich aber auch unpräziser wurde. Jetzt bezeichnete er nicht mehr nur eine bestimmte Praxis, sondern – wie Malise Ruthven es genannt hat – die »Schwelle der Schande« einer bestimmten Gesellschaft.

Die von Moral und Empfindsamkeit geprägte Sprache des 19. Jahrhunderts, ausgedehnt auf immer andere und immer mehr Formen menschlicher Beziehungen, ließ auch die Anwendbarkeit des Wortes Folter auf alle Bereiche menschlicher Grausamkeit zu, vom Arbeitsplatz bis zum heimischen Herd. Jetzt folterten Fabrikbesitzer ihre Arbeiter, Ehemänner ihre Frauen, Eltern ihre Kinder, Verbrecher ihre Opfer. Derart ging der Begriff in ein allgemeines Vokabular mit moralischer und gefühlsmäßiger Bedeutung über.

Ein gutes Beispiel für diese semantische Verschiebung ist der englische *Criminal Law Procedure Act* von 1853 (16 & 17 Vic. c.30), dessen Ziel es war, ein weitverbreitetes Problem in den Griff zu bekommen, nämlich die Tatsache, daß Männer die Ehefrauen schlugen. Schon kurz nach Inkrafttreten stellte sich seine Wirkungslosigkeit heraus. Die moralische Entrüstung, zu der es diesbezüglich in den folgenden fünfundzwanzig Jahren kam, führte schließlich zu dem effektiveren *Matri-*

monial Causes Act von 1878 (41 & 42 Vic. c.19), der den mißhandelten Frauen einen besseren Schutz bot, was auch von späteren Maßnahmen des Gesetzgebers gesagt werden kann. Großen Einfluß auf das Gesetz von 1878 hatte unter anderem das im gleichen Jahr erschienene Pamphlet *Wife Torture* von Frances Power Cobbe. Der Titel spricht für sich selbst. Das Wort *torture*, »Folter«, lenkte die Aufmerksamkeit sofort auf sich und war unzweideutig. Es war mit Bedacht gewählt und hat wesentlich dazu beigetragen, das vorhandene, aber bis dahin diffuse Interesse zu bündeln und auf den zentralen Aspekt zu konzentrieren. Denn hier wurde das Problem mit einem Wort verknüpft, das im späten 19. Jahrhundert praktisch zu einem universalen Schmähwort geworden war und deshalb sehr geeignet, um eine noch verstreute Opposition zusammenzuführen. Die semantische Erweiterung des Wortes Folter erfolgte – wie immer – im Zusammenhang einer achtbaren und wichtigen Sache.

Der Eintrag im *Oxford English Dictionary* zum Stichwort *torture* geht davon aus, daß das Wort im Sinne von »severe or excruciating pain or suffering (of body or mind); anguish, agony, torment; the infliction of such« (d. h. im Sinne von körperlichen oder geistigen Qualen oder deren Zufügung) bereits im 17. Jahrhundert auch in übertragener Bedeutung gebraucht worden war und sich dann auf ein verallgemeinertes Empfinden oder Erleiden extremer Art bezog, gleichgültig welche Ursachen dies hatte. Dieser übertragene und verallgemeinerte Gebrauch des Wortes scheint im Englischen früher üblich geworden zu sein als in den anderen europäischen Sprachen – vielleicht deshalb, weil die Folter in England ja nicht in gleicher Weise förmlicher Bestandteil des Rechts war wie auf dem Kontinent. Cobbes Schrift *Wife Torture* ist also wichtiger Teil einer semantischen Entwicklungsgeschichte.

Der Begriff »Folter« war auch nicht der einzige, der einen solchen Wandel durchmachte. In seinem brillanten 1946 erschienenen Essay »Politik und die englische Sprache« beschreibt George Orwell den Prozeß, durch den die politische Manipulation der Sprache eines der wirkungsvollsten Machtmittel des 20. Jahrhunderts hervorbringt – nämlich durch Produktion einer Massen-Sprache (weitgehend bedeutungslos) im Dienste der politischen Leidenschaften. Obwohl Orwell nicht eigens darauf eingeht, daß bestimmte Begriffe, indem sie in einen moralischen und gefühlsbetonten Kontext übergehen, verwässert werden, beunruhigte ihn doch die »Entspezifizierung« und Reduktion der Sprache als Mittel zur Erregung politischer Emotionen – anstatt für Ideen und Argumente benutzt zu werden. Sobald die politische Sprache durch eine Ideologie bestimmt wird, wird sie für diese Ideologie und deren Gegner nur aufgrund bestimmter Termini verwendbar. Moralische Sprache, die eine universale ist, ist nach Gutdünken anwendbar und kann gerade deshalb überaus nichtssagend sein. Jeder kann bezichtigt werden, jeden zu foltern – und ergo foltert niemand niemanden.

Der Begriff Folter kommt heute fast nur noch in einem verallgemeinerten Vokabular vor. Es ist deshalb für Folterer ein Leichtes abzustreiten, das, was sie tun, sei Folter (siehe die echte Ambivalenz des Wuillaume-Berichts). Auf der anderen Seite fällt es denjenigen, die das Wort für alles gebrauchen, was gleichbedeutend mit Grausamkeit ist, schwer, andere zu überzeugen, wenn sie es in seiner ursprünglichen Bedeutung verwenden.

Ein gutes Beispiel für dieses Dilemma bietet der Bericht von V.S. Naipaul über das Gespräch mit einem argentinischen Gewerkschaftsfunktionär am Vorabend der Rückkehr Juan Peróns aus dem Exil:

> »Wir haben keine inneren Feinde«, sagte der Gewerkschaftsführer mit einem Lächeln. Zugleich aber war er der Ansicht, in Argentinien würde auch weiterhin gefoltert werden. »Eine Welt ohne Folter ist eine ideale Welt.« Es gebe ja auch Folter und Folter. »*Depende de quien sea torturado* – es kommt darauf an, wer gefoltert wird. Ein Missetäter, das ist in Ordnung. Aber ein Mann, der versucht, das Land zu retten, das ist etwas anderes. Nicht nur Elektroschock ist Folter, wissen Sie. Armut ist Folter, Frustration ist Folter.« (*The Return of Eva Perón*. 1981, S. 110)

In der Tat kann im moralischen und emotionalen Universum nichts Folter sein und – bei einer nur kleinen Veränderung der Perspektive – auch alles: Elektroschock, Armut, Frustration, vielleicht sogar Langeweile oder vage Unzufriedenheit. Semantische Beliebigkeit ist nicht dienlich, wenn deutliche Unterscheidungen gefordert sind. Ein weiteres gutes Beispiel liefert eine Rezension zu John H. Langbeins *Torture and the Law of Proof* (1977). Langbein selbst hatte es anderen überlassen wollen, »die Auswirkungen auf die politische, administrative und geistige Entwicklung in Europa darzulegen«. Das ist durchaus legitim, und Langbein hat der Geschichte der Folter damit einen großen Dienst erwiesen. Ein Kritiker bezeichnete seinen Ansatz dann als »legalistisch«, denn »die nur rechtliche Definition von Folter ist vielleicht zu begrenzt, kann doch die Nötigung von Gefangenen die ganze Skala von der Einschüchterung bis zur Gehirnwäsche umfassen«. Die Nötigung von Gefangenen kann in der Tat dies und noch vieles mehr umfassen, Folter jedoch, wenn sie in einem spezifischen Sinn definiert wird, kann es nicht. Es mag zuviel verlangt sein, Verbrechen, die genau definierbar sind, auch genau zu definieren. Eine solche Definition mag die Begriffe zwar ihres moralischen Stellenwertes berauben, macht sie andererseits identifizierbarer – und es erschwert es allen, die einer Präzisierung gerne ausweichen möchten. Die Rechtshistoriker haben allgemein den Zeitpunkt, zu dem das Recht eine besondere Wissenschaft werden konnte, gleichgesetzt mit dem historischen Moment, in dem rechtliches und moralisches Argumentieren getrennt wurden. Obwohl damit der Jurisprudenz und den Institutionen des Rechts großes Gewicht beigemessen wird, so wird zugleich der spezifisch rechtliche Kontext deutlich, innerhalb dessen Folter als solche überhaupt identifizierbar ist. Wenn Journalisten und gelegentlich auch Gesetzgeber (oder Personen des Internationalen Rechts und Rechtsphilosophen) das Wort »Folter« benutzen, um damit Sachverhalte zu bezeichnen, die durch Begriffe wie »tätlicher Angriff«, »Körperverletzung« oder auch »Übergriffe gegen die Person« bereits angemessen und sachlich zutreffend definiert sind, so wird der Begriff selbst einfach pittoresk, wird seiner rechtlichen Bedeutung beraubt und diese durch Vorstellungen von unbestimmt moralischem Empfinden ersetzt. Dann ist es leicht, Folter wegzuargumentieren, indem ein höheres moralisches Empfinden als das der Gegner und Kritiker angerufen wird.

Der Humanismus der Neuen Aufklärung und die verallgemeinernde Terminologie moralischen Empfindens sind zwei der Einflüsse der *Sprache Edens* auf moderne Definitionen der Folter. Es gibt noch einen dritten, der schon erwähnt wurde, nämlich die Ungenauigkeit, ein Wesensmerkmal der Sprache des späten 20. Jahrhunderts, auf das George Orwell und andere politische Autoren aufmerksam gemacht haben. Der Essay »Politik und die englische Sprache« ist eines der ersten Zeugnisse von Orwells Auseinandersetzung mit dem politischen Diskurs – und nicht das einzige. Obwohl Orwell 1949, gegen Ende seines Lebens, mit der Veröffentlichung von *1984* zunehmend die vorsätzliche Verfälschung der Sprache und ihrer Beziehung zum

Denken in den Vordergrund stellte, zeigen seine Briefe und Aufsätze, daß ihm noch anderes Sorgen machte, so etwa der sorglose, schlampige Gebrauch der politischen Sprache: »[Die englische Sprache] wird häßlich und ungenau, weil unsere Gedanken töricht sind, aber der schlampige Gebrauch der Sprache macht es uns auch leichter, törichte Gedanken zu denken.« Je mehr sich Orwell jedoch mit dem vorsätzlichen Mißbrauch der Sprache befaßte, desto prophetischer wurde der Essay »Politik und die englische Sprache«, wo es etwa heißt: »Das Wort ›Faschismus‹ hat heute [1946] keine Bedeutung mehr, es sei denn, es bezeichne ›etwas nicht Wünschenswertes‹. Wörter wie ›Demokratie‹, ›Sozialismus‹, ›Freiheit‹, ›patriotisch‹, ›realistisch‹, ›Gerechtigkeit‹ haben jedes für sich verschiedene Bedeutungen, die nicht miteinander in Einklang gebracht werden können.« Obgleich Orwell das Wort ›Folter‹ nicht in seine Liste aufgenommen hat, gehört es doch mit Sicherheit dazu. Orwells großer Beitrag besteht darin, die Folgen der Politisierung und Emotionalisierung für die Sprache erkannt zu haben, verminderte Fähigkeit, das Denken zu erhellen infolge einer immanenten Ungenauigkeit und Vieldeutigkeit.

Die Sprache der Moralisten und Gefühlsmenschen des 18. und 19. Jahrhunderts war eine Sprache Edens, eine Sprache, deren Bedeutungen starr waren und in den Dienst einer großen Sache gestellt. Der Blick auf die Geschichte der Sprache Edens im späten 20. Jahrhundert ermöglicht, die wirkliche Unsicherheit in der Terminologie eines Beamten wie Wuillaume besser zu verstehen, wenn er sich fragte, ob das, was er 1955 in Algerien sieht, tatsächlich »Folter« war. Es wird auch möglich, in der Tatsche, daß viele Regierungen die Anwendung von Folter leugnen, mehr zu sehen als bloße Heuchelei oder schamlose Propaganda. Gerade weil Folter in so unterschiedlicher Weise definiert worden ist, ist es ohne eine extrem präzise Sprache heute so gut wie unmöglich, sie zu definieren. Der Journalist, der berichtet, daß ein Verbrecher sein Opfer entführt und »gefoltert« hat; die »Folter« einer von ihrem Ehemann brutal zusammengeschlagenen Frau; die ehrgeizige Selbstgerechtigkeit von V.S. Naipauls argentinischem Gewerkschaftler, die sich in dem Ausspruch »Armut ist Folter, Frustration ist Folter« ausdrückt – das sind Beispiele für eine Bedeutungserweiterung des Wortes Folter bis zu dem Punkt, wo damit alles abgedeckt ist und überhaupt nichts. Und das macht es ebenso einfach, den Einsatz der Folter abzustreiten wie ihn anderen vorzuwerfen.

Trotz des außerordentlichen moralischen Engagements der Delegierten der Vereinten Nationen im Jahr 1948, trotz der unermüdlichen Suche der Verfassungsgebenden Versammlung des Europarates von 1950 nach Präzision und trotz der akribischen Genauigkeit der Entschließung 3452 der Vereinten Nationen aus dem Jahr 1975 ist die Sprache Edens, wenn auch unbeabsichtigt, ein schweres Hindernis nicht nur bei einer weltweit akzeptierten Definition der Folter, sondern auch bei den meisten Versuchen, wirkungsvoll gegen diese vorzugehen. George Orwell könnte am Ende der scharfsichtigste Pathologe des modernen politischen Diskurses sein. Kommentar zum Europa der dreißiger und vierziger Jahre, sind seine kritischen Anmerkungen fast noch zutreffender für die Welt der siebziger und achtziger.

Nach Algerien

Nach dem Zweiten Weltkrieg war Folter für alle, die eine Gesetzgebung zum Schutz der Menschenrechte anstrebten, als Wort und als Sache von höchster Bedeutung. Die Bedeutungsentwicklung des Wortes seither deutet eher darauf hin, daß es in vielen Teilen der Welt als Wort und als Sache zweitrangig geworden ist. Zum Teil hat die Praxis der Folter in Ländern Verbreitung gefunden, die unter den Einfluß des Dritten Reiches oder der Sowjetunion geraten waren, in Griechenland, Ungarn und später in Jugoslawien und einigen Ländern des Ostblocks. In anderen Fällen, wie in Algerien, ist es schwieriger, das Auftreten der Folter zu erklären, und in Ländern, die erst in jüngster Zeit die Unabhängigkeit erlangt haben, Umstürze erlebt haben oder von starken, autoritären Regimen beherrscht werden, ist Ursachenerklärung überhaupt so gut wie unmöglich.

Möglich ist jedoch, eine Geographie der Folter zu erstellen – und einen Kalender. Alec Mellor (*La torture*, 1949 und 1961) hat, wie wir bereits gesehen haben, einen solchen Versuch im Falle Argentiniens unternommen, aber er sah sich außerstande, einen umfassenderen Bericht zu geben, nicht einmal für Lateinamerika insgesamt. Heute ist das weit weniger schwierig als noch für Mellor 1949, weil der Informationsfluß – vor allem dank der Medien und privater Organisationen – wesentlich besser geworden ist. Die Bulfontein-Affäre brachte 1964 in Südafrika eine eigene Welt polizeilicher Folter schonungslos ans Licht, und der auf dieses Land gerichtete Scheinwerfer ist noch nicht wieder ausgeschaltet worden. Auch private Lebenserinnerungen haben Informationen über einzelne Orte und bestimmte Zeiträume beigesteuert – so zum Beispiel der bewegende Bericht, den Nicholas Gage in seinem Buch *Eleni* (1983) über die Folterung und Hinrichtung seiner Mutter gibt. Er berichtet darin von obskuren Vorgängen 1948 im nördlichen Griechenland und von seinen persönlichen Nachforschungen.

Eine Möglichkeit, das Thema anzugehen, ist, sich anzusehen, worin die 1949 erschienene Ausgabe von Alec Mellors Buch *La torture* sich von der des Jahres 1961 unterscheidet. Dieses Werk, dem 1952 Mellors Arbeit *Les grands problèmes contemporains de l'instruction criminelle* folgte, die er als »Vervollständigung« seiner Untersuchungen zum Thema Folter ansah, ist auf heftige Kritik gestoßen, hat Mellor aber auch den *Prix de Joest* der französischen Akademie der Wissenschaft eingetragen und ist von Papst Pius XII. in einem von Giovanni Battista Montini, dem damaligen Außenminister des Vatikans und späteren Papst Paul VI., unterzeichneten Brief hochgerühmt worden. In einer Botschaft an den Internationalen Strafrechtskongreß, der 1953 stattfand, verurteilte Papst Pius XII. die Folter nachdrücklich, dasselbe tat das 2. Vatikanische Konzil 1965 in *Gaudium et spes* (27.3). Wie zu erwarten, erschien die zweite Auflage von Mellors Buch 1961 ohne wesentliche Änderungen. Zwei Ergänzungen haben mit den Enthüllungen Chruschtschows in seiner Rede vor dem XX. Parteitag der KPdSU im Jahr 1956 zu tun sowie mit der Wiederholung der von ihm erhobenen Anschuldigungen vor dem XXII. Parteitag im Jahr 1961, durch die Mellor seine an die Adresse der Sowjetunion gerichteten Vorwürfe bestätigt sah; eine weitere Ergänzung war dessen vollständiger Bericht über das, was man inzwischen über die Vorgänge in Algerien in den Jahren nach 1954 erfahren hatte. Beide »Zusätze« schienen Mellor den Beweis für seine These zu liefern und zu bestätigen, daß im Vergleich zu der Welt, die er 1949 in den abschließenden Kapiteln seines Buches geschildert hatte, nur wenig erreicht worden war. Mellor brachte jedoch auch die Hoffnung zum Ausdruck, daß ein echter Wandel sich in der Zukunft vollziehen werde. Mit Stolz verwies er auf die Verurteilung der Folterungen in Algerien durch die französischen Bischöfe in den Jahren 1960 und 1961 und auf den Fall des paraguayischen Journalisten Eliseo Sosa Constantini, der 1960 durch die Regierung von Alfredo Stroessner verhaftet und gefoltert, später aber auf

Protest der Bischöfe von Paraguay, der *Press Association* und liberaler Journalisten freigelassen worden war. Das waren zwar nur kleine Triumphe, aber sie erlaubten Mellor, sein Buch mit einem Hoffnungsschimmer enden zu lassen.

Trotz der Entschließungen der Vereinten Nationen von 1975, 1966 und 1967 sowie der Tatsache, daß in den Folgejahren viele Regierungen (vor allem die der Vereinigten Staaten in den Jahren 1976 bis 1980) eine spezifische Menschenrechtspolitik in ihr Programm aufnahmen, haben sich, was die Anwendung der Folter nach Algerien anbetrifft, private Organisationen als die ergiebigste Informationsquelle erwiesen, anfangs das Internationale Rote Kreuz, nach 1961 insbesondere Amnesty International.

Im Jahr 1961 als private Vereinigung des Londoner Anwalts Peter Benenson gegründet, die sich um das Los von politischen Gefangenen oder »Gefangenen aus Gewissensgründen« kümmern sollte, legte Amnesty International als Ziel der Vereinigung fest,

> die öffentliche Meinung schnell und nachhaltig zu mobilisieren, bevor sich eine Regierung in der teuflischen Spirale verfängt, die durch ihre eigene Repression entstanden ist. [...] Die Macht der Meinung muß, um wirksam zu sein, eine breite Basis haben und international, konfessions- und parteiübergreifend sein. Kampagnen zugunsten der Freiheit, die von einem Land oder einer Partei gegen ein anderes oder eine andere durchgeführt werden, bewirken oft nicht mehr als eine Zunahme der Verfolgungen. (Larsen, *A Flame in Barbed Wire*, 1979)

Was Benenson dazu veranlaßte, in dieser Form aktiv zu werden, war die Lektüre eines Zeitungsberichtes über zwei portugiesische Studenten, die von den Behörden festgenommen und eingesperrt worden waren, weil sie einen Toast auf die Freiheit ausgebracht hatten. Verzweifelt über die Unwirksamkeit privater und öffentlicher Proteste, beschloß Peter Benenson zusammen mit seinen Kollegen Louis Blom-Cooper und Eric Baker und den Mitgliedern der Juristenvereinigung *Justice*, die 1957 gegründet worden war, um die Einhaltung der Menschenrechtserklärung der Vereinten Nationen von 1948 zu überwachen, eine Organisation aufzubauen, deren Mitglieder sich als Einzelpersonen darum bemühen sollten, Personen, die wegen ihrer Anschauungen eingesperrt worden waren, zur Freiheit oder zumindest zu einem gerechten Verfahren zu verhelfen. Ferner sollten sie sich für das Asylrecht einsetzen, Flüchtlingen bei der Arbeitssuche behilflich sein und eine wirkungsvolle internationale Maschinerie in Gang setzen, um die Freiheit der Meinung und der Rede zu gewährleisten. Benenson und seine Mitstreiter waren der Auffassung, das effektivste Mittel zur Erreichung dieser Ziele sei Öffentlichkeit:

> Der schnellste Weg, das Los von Gefangenen aus Gewissensgründen zu erleichtern, ist die Publizität – vor allem die Publizität bei ihren Landsleuten. Angesichts des Drucks eines erstarkenden Nationalismus und der Spannungen des Kalten Krieges sind Situationen unausweichlich, in denen sich Regierungen veranlaßt sehen, zu Notmaßnahmen zu greifen, um ihre eigene Existenz zu sichern. Es ist wichtig, daß die Öffentlichkeit darauf besteht, daß solche Maßnahmen keinen exzessiven Charakter haben noch daß sie nach überstandener Gefahr beibehalten werden. Wenn die Notlage längere Zeit besteht, sollten die Regierungen veranlaßt werden, ihre Gegner aus dem Gefängnis zu entlassen, damit sie in anderen Ländern um Asyl bitten können. (Ebda.)

Die Publizität hing von der Mitgliederzahl Amnesty's und vom Zugang zu den Medien ab. Beides entwickelte sich schnell, und trotz interner Meinungsverschiedenheiten, zu denen es im Jahr 1966 kam, errang Amnesty International nicht nur beträchtliche Erfolge bei der Verbesserung der Behandlung politischer Gefangener, sondern baute auch ein Netz von Informationsquellen auf, das wahrscheinlich größer ist als das jeder anderen Weltorganisation. Bald wurde das Londoner Büro von einer Flut von Berichten über Einzelfälle überschwemmt, die genau überprüft und dann an eine der vielen kleinen Mitgliedergruppen in den verschiedenen Ländern weitergeleitet wurden. Diese Gruppen »adoptierten« sodann einzelne Gefangene und betrieben eine entsprechende Öffentlichkeitsarbeit, die in vielen Fällen schließlich zur Freilassung führte.

Im Jahr 1965 veröffentlichte Amnesty International den ersten *Report*, einen Bericht über die Haftbedingungen in Südafrika. Ein Jahr nach der Bulfontein-Affäre empörte er ganz Südafrika, vergrößerte aber auch die internationale Bekanntheit von Amnesty International. Die Vereinigung wurde noch im gleichen Jahr von den Vereinten Nationen, vom Europäischen Gerichtshof in Straßburg, vom Internationalen Roten Kreuz, von der Internationalen Juristenkommission und anderen Menschenrechtsorganistionen anerkannt, und der Europarat gab ihr Beraterstatus. 1965 wurden zwei weitere Berichte veröffentlicht, über Portugal und Rumänien, und 1966 ein Bericht über Rhodesien. Die Berichte über Südafrika und Portugal vor allem enthüllten, in welch erschreckendem Maße Folter bei politischen Gefangenen angewendet wurde, und trugen dazu bei, daß in den kommenden Jahren die Folter zu einem der Hauptangriffsziele von Amnesty International wurde.

Unter Leitung von Martin Ennals übernahm die Internationale Versammlung von Amnesty International, die 1968 in Stockholm tagte, als eines der wichtigsten Ziele der Organisation den Artikel 5 der Menschenrechtserklärung der Vereinten Nationen von 1948: »Niemand soll der Folter oder grausamer, unmenschlicher oder erniedrigender Behandlung oder Bestrafung unterworfen werden.« Dahinter stand die Besorgnis der schwedischen Sektion über Meldungen von Folterungen, zu denen es unter dem Revolutionsregime in Griechenland gekommen war, das 1967 die Macht übernommen hatte. 1968 veröffentlichte Amnesty International zwei Berichte aus erster Hand, die den Einsatz der Folter durch die griechische Regierung bestätigten. Das Ergebnis war, daß Griechenland 1968 wegen Verstoßes gegen neun Artikel der Europäischen Menschenrechtskonvention von 1950 aus dem Europarat ausgeschlossen wurde. Nach dem Sturz des Obristenregimes veröffentlichte Amnesty International 1975 die detaillierte und hervorragend dokumentierte Studie *Torture in Greece*, die zur klassischen Untersuchung der Dokumentation der Folter und der Methoden des späten 20. Jahrhunderts geworden ist.

Was *Torture in Greece: The First Torturer's Trial 1975* zu einem wichtigen Werk macht, dessen Implikationen weit über das griechische Obristenregime hinausreichen, ist die Tatsache, daß es die regierungsamtliche Untersuchung durch eine nachfolgende Regierung beschreibt und sich auf Unterlagen und Zeugen stützen konnte, die nichts mit den Aktivitäten der Vorgängerregierung verband. Der Bericht ist also frei von Parteilichkeit und beleuchtet schonungslos die Anwendung der Folter in einem Staat des 20. Jahrhunderts. Wenige andere Fälle von Folter in diesem Jahrhundert sind so gründlich und öffentlich untersucht, dokumentiert und dargestellt worden. Nach der Amnestie von 1974 konnten Menschen, die aus Griechenland hatten fliehen müssen, nach Hause zurückkehren, und das Beweismaterial, das nun gegen die Folterer zusammengetragen werden konnte, war ebenso umfänglich wie schlüssig.

Andererseits war das Obristenregime nicht das erste im modernen Griechenland, das sich der Folter bedient hatte. Ungeachtet einiger parteilicher Revisionen der griechischen Geschichte – von der Vorkriegsdiktatur Metaxas' bis zum Sturz der Obristen – ist auch klar, daß die deutsche Besetzung des Landes wesentlich dazu beigetragen hat, ein Klima des Terrors entstehen zu lassen, in dem auch die entsprechenden Praktiken gedeihen konnten; ebenso führte die erbitterte Fehde zwischen den Partisanen der kommunistischen ELAS und jenen der nationalistischen EDES des Napoleon Zervas in den Jahren 1941 bis 1949 auf beiden Seiten zu Folterungen. Nicht die historische Einmaligkeit der geschilderten Ereignisse, sondern einzig Sachverhalt und Umfang ihrer Dokumentation machen die Bedeutung des Berichts *Torture in Greece* aus. Was vorausging, bleibt mit Ausnahme einzelner Fälle weitgehend unzugänglich, da es sehr viel schwerer zu dokumentieren und Gegenstand einer überaus parteilichen Geschichtsschreibung ist. Der Bericht *Torture in Greece* ist auch als Vorbild für spätere Untersuchungen dieser Art von großem Wert. Angesichts persönlicher, schwer zu verifizierender Aussagen, parteilicher Berichterstattung, fehlender Unterlagen und einer häufig anzutreffenden Unlust, die Vergangenheit aufzuarbeiten, kann nur eine so gründliche, von der Regierung geförderte und durchgeführte Untersuchung wie diese die moderne Folter überzeugend und sachlich als das sichtbar machen, was sie ist. Zum Beispiel brachte die *Associated Press* im Juni 1984 eine Geschichte, die sich mit den immer zahlreicheren Enthüllungen befaßte, die belegten, in welchem Umfang sich das Regime des Sekou Touré in Guinea der Folter bedient hatte. Dieser Fall und ähnliche wären es wert, zum Gegenstand von Berichten nach dem Muster von *Torture in Greece* gemacht zu werden.

Im Jahr 1972 startete Amnesty International eine offizielle Kampagne für die Abschaffung der Folter und veröffentlichte in diesem Zusammenhang 1973 eine international angelegte Übersicht über den Einsatz der Folter im voraufgegangenen Jahrzehnt. Eine zweite Ausgabe erschien 1975. Die Probleme, vor die sich die Anti-Folter-Kampagne von Amnesty International gestellt sah, lassen sich in ironischer Weise am Beispiel eines Berichts verdeutlichen, den die *New York Times* am 4. Dezember 1973 brachte. Die Times meldete, Amnesty International sei von der UNESCO verwehrt worden, für eine geplante Konferenz zum Thema Folter (auf der Grundlage des Berichts von 1973) UNESCO-Einrichtungen in Paris zu nutzen, da viele in der UNESCO vertretene Länder in dem Bericht negativ erwähnt worden waren. Bei der UNESCO galt allgemein, daß eine

»Konferenz außerhalb des Rahmens der UNESCO kein für ein Mitgliedsland der UNESCO unvorteilhaftes Material« verwenden« dürfe. Amnesty International hatte immerhin mehr als sechzig Länder – von Demokratien bis zu Polizeistaaten – genannt, in denen systematisch gefoltert wurde.

1973 berichtete Amnesty International über den Sturz Allendes in Chile und über die Anwendung der Folter durch die Polizei der neuen Regierung. 1972 war ein ähnlicher Bericht über die Folter in Brasilien herausgegeben worden, und der Bericht von 1973 schloß die Türkei ein. 1976 berichtete Amnesty International über die Folter im Iran und in Nicaragua, 1980 folgte Argentinien, 1981 der Irak. In zwanzig Jahren war es Amnesty International dank des unermüdlichen Einsatzes Einzelner und einer nur kleinen Organisation gelungen, die Anwendung der Folter in einem Maße öffentlich zu machen, wie dies noch nie zuvor einem Einzelnen oder einer Organisation gelungen war. 1977 wurde Amnesty International der Friedensnobelpreis verliehen.

Die Vorgehensweise von Amnesty International, eine private Berichterstattung, die von Fachleuten überprüft und dann Bestandteil offizieller Berichte wird, ist sehr viel weiter entwickelt als die frühere von Autoren wie Alleg, Simon und Vidal-Naquet in Frankreich, erinnert aber durchaus daran. Der engagierte Einsatz organisierter Privatpersonen hatte dort zu beachtlichem Erfolg geführt, wo die größte internationale Organisation von ihren eigenen Regeln daran gehindert wurde, die Einhaltung ihrer Menschenrechtserklärung zu überwachen. In einem Jahrzehnt, das auf den Start der Anti-Folter-Kampagne folgte, lenkte Amnesty International den Blick auf eine Welt, in der der systematische Einsatz der Folter verbreiteter war, als selbst Alec Mellor sich hätte träumen lassen, in demokratischen Staaten ebenso wie in autoritären. Amnesty International hatte erreicht, daß ein großer Teil der Welt sich unbehaglich fühlen mußte, und nicht nur UNESCO-Mitglieder und Folterer.

Ein Beispiel für dieses Unbehagen bietet der Fall von Jacobo Timerman, eines argentinischen Journalisten, der zwei Jahre lang, von 1977 bis 1979, im Gefängnis gesessen hatte und gefoltert worden war. Nach seiner Entlassung ging er nach Israel und veröffentlichte 1981 den Aufsehen erregenden Bericht über seine Erfahrungen unter dem Titel *Prisoner Without a Name, Cell Without a Number*. Diese Enthüllungen fanden ein sehr gemischtes Echo. Natürlich verurteilten viele

Rezensenten seine Behandlung entschieden, es gab aber auch andere, die das Regime, das Timerman hatte foltern lassen, mit großer Milde behandelten und Timerman selbst weit mehr Aufmerksamkeit schenkten, indem sie unterstellten, er habe das, was in jedem Falle notwendig gewesen wäre, eine ungewöhnliche Sonderbehandlung, herausgefordert, ja, vielleicht sogar verdient, er habe seine mißliche Lage einschließlich der Folterungen sich selbst zuzuschreiben. Timerman setzte sich beredt und energisch gegen diesen Vorwurf zur Wehr, und eine Reihe von Rezensenten, unter ihnen Michael Walzer, stellten nun die generellere Frage nach den Motiven und der Weltanschauung der Kritiker Timermans, deren Reaktion durch Amnesty Internationals seit einem Jahrzehnt erscheinenden Berichte eigentlich hätten vorbereitet sein sollen.

Zwischen 1956 und 1981 erschien also eine Fülle von Berichten und Untersuchungen zu Art und Ausmaß der modernen Folter – die meisten von ihnen unwidersprochen, einige dementiert, viele ignoriert. Angesichts dieser Enthüllungen, die 1984 durch den von Amnesty International vorgelegten Bericht *Torture in the Eighties* ergänzt und aktualisiert wurden, erscheinen einem heute selbst Visionen wie die von Orwell, Mellor und Arendt als unzureichend. Wie Sartre vom Dritten Reich und der Sowjetunion gesagt hat – eher scheint Algerien die Regel als die Ausnahme. Dieser Rückfall läßt die Folter des Mittelalters und der frühen Neuzeit im Hinblick auf Anwendungshäufigkeit, Zweck und Methodik um vieles begrenzter aussehen. Denn Folter ist bei sehr viel mehr staatlichen Institutionen aufgetaucht als bei der Justiz allein (ja, manchmal sogar mit Bedacht aus ihrem Zuständigkeitsbereich herausgehalten worden). Und auch Zweck und Wesen der Folter haben sich verändert. Es ist nun an der Zeit, darauf näher einzugehen. Was sagt diese Erkenntnis über die Folter aus? Was bedeutet Folter im späten 20. Jahrhundert?

Raum 101 – und andere Räume

Als Winston Smith, der Protagonist aus George Orwells *1984*, schließlich von Beamten verhaftet wird, wird er zunächst in eine Einzelzelle gesperrt und sensorischer Deprivation unterworfen, um dann mit einem komplizierten technischen Gerät gefoltert zu werden, das eine

Reihe von ausgeklügelten elektrischen Übergriffen auf sein Nervensystem möglich macht. Die Informationen, die diese Apparatur zutage fördert, sind jedoch den Beamten, die Smith verhören, längst bekannt – die Folterungen zielen eher darauf ab, seine Kooperation zu erreichen. Die letzte und schwerste Folterung bezweckt, durch das endgültige Zerbrechen seines Willens die erzwungene Kooperation in uneingeschränkte Zustimmung zu den Grundsätzen der Partei umzuwandeln. In Raum 101 wird jedes Opfer mit dem bedroht, was er am meisten fürchtet. In Smiths Fall ist dies, daß Ratten seinen Körper angreifen (Orwell könnte hier Berichte über die Foltermethoden der Tscheka verarbeitet haben). Die Opfer können diese letzte Folterung nur dadurch abwenden, daß sie alles, was ihnen noch an menschlichen Bindungen verblieben ist, verraten und sich vollkommen der Herrschaft von Partei und Staat unterwerfen. In der Welt von Raum 101 funktioniert diese Stufe der Folter immer; ihr Ziel ist nicht primär, an Informationen zu gelangen, sondern den Willen des Opfers zu brechen. Die Geschichte der Folter und der Erfahrung von Smith in Raum 101 läßt an die Worte eines anderen fiktiven Folterers denken, an die Worte Gletkins aus Arthur Koestlers *Sonnenfinsternis*: »Menschliche Wesen, die in der Lage sind, jedwedes Maß an physischem Druck auszuhalten, gibt es nicht. Ich bin nie einem begegnet. Die Erfahrung lehrt mich, daß die Widerstandskraft des Nervensystems von Natur aus begrenzt ist.« Und sie ist individuell verschieden.

Orwell ist bei der Beschreibung der Maschine, mit der Smith gefoltert wird, absichtlich vage. 1948 gab es noch nichts dergleichen, aber für Orwell war es ein fester, vorhersehbarer Bestandteil der Zukunft. Da Schmerz die Bekehrung widerstrebender Menschen, die Demontage und Neuerschaffung von Persönlichkeiten möglich machte, mußte ein Apparat erfunden werden, mit dem ein Maß an Schmerz erzeugt werden konnte, das im Sinne dieser Ziele ausreichend sein würde. O'Brien, der Folterer und Lehrer Winston Smiths, verwirft alle Formen physischer und psychischer Nötigung, nur dazu erdacht, den Opfern Informationen oder Geständnisse abzupressen. Die Inquisition, das Dritte Reich und die Sowjetunion sind für ihn nur rohe Institutionen, deren begrenzte und primitive Methoden lediglich trivialen Zielen dienten. Herbert Radtke, ehrenamtliches Mitglied der deutschen Sektion von Amnesty International, hat bei vielen Foltermethoden des späten 20. Jahrhunderts eine ähnliche Qualität entdeckt:

Ein Weg, den wahren Zweck der Folter zu ermitteln, ist der, die Bereiche zu untersuchen, in denen sie am häufigsten angewandt wird. Daraus ergibt sich, daß es das Hauptziel der Folterer ist, ein Klima der Angst zu erzeugen. Die Lieferung von Informationen ist von sekundärer Bedeutung. [...] Die Folter wird zunehmend verwissenschaftlicht. Neben physischer Brutalität und Verstümmelungen wird der Einsatz von raffinierten, mechanischen Geräten immer häufiger. Besonderen Grund zur Sorge gibt die Zunahme von psychologischen und pharmakologischen Foltermethoden. Während einst die bei einem Verhör anwesenden Ärzte im allgemeinen dazu da waren, den Tod des Opfers zu verhindern, spielt heute die medizinische Wissenschaft eine aktive Rolle bei der Verbesserung der Methoden des Folterers. (Böckle/Pohier, *The Death Penalty and Torture*, S. 10)

Der »Erfindungsreichtum« von Orwell und Koestler ist von den Folterern des Jahres 1984 bei weitem übertroffen worden. Nicht nur die traditionellen Institutionen, sondern auch die traditionellen Methoden der Folter sind allgemein aufgegeben worden. Die Wippe und die Streckfolter, Daumenschrauben, Beinklemmen und Feuer gehören einem Zeitalter an, dessen Technologie (einschließlich jener der Schmerzerzeugung) von unserer Zeit in den Schatten gestellt wird.

Die Frage der Foltertechnologie des späten 20. Jahrhunderts und der Beteiligung von medizinischen und technischen Fachleuten an dieser Entwicklung hat ihren Niederschlag in einer Fülle von Forschungsarbeiten und Berichten gefunden, vor allem nach 1974. Einige Ergebnisse dieser Untersuchungen sind sehr ungenau und wenig überzeugend. Behauptungen, »asiatische« Foltermethoden seien heimlich über ein entsprechendes Kommunikationsnetz von Asien nach Westeuropa gelangt, sind nur schwer zu verifizieren. Dies gilt auch für die Behauptung, daß es heute regelrechte »Folterschulen« gebe – etwa nach dem Muster jener, von der in einer Londoner Rundfunksendung aus dem Jahr 1943 die Rede war: »Die zukünfigen Spezialisten der Gestapo haben dort ihr Handwerk erlernt, im allgemeinen auf einem vierwöchigen Lehrgang mit Psychologiekursen, praktischen Übungen und Abschlußprüfung.« Das Dritte Reich hat zweifellos neue Foltermethoden entwickelt und deren Anwendung durch Beamte kollaborierender Regime gestattet, es gibt jedoch kaum Hinweise auf das Vorhandensein von Ausbildungsstätten und nicht sehr viel mehr Beweise für heutige Vorwürfe, es gebe ähnliche Schulen in Lateinamerika und Nordafrika. Selbst die Vereinigten Staaten sind beschuldigt worden, Folterer im Zuge einer der Aufrechterhaltung der öffentlichen Ordnung dienenden Ausbildung von Offizieren lateinamerikanischer Länder herangezogen zu haben.

Jede Ideologie setzt ein Menschenbild voraus, eine Vorstellung davon, was menschliche Wesen sind und wie mit ihnen umgegangen werden muß, um die Gesellschaft aufbauen zu können, die die jeweilige Ideologie fordert. Das juristische Menschenbild des *Ancien régime* beispielsweise setzte eine Gruppe störrischer, unlenkbarer Krimineller voraus, fähig, ein außergewöhnlich hohes Maß an Schmerz zu ertragen, nur durch Schmerz zu einer wahrhaftigen Aussage zu bewegen, aber ausnahmslos aufrichtig, wenn sie gefoltert wurden. Was Foucault die »Kontrolle über den Körper« des Verbrechers genannt hat, beinhaltete nicht nur physisch schmerzhafte und zerstörende Strafen, sondern auch ungenaue und schmerzhafte Verhörmethoden. Die Neurologie der frühen europäischen Folter basierte im wesentlichen auf dem Schmerz überdehnter Muskeln und ausgerenkter Gelenke, dem schonungslosen Druck von Klemmvorrichtungen auf innerviertes Gewebe und Muskel-Knochen-Systeme, dem Versengen großer Flächen von Nervenenden mit Feuer und der erstickenden und das Gedärm ausdehnenden Wirkung des Wassers. Der erste ist ein Schmerz, der durch Blutleere entsteht. Die Ausrenkung von Gelenken führt zu einer neurologischen Reflexaktivität – Verlangsamung des Herzschlages, Hypotonie [Senkung des Blutdrucks] und Ohnmacht. Die entsprechenden Methoden der Schmerzerzeugung können, wenn man an die Art des Schmerzes denkt, allenfalls unsicher und ungefähr gewesen sein – ein Punkt, den die meisten Autoren, die der Frage nach der Verläßlichkeit von Aussagen unter der Folter nachgegangen sind, gesehen haben.

Die Technologie der Folter im späten 20. Jahrhundert ist zum Teil Ergebnis einer neuen Anthropologie und der begleitenden Technologie. Nicht die Information ist das Entscheidende, sondern die Folter muß das Opfer selbst gewinnen – oder bis zur Hilflosigkeit reduzieren. Durch Ausweitung der Art und der Häufigkeit der Folter, durch Erwerb und Ausnutzung eines genaueren psychologischen und neurologischen Wissens im späten 20. Jahrhundert, gelingt es, eine ungeheure Vielzahl relativ fein abgestufter Varianten des Schmerzes zuzufügen, und zwar jedem Menschen über eine beliebig lange Zeit und – wie Orwell und Koestlers Gletkin schon erkennen ließen – ausnahmslos mit Erfolg. Die neue Anthropologie ordnet das Individuum einem neuen, transzendenten Wert unter. Wie Koestler einmal anmerkte, scheint sich die menschliche Befähigung zu Gewalt gegen die eigene Art und Mord weniger einem unterstellten biophysischen Aggressionstrieb zu verdanken als der Gabe, transzendente Ideen mit höchstem Wert auszustatten und dann eine Anthropologie von diesen abzuleiten. Die revolutionären Leidenschaften der frühen Jahre unseres Jahrhunderts ließen die neue Anthropologie in den Gewaltmaßnahmen der Tscheka und in der revolutionären Rechtfertigung von Terror und Folter deutlich werden. Die Folterer von Mussolinis OVRA leisteten einen eigenen grausam originellen Beitrag – sie entwickelten die Methode, ihren Opfern den Bauch mit Rizinusöl vollzupumpen. Dafür waren die Nazis allem Anschein nach die ersten, die elektrische Apparaturen einsetzten – obwohl argentinische Polizeioffiziere stolz behauptet haben, Erfinder der *picana eléctrica* zu sein, also des dünnen Metallstabes, der an eine Stromquelle angeschlossen und dann mit den verschiedensten Körperteilen in Berührung gebracht wird. Spätere Aussagen und Untersuchungen haben ergeben, daß es noch weit mehr Foltermethoden gibt als nur diese. Bevor wir uns diesen jedoch zuwenden, ist es erforderlich, einen Blick auf einen anderen Bereich der modernen Forschung zu werfen. Denn um die Wirkung der modernen Foltermethoden verstehen zu können, muß man einige Aspekte der menschlichen Physiologie und Psychologie kennen – und das, was Forscher das »Rätsel des Schmerzes« genannt haben.

Zu den vielen Schönheiten und Wundern des menschlichen Körpers gehört ein kompliziertes, hochentwickeltes sensorisches System, das bei der Folterung mit dem Ziel angegriffen wird, Schmerzmechanismen auszulösen. Welches Folterinstrument auch eingesetzt wird – der Angriff auf den nervlichen Teil des sensorischen Systems zielt zunächst darauf, akuten Schmerz zu erzeugen. Die ersten Reizungen erregen komplexe Verbindungen von Rezeptoren, rufen erhöhten Schweiß- und Blutfluß hervor und setzen den Prozeß der Verbindung der wichtigsten chemischen Bestandteile des Schmerzes in Gang, d. h. kleiner Mengen von Histamin, Serotonin, größeren Peptiden wie Bradykinin und Prostaglandinen. Diese schicken das kodierte Muster von Nervenimpulsen, die Schmerz-Botschaft in das Netz der Nervenfasern bis zum Hinterhorn des Rückenmarks, wo ihre Informationen an das sensorische System übergeben und nun am Rückgrat entlang zum

Gehirn weitergeleitet werden, zum Thalamus, der die sensorische Erfahrung identifiziert, und zur Großhirnrinde, die die Heftigkeit des Schmerzes agnosziert und diesen lokalisiert. Seit der Entdeckung der als Endorphine bekannten chemischen Stoffe im Jahre 1975 weiß man auch, daß der Körper eigene Analgene, also Schmerzstiller, bereitstellen kann. Die Theorie der »Eingangskontrolle« des Schmerzes beschreibt, wie ein komplexer Strom von Schmerz und anderen Stimulantien mit den körpereigenen Schmerzinhibitoren – den Endorphinen, Enkephalinen und Neurotransmittern – interagiert, um die direkte Schmerzerregung intern zu reduzieren.

Da die klinische Erforschung der Physiologie des Schmerzes zumeist dem Ziel gedient hat, Schmerz zu lindern, ist nichts über Forschungen zum Thema der »Schmerzerregung« bekannt geworden, obwohl es ernstzunehmende Hinweise darauf gibt, daß Ärzte und Techniker tatsächlich Forschungen dieser Art durchgeführt haben – spätestens im Rahmen der im Dritten Reich geförderten medizinischen Experimente. Eine derartige Forschung müßte sich notwendigerweise in den Bahnen einer Physiologie des Schmerzes halten, wie wir sie skizziert haben. Wenn es um die Zufügung von Schmerzen geht, müssen jedoch auch andere Elemente in Betracht gezogen werden. Akuter Schmerz selbst kann noch andere Wirkungen verursachen – er kann die Atmung beeinflussen, Übelkeit hervorrufen, das Herz einer übermäßigen Belastung aussetzen und zum Schlaganfall führen. Da zumeist verschiedene Techniken der Schmerzerzeugung zur Anwendung kommen, können viele Foltermethoden auch noch andere Teile des sensorischen Systems und andere Körpersysteme angreifen – vor allem das muskulär-skeletale, das gastrointestinale und das kardiovaskulare System, die Haut und sogar die Seele.

Zudem kann Folter beim Opfer chronische Schmerzen hervorrufen, ein deutliches, gesondertes Syndrom, das durch langanhaltende Leiden wie Depression, Appetitlosigkeit, große Müdigkeit und Schlaflosigkeit, aber auch durch Hypotonie, Schwindel- und Ohnmachtsanfälle gekennzeichnet ist. Chronischer Schmerz kann auch zu langfristigen Veränderungen im zentralen Nervensystem selbst führen, so daß sogar dann noch, wenn der ursprüngliche Schmerz abgeklungen ist, Schmerzen (oder andere, verwandte Formen des Schmerzes) bleiben oder in regelmäßigen Abständen immer wieder auftreten. Und schließlich kann die absichtliche Zufügung von Schmerz durch Folterung auch dazu führen, daß die natürliche Fähigkeit des Körpers, schmerzstillende Substanzen, Analgene, zu produzieren, lahmgelegt wird, so daß die Empfindungen von Angst, Furcht, Streß (sowohl im klinischen wie im umgangssprachlichen Sinn des Wortes), Macht- und Hoffnungslosigkeit die Schmerzempfindlichkeit des Opfers noch erhöhen und damit zugleich die natürliche Fähigkeit, Schmerz zu ertragen, verringern. Kurz, der durch Folter hervorgerufene Schmerz wird tatsächlich stärker und intensiver wahrgenommen als ein klinisch vergleichbares Ausmaß von Schmerz, wie es als Folge eines Unfalls oder einer Erkrankung auftreten würde.

Schmerz ist ein komplexes Phänomen, subjektiv erfahren und psychologisch konditioniert. Melzack und Wall, Pioniere auf dem Gebiet der Schmerzforschung, schreiben:

> Das psychologische Beweismaterial stützt die Ansicht sehr nachhaltig, daß Schmerz eine Wahrnehmungserfahrung ist, deren Qualität und Intensität beeinflußt werden durch die jeweilige Entwicklungsgeschichte des Individuums, durch die Bedeutung, die es der schmerzerzeugenden Situation beimißt und durch seinen »Bewußtseinszustand« im Augenblick des Schmerzes. Wir glauben, daß alle diese Faktoren von Bedeutung sind, um die tatsächlichen Muster der Nervenimpulse zu bestimmen, die vom Körper in das Gehirn aufsteigen und sich im Gehirn bewegen. Auf diese Weise wird der Schmerz zu einer Funktion des gesamten Individuums einschließlich seiner augenblicklichen Gedanken und Ängste, ja sogar seiner Zukunftshoffnungen. (*The Challenge of Pain*, 1983)

Ungeachtet der seit langem als verschwommen geltenden Sprache des Schmerzes legen die Forschungsergebnisse von Melzack, Wall und anderen nahe, daß Schmerz genau beschrieben, analysiert und verbal mitgeteilt werden kann als eine Kategorie der Erfahrung, die sowohl eine somato-sensorische (physische) als auch eine negativ-affektive (psychologische) Dimension hat.

Die Foltermethoden, die im frühen Europa hauptsächlich angewendet wurden, griffen das muskulär-skeletale System, hitzeempfindliche Rezeptoren und Gewebe, das von besonders vielen Nerven durchzogen ist, an. Durch die Wippe (Aufhängen an den auf dem Rücken gebundenen Armen) und die Folterbank wurden Muskeln und Gelenke übermäßig stark belastet, die Gelenke oft ausgerenkt. Durch die Wippe wurden dem Opfer durch die traumatische Dehnung der Armmuskeln und des entsprechenden Nervengeflechts und dadurch, daß durch das Zusammenpressen der Arterien die ausreichende Versorgung der Muskeln mit Blut verhindert wurde (Muskelischämie), sowie durch die Ausrenkung der Hand- und Armgelenke sehr heftige Schmerzen zugefügt. Bei den mit Druck arbeitenden Geräten wie den Beinklemmen oder Daumenschrauben wurde die Schmerzschwelle von nervenreichen Fasern mit mechanischen Mitteln herabgesetzt. Bei der Streckfolter wurden Sehnen, Sehnenscheiden und Gelenkkapseln angegriffen. Zu den frühen europäischen Foltermethoden könnten außerdem auch solche gehört haben, bei denen es um Referenzschmerzen geht, Schmerzen in anderen Bereichen als den durch die Folterung direkt betroffenen, die durch die Aktivität von »Auslösepunkten« verursacht werden – das sind sehr empfindliche Bereiche der oberen Brust und des oberen Rückens, die, wenn sie gereizt werden, Ödeme produzieren, die ihrerseits freie Histamine an das Nervensystem abgeben. Histamine, Vasodilatatoren, gehören zu den stärksten schmerzerzeugenden Wirkstoffen, die uns bekannt sind. Es ist behauptet worden, daß zu den modernen Foltermethoden die direkte Injektion von Histaminen gehört, um auf diese Weise heftige Schmerzen hervorzurufen.

Bei den später entwickelten Methoden der Beinklemme und der Daumenschraube werden das skeletale und vaskulare System und das sie umgebende, stark innervierte Gewebe durch mechanische Druckausübung angegriffen. Die frühen Foltermethoden verursachten also durchaus heftige Schmerzen, aber nur eine relativ begrenzte Anzahl von Schmerzarten. Die Methode, das Opfer fast bis zum Ersticken mit Wasser (oder nach Art der italienischen Faschisten mit Rizinusöl) vollzupumpen, ruft nicht nur den Erstickungsschmerz hervor, sondern auch Schmerz in den Eingeweiden. Magen und Darm reagieren auf Schneiden und Verbrennen, aber diese Schmerzen können auch durch Dehnung, Zerren und Krampf entstehen. Die Methode, den Magen gewaltsam mit Wasser oder einer anderen Flüssigkeit zu füllen, verursacht die stärksten Schmerzen der Eingeweide.

Bis zur Mitte der siebziger Jahre gab es kaum verifizierbare Angaben über Foltermethoden oder auch Folterpersonal. Ein großer Teil des vorhandenen Materials war anamnetisch, d. h. bestand aus subjektiven Berichten einzelner Menschen. Und zum Phänomen »Schmerz« gab es noch kaum Literatur. Nach dem Ende des Zweiten Weltkrieges wurden jedoch in einer Reihe von Ländern – vor allem in Dänemark – gründliche Untersuchungen durchgeführt, die den Opfern von Konzentrationslagern, aber auch den Erfahrungen bestimmter Gruppen von militärischem Personal galten. Diese Forschungen brachten eine umfangreiche Literatur zum »Konzentrationslagersyndrom« und zum »Matrosensyndrom« hervor. 1973, bei der Jahrestagung von Amnesty International in Paris, wo man gerade die Anti-Folter-Kampagne gestartet hatte, wurden die Ärzte zur Mithilfe aufgerufen, um eine klinische Dokumentation für die Existenz der Folter vorzulegen und Informationen über die unmittelbaren somatischen und psychologischen Wirkungen und über die langfristigen Folgen zu erarbeiten. Ferner wollte man die ethischen Implikationen für den ärztlichen Stand verdeutlichen, sowohl was die Beteiligung von Medizinern bei der Folter angeht als auch die Möglichkeit, Folter zu verhindern.

Bei der Zusammenkunft des Internationalen Rates von Amnesty International in Kopenhagen im Jahre 1974 gründeten holländische und dänische Mediziner unter der Leitung von Dr. Inge Kempf Genefke die erste unabhängige Ärztegruppe, die sich die Erforschung speziell des Phänomens »Folter« zum Ziel setzte. Man begann die Arbeit bei einer kleinen, in Dänemark lebenden Gruppe chilenischer Flüchtlinge, bei Folteropfern, die aus Griechenland stammten, und mit der Aufarbeitung der Fachliteratur, die nach dem Zweiten Weltkrieg entstanden war. 1975 nahm die in Tokio tagende *World Medical Association* eine »Erklärung zur Folter und anderer grausamer, unmenschlicher oder erniedrigender Behandlung oder Bestrafung in Zusammenhang mit Gewahrsam und Haft« an. 1976 veröffentlichte Amnesty International unter der Ägide von A. Heijder und H. van Geuns einen Band mit dem Titel *Professional Codes of Ethics*. 1977 brachte Amnesty International als erste Veröffentlichung der Danish Medical Group den Titel *Evidence of Torture* heraus. Weitere medizinische Fachkongresse in Straßburg, Athen, Genf, Kopenhagen, Toronto, Lérida und Lyons haben die neuesten Ergebnisse der entsprechenden Forschung diskutiert, eine umfassende medizinische Dokumentation der Folter geschaffen und eine Literatur zum Thema entstehen lassen, die ebenso umfänglich wie verläßlich ist. 1978 trennten sich in organisatorischer Hinsicht Amnesty International und eine Reihe spezialisierter Forschungsgruppen, um ihre jeweilige Arbeit effektiver gestalten zu können. Im selben Jahr wurde eine internationale biomedizinische Gesellschaft namens *Anti-Torture Research* (ATR) gegründet. 1980 erhielt die dänische Ärztegruppe die Genehmigung, Folteropfer in der Universitätsklinik von Kopenhagen aufzunehmen, zu untersuchen und zu behandeln.

An dem so entstandenen *Internationalt Rehabiliterings- og Forskningscenter for Tortureofre* (RCT), dem Internationalen Rehabilitations- und Forschungszentrum für Folteropfer, das von der dänischen Regierung und privaten Spendern unterstützt wird, arbeiten Fachärzte, Schwestern, Physiotherapeuten und Psychologen aus aller Welt bei der somatischen und psychologischen Rehabilitation von Folteropfern zusammen. Dank des größer gewordenen Problembewußtseins, der intensivierten Forschung und der Erfahrungen, die in weiten Teilen der Welt gemacht worden sind, ist es möglich, die Folter im 20. Jahrhundert, ihre Methoden und Folgen, eingehender zu analysieren als je zuvor.

Amnesty International und andere internationale, zwischenstaatliche und private Organisationen haben eine riesige Anzahl individueller und regionaler Fallstudien sowie Beurteilungen der Regierungspolitik von mehr als einhundert Ländern vorgelegt. Dieses umfangreiche Material ist jedermann zugänglich, und es muß hier nicht im einzelnen darauf eingegangen werden. Die folgende Liste faßt die Ergebnisse der Untersuchungen zusammen, die innerhalb des zurückliegenden Jahrzehnts dokumentiert und verifiziert worden sind. Amnesty International sowie Forschungsorganisationen wie die ATR oder das Kopenhagener Zentrum haben Verfahren entwickelt, mit denen sich heute genaue und überzeugende Resultate erzielen lassen. Die Folter verfügt über ihre eigene Pathologie – und sie hinterläßt Spuren, die unverkennbar die ihren sind.

Foltermethoden des späten 20. Jahrhunderts

SOMATISCHE FOLTERUNG
Schlagen: Faustschläge, Tritte, Schläge mit Knüppeln, Gewehrkolben, auf den Bauch springen
Falanga (falaka): Schläge mit Ruten auf die Fußsohlen
Fingerfolter: ein Bleistift wird zwischen die Finger des Opfers gesteckt, die dann stark zusammengedrückt werden
Telephono: der Folternde schlägt, einen Telefonhörer imitierend, dem Opfer mit der flachen Hand aufs Ohr, was zu Rissen im Trommel-

fell führt; als *telephono* können auch Schläge auf einen dem Opfer aufgesetzten Helm bezeichnet werden

Elektrizität: Berührung mit spitzen Elektroden *(picana eléctrica);* Elektroschocker; Metallgitter, Metallbetten, auf denen die Opfer festgebunden werden; der »Drachenstuhl« (Brasilien), ein elektrischer Stuhl

Verbrennen: mit brennenden Zigaretten, Zigarren, elektrisch aufgeheizten Stäben, heißem Öl, Säure, Ätzkalk; Schmoren auf glühend heißem Grill (z. B. der »heiße Tisch«, den die Agenten des SAVAK benutzten); Einmassieren von Pfeffer in Schleimhäute oder von Säuren und Gewürzen in offene Wunden

Submarino: der Kopf des Opfers wird unter Wasser getaucht (oft schmutziges), bis es fast erstickt ist (in Argentinien als »Asiatische Folter« bezeichnet, anderswo als *banera*)

Trocken-*Submarino:* der Kopf des Opfers wird in eine Plastiktüte gesteckt oder mit einer Decke umhüllt oder die Nasenlöcher werden zugestopft –, bis das Opfer fast erstickt ist

In-die-Luft-hängen: die brasilianische »Papageienstange« – das Opfer wird mit gebogenen Knien an eine Metallstange gehängt und die Handgelenke werden fest darangebunden.

Erzwungenes Einnehmen einer unnatürlichen, stark beanspruchenden Körperhaltung über einen langen Zeitraum

Langes Stehen

Ausreißen von Haaren

Ausreißen von Nägeln

Vergewaltigung und sexueller Mißbrauch

Einführung von Fremdkörpern in Vagina und Rektum

»Operationstisch«: das Opfer wird auf einen Tisch gelegt und gestreckt; oder es wird nur halb daraufgelegt und die untere Körperhälfte festgeschnürt, so daß es gezwungen ist, den Oberkörper und sein Gewicht hochzuhalten; in Chile *el quirófano* genannt

Kälte: das Opfer wird in kaltes Wasser getaucht oder kalter Luft ausgesetzt

Entzug von Trinkwasser: das Opfer bekommt nur verschmutztes, salziges oder seifiges Wasser zu trinken

Erzwungener Verzehr von verdorbenen oder absichtlich zu stark gewürzten Speisen

Zahnfolter: gewaltsames Ziehen von Zähnen

PSYCHOLOGISCHE FOLTERUNG

Erzwungenes Zuschauen bei der Folterung anderer – Verwandter oder Kinder

Die Androhung, bei der Folterung anderer zuschauen zu müssen

Scheinhinrichtungen

Schlafentzug

Das Opfer wird ständigem Licht ausgesetzt

Isolationshaft

Incommunicado: Unterbindung jeder menschlichen Kommunikation

Absolute sensorische Deprivation

Haftbedingungen

Bedrohung

Verletzung des Schamgefühls: nackt ausziehen; erzwungene Teilnahme an oder Zuschauen bei sexuellen Handlungen

PHARMAKOLOGISCHE FOLTERUNG

Erzwungene Einnahme von psychotropen Drogen

Anwendung von Nervenreizmitteln (Histamine, Aminazine, Trifluor-Perazin-Stelazin)

Injektion von Fäkalstoffen

Erzwungene Einnahme von Schwefel oder Gift (Thallium).

An dieser Liste verdient etliches besondere Beachtung, vor allem auch die Aufteilung. Zunächst einmal: es kommt bei allen hier aufgeführten somatischen Folterungen zu anhaltenden psychologischen Folgen, während wiederum die psychologischen Foltermethoden (insbesondere die sensorische Deprivation, der Schlafentzug und die Isolationshaft) körperliche Schäden verursachen können. Außerdem konnten die meisten Mediziner feststellen, daß Folteropfer im allgemeinen einer Kombination verschiedener Foltermethoden ausgesetzt worden waren, daß jedoch nicht alle aufgeführten Methoden überall angewendet werden. Es scheint so zu sein, daß es für jede Gesellschaft aufgrund ihrer eigenen Kultur auch eigene, bevorzugte Foltermethoden gibt. So wendet man in Lateinamerika beispielsweise die zum *falanga*-Typ gehörenden Verfahren nur selten an, dafür aber in sehr hohem Maße diejenigen, bei denen mit elektrischem Strom gearbeitet wird. In Griechenland dagegen sind die *falanga* und verwandte Methoden die bevorzugten.

Weiter von Bedeutung sind die Begleitumstände der Folterung. Die Erforschung des Schmerzes gilt, wie bereits gesagt, zumeist dem akuten oder chronischen Schmerz, wie er durch Unfall oder Krankheit verursacht wird. Diese Forschung berücksichtigt die Fähigkeit des Körpers, schmerzstillende Substanzen zu produzieren, und konzentriert sich darauf, optimale Bedingungen für eine Überwindung von Schmerz zu schaffen. Die Umstände, unter denen Folter angewendet wird, sind jedoch eigens so gehalten, daß die Erfahrung des Schmerzes gesteigert, die Wirkung der natürlichen, körpereigenen Schmerzstiller blockiert, Linderung des Schmerzes verhindert und der Schmerz in jeder nur möglichen Weise verstärkt wird. Zu diesem Zweck engagieren die Folterer häufig technische und medizinische Fachleute, um zu helfen, Schmerz zu vergrößern und gleichzeitig zu verhindern, daß die sensorischen und affektiven Mittel dem entgegenwirken. Andererseits sollen sie dafür sorgen, daß dem Opfer nach Gutdünken der Folterer noch größere Schmerzen zugefügt werden können. Je nach Art und Beschaffenheit der Gesellschaft, in der die Folter eingesetzt wird, können solche Fachleute auch zur Empfehlung von Methoden herangezogen werden, die die geringsten makroskopischen Spuren – und damit keine medizinischen Beweise für die Anwendung der Folter – hinterlassen.

Die vorgelegte Liste ist das Ergebnis von einem Jahrzehnt der Untersuchung und Befragung von Folteropfern durch Amnesty International, die ATR-Gruppe und das Rehabilitationszentrum in Kopenhagen; einige unmittelbare Schlußfolgerungen sind möglich. So läßt sich feststellen, daß trotz der zunehmenden Mithilfe von technischem und medizinischem Personal die meisten der heute angewendeten Foltermethoden nur geringes Fachwissen voraussetzen, kaum Kenntnisse darüber, welche Wege der Schmerz durch den Körper nimmt. Die Verfeinerung der Methoden ist – mit Ausnahme der pharmakologischen – eher eine psychologische als eine medizinisch-technische. Die geheimnisvollen Maschinen aus *1984* scheinen in der Realität noch nicht in Gebrauch zu sein. Der Schlüssel zum Vorhandensein der Folter, sieht man von der offiziellen oder inoffiziellen staatlichen Politik ab, ist wahrscheinlich das Vorhandensein von Folterern, ein Thema, auf das wir im nächsten Abschnitt eingehen werden. Im allgemeinen sind die Folterer in der Lage, mit dem beschriebenen Angebot an elementaren Geräten und Methoden auszukommen. Um die Kenntnisse der medizinischen und technischen Experten voll nutzen zu können, wäre es wahrscheinlich erforderlich, die Folterer aus anderen sozialen Schichten zu rekrutieren als denen, aus denen sie heute entstammen. Von den oben aufgeführten Methoden erfordern nur die mit elektrischem Gerät und die Zahnfolter mehr als minimale Fertigkeiten, und wenn man nach den vorliegenden Fällen geht, sind auch diese leicht durch ein Mindestmaß an militärischer oder polizeilicher Ausbildung zu vermitteln. Die Bereitschaft der Folterer, Folterer zu werden, ist noch immer das Entscheidende und scheint den Grad der Verfeinerung der Methoden zu bestimmen. Informationen dazu (wie die aus den griechischen Prozessen des Jahres 1975), zeigen, daß die rekrutierten Folterer zumeist eher psychologisch konditioniert als technisch ausgebildet werden.

Selbst wenn das Ausmaß medizinischer und wissenschaftlicher Techniken übertrieben dargestellt worden sein sollte, bleibt festzuhalten, daß mit den oben aufgelisteten Methoden mehr Schmerzarten und größere Schmerzintensität zu erreichen ist als mit den früher bekannten. Die Foltermethoden des 20. Jahrhunderts sind weitaus geeigneter als ihre »Vorläufer«, genau zu benennenden und genau zu dosierenden Schmerz zu erzeugen, durch Anwendung unterschiedlicher Techniken zu intensivieren, die Erfahrung der Folter um eine psychologische Dimension zu erweitern, die sehr viel größer ist als im Falle der frühneuzeitlichen Methoden, und die natürliche Fähigkeit des Körpers zu verringern, Schmerz zu widerstehen oder zu ertragen. Inzwischen wissen wir auch sehr viel mehr darüber, was die Folter dem menschlichen Körper antut – und unendlich viel mehr über ihre Spätfolgen. Jüngste medizinische Forschungen haben ergeben, daß die Folter auch *chronischen* Schmerz verursacht, der gleichermaßen eine wichtige Dimension der Natur des *akuten* Schmerzes ist, der unmittelbar durch die Folterung hervorgerufen und bei der Ermittlung der Krankheitsgeschichte verzeichnet wird.

Die folgende Liste führt verschiedene Arten von Folgeerscheinungen der Folter auf. Es handelt sich dabei um eine modifizierte und ergänzte Version derjenigen, die M. Kosteljantez und O. Aalund (»Torture: A Challenge to Medical Science«, in: *Interdisciplinary Science Reviews*, 8, 1983) erstellt haben.

Folgen der Folterung

SOMATISCHE FOLGEN

Gastrointestinale Störungen: Gastritis, geschwulstartige, dyspeptische
  Symptome, Brechschmerzen im Epigastrium, Krampfanfälligkeit
  des Kolons
Rektale Verletzungen, Funktionsstörungen des Schließmuskels
Hautverletzungen, histologische Schäden
Dermatologische Störungen: Dermatitis, Urtikaria
Probleme beim Gehen, Sehnenverletzungen
Gelenkschmerzen
Gehirnatrophie (parallel zum Nach-Gehirnerschütterungs-Syndrom,
  das durch Computeraxialtomographie feststellbar ist) und organi-
  sche Gehirnschäden
Herz-Lungen-Störungen, Bluthochdruck
Dentale Probleme
Traumatischer Restschmerz
Gynäkologische Symptome: Entzündungen der inneren Geschlechts-
  organe, Menstruationsschmerzen
Beeinträchtigung der Hörfähigkeit, Verletzungen des Mittelohrs
Herabgesetzte Schmerzschwelle
Streß als indirekte Folge

PSYCHOLOGISCHE FOLGEN

Angst, Depression, Furcht
Psychose, Grenzpsychose
Instabilität, Irritierbarkeit, Introversion
Konzentrationsschwächen
Lethargie, Müdigkeit
Ruhelosigkeit
Verringerte Kontrolle über Gefühlsäußerungen
Unfähigkeit zur Kommunikation
Verlust der Merk- und Konzentrationsfähigkeit
Verlust des Ortssinnes
Schlaflosigkeit, Alpträume
Gedächtnisschwäche
Kopfschmerzen
Halluzinationen

Sehstörungen
Alkoholunverträglichkeit
Parästhesie
Schwindelanfälle
Sexuelle Störungen

SOZIALE AUSWIRKUNGEN
Beschädigung der sozialen Persönlichkeit
Arbeitsunfähigkeit
Unvermögen, an Freizeitaktivitäten teilzunehmen
Zerstörung des Selbstbildes
Streß für die Familie
Unfähigkeit zur Sozialisation

Die medizinische Forschung hat auch ergeben, daß nur wenige Folteropfer keine psychologischen Schäden davontragen, daß wenige unter
nur einer Nachwirkung zu leiden haben und daß konventionelle The-
rapiemethoden bei der Behandlung von Folteropfern nicht immer
angezeigt sind. Zwei typische Foltermethoden können verdeutlichen,
warum das so ist. Das *falanga* genannte Verfahren, anhaltend starke
Stockschläge auf die Fußsohlen, ist von Nicholas Gage klinisch so
beschrieben worden:

> Jeder Schlag der Rute ist nicht nur auf den Fußsohlen spürbar, die sich schmerz-
> haft nach oben biegen, wenn der Stock die empfindlichen Nerven zwischen
> Hacke und Ballen trifft; der Schmerz schießt vielmehr die gestreckten Muskeln
> des Beins hinauf und explodiert im Hinterkopf. Der ganze Körper leidet Qua-
> len, und das Opfer windet sich wie ein Wurm. (*Eleni*, S. 521)

Das Opfer spürt den Schmerz und die – bis weit über das Fußgelenk
hinausreichenden – Schwellungen unmittelbar. Die Funktionsfähig-
keit von Fußgelenk, Fuß und Zehen verringert sich. Bei der Hälfte aller
später von Fachleuten untersuchten Fälle waren chronische Folgen der
falanga noch zwischen zwei bis sieben Jahren nach der Folterung
feststellbar. In ihrem klinischen Bericht über die somatischen Folgen
der Folter haben Ole Vedel Rasmussen und Henrik Marsussen (»The
Somatic Sequelae to Torture«, in: *Manedsskrift for praktisk laegeger-
ning*, Publikation der *Danish Medical Group* von Amnesty International, März 1982) die Vermutung geäußert, daß die *falanga* ein »closed

compartment« Syndrom hervorrufen könnte, Ödeme und Blutungen in Abschnitten, die Gefäße und von der Sohle zum Fuß führende Nerven beherbergen, in diesem Falle angezeigt durch gespannte Fußsohlen, erstarrte Fußwurzelknochen, die Unfähigkeit, den ganzen Fuß zu benutzen, manifestiert als Syndrom des Beins (zwischen Hüfte und Fußgelenk). Ähnliche Syndrome in den oberen Extremitäten sind als Volkmanns Kontraktur bekannt.

Das besondere Interesse der ATR-Gruppe hat den Folgen der Folter mit elektrischem Strom gegolten. Zu allen Varianten dieser Foltermethode gehören die Schmerzen, die durch Verbrennungen, Muskelkontraktionen, Krämpfe und Muskellähmungen hervorgerufen werden. Bislang war man der Ansicht, daß diese Methoden keinerlei Spuren hinterlassen, aber neuere Untersuchungen deuten darauf hin, daß ihre Anwendung zu spezifischen histologischen Schäden im Hautgewebe führt, und daß diese wiederum dazu beitragen können, die Anwendung dieser Methoden auch dann nachzuweisen, wenn keine anderen Beweismöglichkeiten gegeben sind. So hat also die medizinische Forschung im Falle zweier ganz verschiedener Foltertechniken zu einem sehr viel genaueren Verständnis der so erzeugten akuten und chronischen Schmerzen geführt und zugleich zum Entstehen einer Pathologie, die den Nachweis ermöglicht, daß diese Methoden zur Anwendung gekommen sind.

Auch wenn die Realität hinter der von Orwell vorhergesehenen Welt der Folter zurückbleibt, können selbst die noch bescheidene Verbreitung von medizinischen und technischen Fachkenntnissen und das enorm erweiterte Spektrum von Foltermethoden rechtlich und klinisch untersucht und dokumentiert werden. Die Opfer der Folter des späten 20. Jahrhunderts haben weder alle eine totale Entpersönlichung erlitten, noch sind sie alle gestorben. Noch immer werden Regime, auch Folterregime, gestürzt, und auch weiterhin untersuchen und verdammen rivalisierende Länder oder nachfolgende Regierungen die Methoden, deren sich diese Regime bedient haben, um an der Macht zu bleiben. Und manchmal entkommen Folteropfer und sind mit der Notwendigkeit konfrontiert, sich selbst rehabilitieren zu müssen in einer Welt, die das Martyrium, das ihr Los war, nicht nachvollziehen kann und die oft keinerlei Mittel zur Heilung der Folgeschäden bereitstellt.

Selbst therapeutische Standardmethoden helfen den Folteropfern oft nicht. In vielen Fällen sind später auftretende, durch chronische Zustände sichtbar werdende Symptome nicht leicht als Folge bestimmter Foltermethoden zu erkennen, in anderen wiederum können (oder dürfen) die Opfer nicht mit Ärzten über das sprechen, was ihnen widerfahren ist. Selbst die dänischen Ärzte und Therapeuten, die besonders vertraut mit den Folgen von Folter sind, haben erkennen müssen, daß übliche Formen der Therapie bei Folteropfern ohne Resonanz bleiben können.

Eine der größten Schwierigkeiten, die Therapeuten bei der Behandlung von Folteropfern erfahren, ist das außergewöhnlich hohe Maß an Takt, das bei therapeutischen Situationen erforderlich ist, die auch nur die geringste äußere Ähnlichkeit mit den ursprünglichen Umständen der Folter aufweisen. Bei der Befragung von Opfern ist jedes Drängen zu vermeiden, desgleichen Methoden der physischen Therapie und der ärztlichen Untersuchung, wenn diese zu stark an die Folterungen erinnern, die das einzelne Opfer erdulden mußte (z. B. Schwimmen, Streckungen, EKG). Die vorübergehende Einweisung in ein Krankenhaus kann die Patienten unbeabsichtigt an ihre Haft erinnern. Auch der Umstand, daß viele Folteropfer am Ort ihrer Folterung erstmals mit medizinischem Personal in Berührung gekommen sind, erschwert die Arbeit der Ärzte, die sich um die Rehabilitation bemühen, denn auch das stellt eine Abweichung von der normalen Behandlung von Patienten dar.

Aber nicht nur die Perversion des klinischen Verhaltens durch die Umstände der Folter wirkt sich auf das spätere Rehabilitationsverfahren aus, sondern auch die Tatsache, daß den Folteropfern oft eine solche Rehabilitationsmöglichkeit nur außerhalb ihres eigenen Landes geboten wird – im Falle Dänemarks also in einem Land, wo es erhebliche Sprachprobleme geben kann. Für die, die das eigene Land nicht verlassen können, in dem das alte Regime an der Macht geblieben ist, gibt es so gut wie keine Aussicht auf Rehabilitation.

Am Beginn dieses Buches steht eine Reihe von Definitionen der Folter; diese Definitionen haben insbesondere mit den Formen und dem Zweck der Folter zu tun, aber auch mit ihrer Verwurzelung in der Macht. Die Jahre seit 1956 haben eine Fülle von Beweisen für die heute weitverbreitete Anwendung der Folter und die Erweiterung der Foltermethoden geliefert, und das vergangene Jahrzehnt hat eine Pathologie der Folter hervorgebracht, wie sie früheren Historikern und Gesetzgebern nicht zur Verfügung gestanden hat. Aber ungeachtet der neuen Erkenntnisse hat sich an der Ursache der Folter generell nichts geändert – nach wie vor ist es die bürgerliche Gesellschaft, die foltert oder zur Folter ermächtigt oder sich jenen gegenüber gleichgültig verhält, die Folter in ihrem Namen anwenden. Die Zukunft der Folter hängt von der bürgerlichen Gesellschaft ab – und vom Menschenbild, das sie weitergibt oder neu erdenkt.

Ohne Ende?

Historiker sind nicht von Berufs wegen für die Zukunft zuständig, aber die Geschichte der Folter wie auch die Tatsache, daß es sie in der heutigen Welt gibt, haben mehr als einen von ihnen dazu angeregt, über die Zukunft zumindest nachzudenken. Als Piero Fiorelli, der größte Historiker der Folter, sein monumentales zweibändiges Werk *La tortura giudiziaria nel diritto comune* 1954 zum Abschluß brachte, überschrieb er das letzte Kapitel »Senza una fine?« (»Ohne ein Ende?«). Im Jahr 1953, also ein Jahr vor dem Erscheinen von Fiorellis Werk, hatte der italienische marxistische Philosoph Lelio Basso sein Buch *La tortura oggi in Italia (Die Folter im heutigen Italien)* veröffentlicht. Fiorellis abschließende Frage sollte sich als angebrachter erweisen, als ihm selbst bewußt war. Historiker mögen ja in der Tat nicht für Fragen der Zukunft zuständig sein, aber sie verfügen doch immerhin über Wissensdrang. Und die Existenz von Folter muß notwendigerweise den Wissensdrang steigern – nicht nur den der Historiker.

Im Jahre 1971, fast zwei Jahrzehnte nach der Aufdeckung der Folterungen in Algerien und etwa ein Jahrzehnt nach der Erlangung der Unabhängigkeit, veröffentlichte General Jacques Massu seine Erinnerungen an den Algerien-Krieg, *La vraie bataille d'Alger*. In diesem Buch sowie in späteren Interviews und bei öffentlichen Auftritten verteidigte Massu den Einsatz der Folter mit der Begründung, die besonderen, damals gegebenen Umstände und die militärische Lage hätten diesen Einsatz erfordert. Das Buch gehört damit zu den klassischen Beispielen für eines der gängigen Argumente zugunsten der Folter – ein Argument, das Massu weder erfunden noch als einziger ins Feld geführt hat. Die Verteidigung der Folter durch den General bereicherte die französische Sprache immerhin um ein neues Wort: *Massuisme*. Damit ist gemeint, daß in Krisenzeiten Folterer durchaus verantwortungsbewußt handelnde Diener des Staates seien. Die Antwort auf diese Behauptung ließ nicht lange auf sich warten. 1972 warf sich Alec Mellor mit seinem Buch *Je dénonce la torture* erneut in die Schlacht und unterzog die Argumente Massus einer vernichtenden Kritik. Im selben Jahr veröffentlichte Jules Ray sein Buch *J'accuse le général Massu*, und Pierre Vidal-Naquet brachte die französische Übersetzung von *Torture: Cancer of Democracy* heraus. Das Jahrzehnt nach 1972 erlebte die Annahme der Konvention der Vereinten Nationen, die Anti-Folter-Kampagne von Amnesty International, die Gründung der ATR und des Rehabilitations- und Forschungszentrums in Kopenhagen und eine weitere, bei den Vereinten Nationen zur Beratung anstehende Konvention, der der Entwurf eines Zusatzprotokolls beigegeben ist, das 1980 von der Regierung Costa Ricas vorgelegt und von der Internationalen Juristenkommission sowie dem Schweizer Komitee gegen die Folter erarbeitet wurde. Aber es gibt Vorstellungen, die sich einfach nicht überleben wollen – der *Massuisme* scheint eine davon zu sein. Noch 1982 sprach sich ein amerikanischer Philosophieprofessor, in Unkenntis der Literatur zur Folter und zu ihrer Geschichte, in einem populären Presseorgan öffentlich für einen partiellen Wert der Folter aus – eine weitere Manifestation des »Massuismus«, von dem der Philosoph anscheinend noch nie etwas gehört hat. Auch bei ihm ist das Szenarium das bekannte idealisierte und keimfreie: Das Folterverhör sollte rechtlich zulässig sein, wenn Informationen, über die nur der Vernommene verfüge, den Tod von hunderten unschuldiger Menschen durch die Hand der Mitstreiter des Gefangenen verhindern könnte. Ungeachtet der Tatsache, daß der Rechtsphilosoph Charles Black eben diesen Gedanken bereits zwanzig Jahre früher erwogen und verworfen hatte und daß Alec Mellor das zehn Jahre zuvor ebenfalls getan hatte, trug der besagte Philosoph zum Fortbestand dieser inzwischen klassischen Rechtfertigung der Folter dadurch bei, daß er an die Möglichkeit des heroischen, emotionslosen Folterers glaubte, der im Dienste des Staates und im Namen unschuldiger Opfer handelt. In *Je dénonce la torture* zitiert Alec Mellor ein Papier, das von einem französischen Armeeoffizier in Algerien stammen soll und Vorschriften für diese Anwendung der Folter enthält. Fünf Punkte, so heißt es dort, müßten unbedingt beachtet werden:

1. Es ist notwendig, daß die Folterung ordnungsgemäß durchgeführt wird.
2. Sie darf nicht im Beisein von Kindern durchgeführt werden.
3. Sie darf nicht von Sadisten durchgeführt werden.
4. Sie darf nicht durch einen Offizier oder eine andere verantwortliche Person durchgeführt werden.
5. Sie muß *menschlich* sein, das heißt, sie sollte sofort abgebrochen werden, wenn der *Typ* [sic] gesteht. Und vor allem darf sie keine Spuren hinterlassen.

Dieses sind die vorbildlichen Regeln für den würdigen Folterer, und es ist durchaus denkbar, daß sie so in den Anweisungen oder den Vorstellungen von Regierungen vorkommen, die sich der Folter bedienen.

Mellor hat jedoch auch auf das zentrale Problem dieser »Regeln« hingewiesen: »Es sind nicht die einzelnen, das Verfahren betreffenden Sätze, die aus diesem Versuch zu einem Folterkodex ein kriminelles Werk machen, sondern es ist die Anerkennung des Grundsatzes einer [legitimen] Folter, welcher Art auch immer diese sei.« Die vernichtendste Kritik am *Massuisme*, die sich ebenfalls bei Mellor zitiert findet, stammt von einem ehmaligen Karrieresoldaten, der dann Priester wurde, nämlich von Père Gibert, SJ:

Der »Fall«, der als klassisch angesehen wird, nämlich Wenn-der-verhaftete-Terrorist-nicht-redet-müssen-hunderte-von-unschuldigen-Menschen-sterben, ist entgegen der Behauptung von General Massu und der Verfechter des Folterns keineswegs die einzige Begründung für den Einsatz der Folter in Algerien gewesen. Leute wurden auch aus sehr viel weniger gewichtigen Gründen gefoltert – und unter Anwendung von Methoden, die viel schlimmer waren als der oberflächliche Einsatz von *gégène* [Folterung mit Elektroden]. Aber unterstellen wir für einen Moment, Folter sei durch Berufung auf »edle Motive« zu rechtfertigen – hat man je an den Einzelnen gedacht, der sie ausführt, an den Mann, der, ob er will oder nicht, zum Folterknecht gemacht wird? Ich habe in Algerien und Frankreich genug zu hören bekommen, um zu wissen, welche Schäden – und möglicherweise irreparable – das Foltern dem menschlichen Bewußtsein zufügen kann. Viele junge Leute haben »das Spielchen mitgemacht«, um dann ihre geistige Gesundheit und Stabilität einzubüßen und in einen erschreckenden Verfallszustand zu geraten, von dem sich einige wahrscheinlich nie wieder erholen werden.

General Massu trägt eine »hohe« Verantwortung – hat er je an die gedacht, die die Dreckarbeit machen? Statt zu versuchen, uns mit Argumenten von beunruhigender Schlichtheit zu überzeugen und seine Taten vor sich selbst unter Rückgriff auf die »theologischen Erinnerungen« irgendeines schwachsinnigen Militärseelsorgers zu rechtfertigen, hätte er besser daran getan, in dieser Frage den Mund zu halten. Wenn schon nicht der Wahrheit zuliebe, dann wenigstens um seines und unseres Friedens willen.

Die Auswirkungen der Folter auf die Opfer haben so sehr im Mittelpunkt aller Diskussionen gestanden, daß darüber die Folgen, die sie für die Folterer hat, vernachlässigt worden sind. Entweder werden diese als Sadisten abgetan, oder man stellt sie sich – wie im Falle des »Massuismus« – als loyale Offiziere vor, die eine unangenehme Pflicht zu erfüllen hatten. Was die Frage des Sadismus bei Folterern angeht, so ist das ein schwieriges Problem. Obwohl viele Sadisten gern die Rolle des Folterers übernehmen, wenn eine solche zu vergeben ist, läßt sich auch behaupten, daß die Institution der Folter genausoviele Sadisten hervorbringt wie anlockt. Die Produktion von Sadismus oder dessen Ermunterung gehört nicht zu den eigentlichen – und zulässigen – staatlichen Aufgaben. Der Vater von Alexander Lavranos, einem der Angeklagten, gegen den 1975 bei den griechischen Folterprozessen verhandelt wurde, stellte vor Gericht die ebenso bittere wie berechtigte Frage: »Wir sind eine arme aber anständige Familie [...] und jetzt sehe ich ihn als Folterer dort auf der Anklagebank sitzen. Ich möchte das Gericht bitten, der Frage nachzugehen, wie dieser Junge, von dem alle sagten, er sei ein Schatz, zum Folterknecht werden konnte. Der mein Haus und meine Familie moralisch kaputtgemacht hat.« Lavranos selbst fügte hinzu: »Alle meine Freunde und Verwandte begegnen mir jetzt mit Argwohn und Mitleid. Ich kann keine Arbeit finden [...]. Ich habe das Bedürfnis, diesem verehrten Gericht und dem ganzen griechischen Volk zu sagen, daß ich ein menschliches Wesen bin wie Sie, wie der Sohn des Nachbarn, wie ein Freund. Wenn ich zuschlug, dann tat das nicht die Hand von Lavranos, sondern die von Spanos, von Hajizizis.«

Wir müssen die Frage, ob Lavranos oder andere Folterer menschliche Wesen sind »wie jedermann«, wie »der Sohn des Nachbarn, wie ein Freund«, für einen Augenblick zurückstellen und festhalten, daß der Vater von Lavranos nicht der einzige war, der die Frage nach den Ursachen für eine Entwicklung wie der seines Sohnes stellte. Selbst der Ankläger fragte bei einer Gelegenheit: »Wie konnten griechische Offiziere bis zu dieser moralischen Entartung sinken? Sind sie mit kriminellen Instinkten auf die Welt gekommen, oder waren es äußere

Umstände, die ihren Charakter derart deformiert haben?« Bei Diskussionen über die Psychologie der griechischen Folterer wollten machem Beobachter selbst viele ihrer erklärten sexuellen Perversionen nicht als Ursachen erscheinen, sondern als Folgen ihres Tuns:

> Es ist wichtig zu sehen, daß diese einzelnen Perversionen nicht die Ursachen eines Foltersystems sind. Vielmehr ist es so, daß da, wo ein Foltersystem geschaffen worden ist, um die politischen Interessen derjenigen zu sichern, die an der Macht sind, die Vertreter dieser Machtinhaber ein Verhalten an den Tag legen, das an den Tag zu legen ihnen unter anderen Bedingungen nicht möglich wäre.

Trotz der Beruhigung, die es einem verschaffen mag, wenn man die Folter einfach als »Spielchen« von Sadisten abtut, scheint es doch sinnvoller, Folterer psychologisch erst dann zu analysieren, *nachdem* sie zu Folterern geworden sind, und als Arbeitshypothese anzunehmen, daß die Institution der Folter selbst zu einem Wirkstoff werden kann, der die einzelne Psyche zu verändern vermag. Die Anwendung eines solchen »rückwirkenden« Analyseverfahrens läßt deutlich werden, daß nicht nur Personen mit einer Prädisposition zur Grausamkeit (die eine sexuelle Dimension hat) zu Folterern gemacht werden können, sondern *auch* junge Menschen, die allen immer als wahrer Schatz erschienen sind. Man macht es sich also zu einfach, wenn man in Folterern nur geborene Sadisten sieht, denn das läßt den »Schatz« unerklärt.

Muß ein Folterer aber unbedingt als Sadist geboren oder dazu gemacht worden sein? Sind die »würdigen« Folterer des *Massuisme* lediglich die Phantasieprodukte eines alten Generals? Im Jahre 1974 veröffentlichte der amerikanische Psychologe Stanley Milgram eine umstrittene Studie, *Obedience to Authority*. Milgram bediente sich bei seinen Untersuchungen einer experimentellen Methode, die darin bestand, daß er Durchschnittsmenschen (potentielle Sadisten waren ausdrücklich ausgeschlossen) dazu bewegte, anderen Schmerzen zuzufügen – als Zeichen ihrer Bereitschaft, einer Autorität Folge zu leisten, die sie als rechtmäßig anerkannten. Die Resultate dieses Versuchs waren sehr komplex, aber eine Schlußfolgerung war die, daß sehr einfache Menschen, bei denen weder psychologische noch persönliche Interessen im Spiel waren, relativ einfach dazu gebracht werden konnten, vorübergehend zu Folterern zu werden. Ein kluger Redakteur von

Harper's Magazine, das im Dezember 1973 einen Artikel auf der Grundlage der Untersuchungen von Milgram brachte, gab diesem den Titel »The Torturer in Everyman« (»Der Folterknecht in Jedermann«). Steckt in uns allen ein Folterknecht? 1963 publizierte Hannah Arendt ihre Untersuchung *Eichmann in Jerusalem*, mit dem provozierenden Untertitel *A Report on the Banality of Evil*. Ein Jahrzehnt vor Milgram behauptete auch sie, daß, wenn auch nicht ein potentieller Folterer in Jedermann stecke, so sei zumindest in der Art von Gesellschaft, in der Eichmann tätig gewesen sei, die Möglichkeit gegeben, daß ein Funktionär sich so weit von der Wirklichkeit entferne, daß er nicht mehr in der Lage sei, die Folgen seines Tuns zu erkennen: »Daß eine solche Ferne von der Realität und eine solche Gedankenlosigkeit mehr Zerstörung bewirken können als alle bösen Instinkte zusammengenommen, die dem Menschen vielleicht eingeboren sind – das war die eigentliche Lektion, die man in Jerusalem lernen konnte.« Der brutale Folterer (ob nun als solcher geboren oder aber dazu geworden) und der distanzierte Folterer – sind Gestalten, die auf der dunkleren Seite der bürgerlichen Gesellschaft des späten 20. Jahrhunderts zu finden sind.

Obwohl der distanzierte Folterer dem Ideal des »Massuismus« schon sehr nahezukommen scheint, gibt es ein noch genaueres Porträt des idealen Folterers, und zwar in einer neueren Serie von Fantasy-Romanen des Autors Gene Wolf mit dem Titel *The Book of the New Sun*. Deren Held ist Berufsfolterer, der von Kindheit an von einer engagierten, unpersönlichen Foltergilde ausgebildet worden ist. Er besitzt in höchstem Maße entwickelte Fähigkeiten, die er mit vollkommener Leidenschaftslosigkeit ausübt. Er ist jedoch von der Gilde entlassen worden und verdient seinen Lebensunterhalt dadurch, daß er sich in den Provinzhauptstädten als Folterer und öffentlicher Henker verdingt. Zu den gelegentlich eingestreuten Rechtfertigungen seines Tuns gehören die folgenden: Folterer sind nicht grausam, sondern effizient, und sie arbeiten nur unter Richtern, deren Autorität rechtmäßig ist; solche förmlichen, öffentlichen Maßnahmen sind erforderlich, um den Ausbruch der Anarchie zu verhindern; allein den Richtern steht die Entscheidung darüber zu, wer gefoltert werden soll; die Zwangsarbeit als Alternative wäre nicht praktikabel, lange Haftstrafen würden zu viel kosten; die Todesstrafe generell verhängt ist zu demokratisch und läßt keine Unterscheidung in der Behandlung schwerer und leichter Verbrechen zu. Insgesamt liegt die Betonung auf dem

Mangel an Emotion, auf der Unpersönlichkeit, dem Fehlen jeder Grausamkeit, strenger Legalität und auf der technischen Effizienz des Folterers. Hier in Wolfs Roman ist Massus idealer und gerechtfertigter Folterer. Nun gehorcht die Fiktion aber eigenen Gesetzen, der Verfasser kann Zeit und Raum – und Menschenbild gefahrlos ändern, so daß nicht allzu viel darauf zu geben ist, zumal wenn es sich um derartig extravagante Rhetorik handelt wie diese Rede. Außer in Romanen und in den Köpfen hochgestellter Persönlichkeiten gibt es derartige Folterer bislang noch nicht.

Sind sie jedoch »machbar«? Hannah Arendt und Stanley Milgram sind nicht die einzigen, die eine Gesellschaft für möglich halten, die in der Folter eine durchaus übliche Prozedur sieht und sich ernsthaft um die Mitwirkung von Ärzten und Wissenschaftlern an dieser Arbeit bemüht. Lavranos und seinesgleichen wurden ja in der Tat zu Folterknechten gemacht, aber sie waren wohl kaum die leidenschaftslosen Folterer, wie sie Massu und dem amerikanischen Philosophen vorschweben. Eichmann wurde »gemacht«, und er repräsentierte vielleicht jenen Typ Mensch, der dem idealisierten Vorbild des modernen Folterers am nächsten kommt. Unter ähnlichen Bedingungen könnten Psychiater, Ärzte, Polizei- und Militärtechniker leicht unwissentlich als Helfer der Folter eingespannt werden, vor allem wenn ihre Mitwirkung unter Hinweis auf medizinische, therapeutische oder technische Gründe verlangt wird. Mellor konzentriert sich zum Beispiel bei der Erörterung der medizinischen Aspekte der Folter fast gänzlich auf die Rechtmäßigkeit der Verwendung von Wahrheitsdrogen bei Polizeiverhören; in manchen Ländern wird die Sterilisation von Sexualverbrechern als legitim angesehen; in der sowjetischen Psychiatrie wird trotz des weltweiten Protestes gegen ihren forensischen Einsatz eingestandenermaßen eine klinische Neurosentheorie vertreten, nach der die Anwendung psychotroper Drogen zulässig ist; die *World Medical Association* hat ihren Mitgliedern die Beteiligung an der Zwangsernährung von Häftlingen, die in einen Hungerstreik getreten sind, untersagt. Alle diese Maßnahmen liegen in dem nicht eindeutig auszumachenden Grenzbereich zwischen Folter und legitimer Behandlung von Gefangenen seitens des Staates. Diejenigen, die an Maßnahmen dieser Art beteiligt sind, sind nicht notwendigerweise Menschen wie Lavranos oder Eichmann. Die Zunahme dessen, was Mellor die »torture non douloureuse« (die »schmerzlose Folter«) genannt hat, stellt in der Tat ein weites und noch unzureichend erforschtes Gebiet dar. Doch solche Leute ausgenommen, scheint die Ausbildung moderner Folterer keine derart subtile und keimfreie Zielsetzung zu verfolgen.

Es gibt zwar eine Fülle von Hinweisen auf die Existenz von Spezialschulen für Folterer, diese lassen sich jedoch nicht belegen. Die verläßlichsten Auskünfte geben entweder offizielle Prozeßakten (wie die der griechischen Folterprozesse von 1975) oder die Berichte von einzelnen Folterern selbst, die ihr Land verlassen haben und sich zu ihren Erfahrungen äußern. Beweise dieser Art lassen vermuten, daß die zukünftigen Folterer heute entweder aus den Reihen eingezogener Soldaten, deren familiärer Hintergrund Sympathien mit dem herrschenden Regime erkennen läßt, oder aber aus den niedrigeren Rängen der Polizei rekrutiert werden. Diese Rekruten werden einer sehr intensiven politischen Indoktrination ausgesetzt, bei der vor allem die Gefahr hervorgehoben wird, die von »Kommunisten«, »Faschisten«, »Terroristen« oder »Imperialisten« für das eigene Land ausgeht. Nach gründlicher Auswahl während der Vorbereitungszeit bleibt eine kleine Gruppe übrig, die aufgefordert wird, einem Elitekorps beizutreten, dessen Aufgabenbereich nicht genau festgelegt ist, dem anzugehören aber beträchtliche Privilegien mit sich bringt (so beispielsweise einen höheren Dienstgrad, höheres Gehalt, Zugang zu Autos oder Vergünstigungen für die Familie), die von besonderem Reiz gerade für Personen vom Land oder aus den städtischen Unterschichten sind. Außerdem werden ihnen für die Zeit nach dem Militärdienst Posten in der Zivilverwaltung zugesichert.

Die Sonderausbildung, die diese »Rekruten« durchlaufen, besteht zunächst aus einem sehr harten Trainingsprogramm, bei dem sie selbst geschlagen werden und gezwungen, andere zu schlagen und vor den Kameraden selbsterniedrigende Handlungen vorzunehmen. Sie werden dazu erzogen, Vorgesetzten bedingungslos Gehorsam zu leisten und die exzessive Brutalität untereinander als normal zu akzeptieren. Nach der Ausbildung werden die Rekruten zuerst zur Bewachung von Gefangenen eingesetzt und müssen dabei regelmäßig miterleben, wenn diese durch andere brutal behandelt werden. Danach werden sie Verhaftungskommandos zugeteilt und schließlich mit der Zuständigkeit für einzelne Foltermethoden betraut. Wenn sie sich weigern, wird ihnen Entzug aller Privilegien, unehrenhafte Entlassung aus der Armee und Bestrafung ihrer Familie angedroht – oder sie werden selbst mißhandelt und so lange eingesperrt, bis sie sich fügen. Einmal an den Dienst gewöhnt, erleben die Folterer, wie bereis der Name ihrer Organisation ihre Position stärkt, und sie kommen nun in den vollen Genuß der Vorrechte einer Polizei- oder Militärelite, sind unabhängig vom normalen Polizei- oder Militärapparat und überhaupt von den Instanzen der staatlichen Macht und haben manchmal die Möglichkeit, in private Folter- oder Terrororganisationen überzuwechseln, die unter der Schirmherrschaft der Regierung stehen oder von dieser indirekt unterstützt werden. Der Elitestatus und die Unabhängigkeit werden unterstrichen ebenso durch die besonderen Aufgaben, die sie im Dienste des Staatsschutzes erfüllen, wie durch die schnelle Entwicklung eines eigenen Jargons zur Beschreibung ihrer Tätigkeit, die psychologische Rückenstärkung durch Kameraden und Vorgesetzte sowie durch die anhaltende Notwendigkeit, mit Folter zu Ergebnissen zu gelangen.

Da rechtliche und andere staatliche Sicherungen der bürgerlichen Rechte an Wirksamkeit verlieren, weitet sich im allgemeinen die Anwendung der Folter von solchen Opfern, denen aktiver Terrorismus oder politische Verbrechen vorgeworfen werden, auf andere Sparten aus, bis endlich die Behandlung durch den Folterer, der so konditioniert worden ist, daß er unterschiedslos jeden foltert, allen Opfern zuteil wird, die verdächtigt werden, in irgendeiner Art und Weise in Opposition zur Regierung zu stehen oder auch tatsächlich an Aktivitäten beteiligt zu sein, die das Regime mißbilligt – also etwa an der gewerkschaftlichen oder einer bestimmten journalistischen Arbeit oder auch im Rahmen ihrer Tätigkeit als Anwalt. Wenn der Folterer diesen Punkt in seiner Laufbahn erreicht hat, ist er kaum mehr in der Lage, Unterschiede zwischen seinen Opfern zu machen.

Hier können wir die Frage erneut stellen, ob der Folterer, wie Alexander Lavranos behauptet hat, »ein menschliches Wesen wie jeder, wie der Sohn eines Nachbarn, wie ein Freund« ist. Bei denen, die am ehesten dazu in der Lage sind, ein Urteil abzugeben, nämlich bei den Opfern, herrscht allgemein Übereinstimmung darüber, daß es sich – abgesehen von einer Anzahl geborener Sadisten – bei den Folterern um Personen gehandelt hatte, die ihrer »Persönlichkeit beraubt«, »entmenschlicht« worden waren, indem man sie gezwungen hatte, in einer Gruppe von Folterern oder im Beisein von Vorgesetzten zu foltern. Trotz allem, was sich über die Ausbildung von Folterern ermitteln ließ, ist es noch immer nicht möglich, General Massus unpersönliche Folterer zu finden. Die Folterer werden mit Bedacht in einer Weise ausgebildet, daß sich ihre Persönlichkeit verändert und daß sie eine verfälschte politische Wirklichkeit akzeptieren, innerhalb derer das Opfer nicht mehr als Glied der menschlichen Gemeinschaft gilt, wobei diese Vorstellung sowohl durch Zwang als auch durch Belohnung aufrecht erhalten wird. Die Zukunft der Folter hängt größtenteils von der Zukunft der Folterer ab. Obgleich der ideale Folterer General Massus noch nicht unter uns weilt und einem beträchtlichen Teil der Argumentation des Generals dadurch der Boden entzogen ist, ist denkbar, daß dieser Idealtyp mittels der bislang praktizierten Methoden doch noch geschaffen werden kann. Immerhin aber läßt sich wohl weder vom gegenwärtigen noch vom zukünftigen idealen Folterer sagen, er sei »ein menschliches Wesen wie jedermann, wie der Sohn eines Nachbarn, wie ein Freund«.

Die Zukunft der Folter hängt auch von den Möglichkeiten eines Vorgehens gegen Folterer ab – entweder, wie im Falle Griechenlands, in Form von Strafverfahren, die von einer Nachfolgeregierung durchgeführt werden, oder, wie in vielen anderen Fällen, in Form von straf- oder zivilrechtlichen Prozessen, die Folteropfer oder ihre Familien anstrengen. Bei Folterregimen dürften solche Maßnahmen kaum mehr als eine störende Wirkung haben, obwohl einige von ihnen durchaus an bestimmten Rechtsgrundsätzen wie etwa dem *Habeas Corpus* festhalten. In dieser Hinsicht ermutigend ist das *Alien Tort Statute* der Vereinigten Staaten (*United States Code*, Titel 28, Abschnitt 1350), nach dem gilt: »Die [amerikanischen Bundes-]Gerichte sollen die ursprüngliche Zuständigkeit für alle Zivilklagen haben, die von Ausländern wegen einer Schädigung [privater- oder staatlicherseits] erhoben werden, wenn dabei das Völkerrecht oder ein von den Vereinigten Staaten unterzeichneter Vertrag verletzt worden ist.« Kurz gesagt erlaubt diese Gesetzesbestimmung jedem Ausländer, vor einem Bundesgericht gegen einen anderen Ausländer Klage wegen einer außerhalb der Vereinigten Staaten verübten Straftat zu erheben, wenn dabei gegen das Völkerrecht oder gegen irgendeinen Vertrag verstoßen worden ist, zu dessen Unterzeichnern die Vereinigten Staaten gehören. 1979 und 1983 war es zu einem solchen, von der Familie eines paraguayischen Folteropfers gegen den paraguayischen Folterer angestrengten Prozeß vor dem amerikanischen Bundesgerichtshof und dann vor dem entsprechenden Berufungsgricht gekommen. Der Kläger gewann diesen Prozeß vor dem Berufungsgericht, und damit war ein Präzedenzfall für die Anwendung des *Alien Tort Statute* geschaffen. Außerdem ist diese Gesetzesbestimmung dadurch möglicherweise zum Modell für andere Länder geworden, die in ählicher Weise bereit sind, Folteropfer zu schützen.

Die Publikation von Amnesty International *Torture in the Eighties* führt eine Reihe weiterer Schritte auf, die von nationalen, internationalen und anderen Gruppierungen gegen die Folter unternommen worden sind, und bewertet den relativen Erfolg, den solche Aktivitäten gehabt haben. Dabei zeigt sich, daß in einigen Fällen (vor allem in Nordirland und Brasilien) der Erfolg beachtlich gewesen ist. Auf der anderen Seite könnte es, wie der Schweizer Jurist Werner Kaegi befürchtet, zu »fast schon übertriebenen Aktivitäten auf dem Gebiet der Menschenrechte [kommen], die zu einer gefährlichen Inflation von Deklarationen, Proklamationen und Konventionen führt. Viele Anwälte und Politiker meinen, daß die Welt durch derartige Dokumente mit einer Tendenz zur Universalität verändert werden wird.« Die Beiträge Kaegis und anderer Autoren zu einer kleinen Sammlung von Vorschlägen, wie das fakultative Zusatzprotokoll zu der gegenwärtig von den Vereinten Nationen beratenen Konvention gegen die Folter aussehen könnte, befürworten eine Vereinbarung, die die Unterzeichnerstaaten dazu verpflichtet, den Besuch internationaler Kommissionen in Haftanstalten zuzulassen. Kaegi und andere sind der Auffassung, daß, wenn erst einmal der Anfang mit einer kleinen Gruppe von Signatarstaaten gemacht ist, sich deren Zahl bald erhöhen würde angesichts des nicht politischen und nicht öffentlichen Charakters einer solchen Kommission und ihrer Vertreter. Die freiwillige Zusammenarbeit einer anfangs kleinen Gruppe von Staaten, so das Argument, liefere Erfahrungen, die andere ermutigten, das Protokoll zu unterzeichnen. Ein derartiger Vorschlag hat den Vorteil, mit dem Möglichen in einem Umfang zu beginnen, der klein genug ist, um realistisch zu sein.

Was die umfänglichere Konvention angeht, so hat Amnesty International auf einige Punkte aufmerksam gemacht, die geklärt werden müßten, bevor die Übereinkunft Wirkung haben könne. Erstens dürften »gesetzliche Maßnahmen« keinen Vorrang haben vor der in der Konvention enthaltenen Definition der Folter oder der grausamen, unmenschlichen oder erniedrigenden Behandlung oder Bestrafung. Zweitens sollte die Konvention das weltweite gerichtliche Vorgehen gegen Personen anerkennen, die im Verdacht stehen, Folterer zu sein, in welchem Lande auch immer sie sich aufhalten – ein Punkt, der weitgehend dem entspricht, was das amerikanische *Alien Tort Statute* bezweckt. Drittens sollten die Opfer Anspruch auf Entschädigung für das Erlittene haben, und Aussagen, die unter der Folter gemacht wurden, dürften nicht als Beweismittel zugelassen sein. Das fakultative Zusatzprotokoll enthält eine Reihe von entsprechenden Maßnahmen zur Durchsetzung solcher Forderungen.

Die Zukunft der Folter wird also teilweise entschieden durch die Heranbildung von Folterern und durch die Aktivitäten von Organisationen von der Familie bis zu den Vereinten Nationen, eingeschlossen das Material, das den Vereinten Nationen gerade zur Beratung vorliegt. Abschließend ist noch auf eine weitere Vorbedingung für den Erfolg bei der Abschaffung von Folter und Folterern einzugehen. Die Sprache selbst, die die Folter mit *inhumanen* Praktiken gleichsetzt, hat ja ebenfalls eine Anthropologie zur Voraussetzung, und zwar jene, die im späten 18. Jahrhundert aus alten und neuen Grundsätzen des europäischen Denkens entstanden ist. Diese Anthropologie hat – wenn auch, wie es manchmal scheint, nur knapp – bis heute überlebt, es gibt aber keine Garantie, daß sie ewig Bestand haben wird. Sie hat nicht zuletzt deshalb überlebt, weil sie Eingang gefunden hat in die Jurisprudenz, in die Politik vieler Staaten und in deren Institutionen sowie in internationale Abkommen, aber auch in die moralphilosophische Literatur, in die Künste und einen allgemeinen kulturellen Konsens, ja, in das Empfinden der Menschen ebenso wie in Recht und Gesetz. Es könnte möglich sein, Folter dadurch verschwinden zu lassen, daß man sie wirkungsvoll zu etwas Ungesetzlichem und Gefährlichem macht, es scheint aber auch notwendig, den Grund zu erhalten, aus dem man sie zu etwas Ungesetzlichem und Gefährlichem macht – eine Vorstellung von menschlicher Würde, die, wenn auch nicht immer peinlich beachtet, doch allgemein in die öffentliche Sprache, ja sogar in das nicht öffentliche Handeln der meisten modernen Gesellschaften aufgenommen worden ist, und dies in einem allgemeinen, universalen und demokratischen Sinn. Der besagten Anthropologie zufolge zeichnet alle menschlichen Wesen eine Eigenschaft aus, Menschenwürde. Strafen und andere Formen der Behandlung können dann als unmenschlich angesehen werden, so Immanuel Kant, wenn sie nicht mit der Menschenwürde vereinbar sind. Es ist wichtig, diese maßgebliche Vorstellung von Menschenwürde von dem zu unterscheiden, was Malise Ruthven die »Schwelle der Schande« genannt hat – eine wechselnde, von sozialem Status, Hintergrund oder Klasse abhängige Vorstellung der angemessenen Behandlung des Einzelnen. Der Gedanke der menschlichen Würde darf nicht durch zeitbedingte Schwellen der Schande oder zeitbedingte Gefühlsbestimmungen verwischt werden. Es ist manchmal leichter, einen großen Gedanken wie den der Menschenwürde langsam von den äußeren Rändern her auszuhöhlen, als plötzlich und direkt die Einführung der Folter in eine Gesellschaft zu wagen. Es ist leichter, eine Anthropologie langsam umzuwandeln, denn ein solcher Wandel kann Folter als einen logischen und vorhersehbaren Schritt erscheinen lassen.

Ausgehend von dieser Voraussetzung, werden die Trugschlüsse einiger Varianten der modernen Argumentation deutlicher. Es ist leicht (und anfänglich auch verlockend), die Folter einer Veranlagung zur Brutalität, die man einer anderen Rasse, Kultur, Ideologie oder auch einem bestimmten Regime unterstellt, zuzuschreiben. Verläßlicher als allgemeine, nicht verifizierbare Vermutungen über den Charakter bestimmter Rassen oder Regime ist die Anthropologie bestimmter Fälle. Historisch gesehen, hat sich die Folter in zu vielen verschiedenen Kulturen als akzeptabel erwiesen, als daß man sie ausschließlich ein oder zwei besonders barbarischen zuschreiben könnte. Zudem muß die Sprache der Menschenwürde wieder Bedeutung erhalten. Aussagen wie »Armut ist Folter, Frustration ist Folter« bedeuten nämlich nichts – außer in der reversiblen Spiegelsprache der Ideologie, wo die Bedeutung von Worten und Dingen mit Bedacht abgetrennt wird. Zu den beredten Befürwortern der Wiederherstellung der Bedeutung der Menschenwürde gehört Francesco Campagnoni:

> Die Folter führt zur Auflösung und nachfolgenden Zerstörung der psychischen und moralischen Persönlichkeit, d. h. praktisch zu einer nicht-physischen Vernichtung der menschlichen Person, und dies mit anhaltenden Folgen. [...] Vom theologischen Standpunkt aus gesehen kann aber, so scheint mir, einer anderen Überlegung größeres Gewicht gegeben werden, daß das, was die menschliche Person eigentlich ausmacht, nämlich der freie Gedanke, nicht den Bedürfnissen eines sozialen Systems geopfert werden darf, dessen höchstes Ziel die Wohlfahrt aller Menschen ist. [...] Nach meinem Verständnis ist eine der zentralen Lehren

der theologischen Anthropologie die, daß die Würde des Menschen als Geschöpf absoluten Vorrang hat. [...] Diese Würde, die im Angesicht jeder Gemeinschaft oder juristischen Einrichtung völlige Unabhängigkeit beanspruchen kann, ist der Grund dafür, daß selbst bei den schlimmsten (und nachgewiesenen) Verbrechen die Möglichkeit der Reue besteht.

Der Folterer vergeht sich an demselben Gedanken, der durch die Folterung des Opfers verletzt wird. Wenn das Opfer als bar jeder menschlichen Würde angesehen wird und folglich gefoltert werden kann, begibt sich auch der Folterer seiner Menschenwürde. Und ein neues Menschenbild ersetzt das alte.

Den Gedanken der Menschenwürde praktikabel zu machen, könnte sich als schwieriger herausstellen, als es den Anschein hat. Dieser Gedanke könnte sich als unvereinbar mit den unterschiedlichen Sittenlehren, Ideologien, »Schwellen der Schande« oder Gefühlen erweisen. Wahrscheinlich ist es klüger, sie in minimaler Form zu bewahren, statt ehrgeizig zu versuchen, sie äußerst auszuweiten.

Eine Gesellschaft, die die Würde des Menschen nicht anerkennt oder sich dazu bekennt, ohne sich in der Praxis entsprechend zu verhalten, oder eine Gesellschaft, die die Menschenwürde nur unter ganz besonderen Umständen anerkennt, wird nicht einfach nur zu einer Gesellschaft, die foltert, sondern die Existenz der Folter verändert die Menschenwürde selbst – und damit das gesamte individuelle und kollektive Leben. Und eine Gesellschaft, die wissentlich oder gleichgültig sowohl Folteropfer als auch Folterer zu ihren Mitgliedern zählt, hat am Ende weder im ethischen noch im tatsächlichen Sinn Platz für diejenigen, die weder das eine noch das andere sein wollen.

Die im folgenden zusammengestellte Sammlung von Dokumentationen und wissenschaftlichen Untersuchungen ist mir bei meinen eigenen Forschungen sehr hilfreich gewesen, und ich habe versucht, alle Titel zu nennen, die dem interessierten Leser zugänglich sind. Gelegentlich war ich genötigt, Werke zu zitieren, die nicht in englischer Sprache vorliegen, vor allem wenn es sich dabei um die besten – oder häufiger noch die einzigen – Quellen zu wichtigen Punkten handelt, die es gibt.

Das gesamte vorliegende Buch stützt sich sehr stark auf das monumentale Werk von Piero Fiorelli, *La tortura giudiziaria nel diritto comune*, 2 Bde. (Mailand, 1953–4), dessen zweiter Band kurz auf die Entwicklung der Folter bis zur Menschenrechtserklärung der Vereinten Nationen von 1948 eingeht. Es gibt sehr viele vorgeblich umfassende Geschichten der Folter, aber nur wenige sind verläßlich und die meisten im besten Falle pittoresk. Der gründlichste Versuch, dem Thema gerecht zu werden, ist der von Alec Mellor in *La torture* (Paris, 1949; 2., erg. Aufl. 1961, Tours), eine leidenschaftliche und ehrgeizige Untersuchung, die ernsthafte Mängel aufweist, an der aber kein Weg vorbeiführt. Sie ist das Werk eines zornigen Juristen, der die dreißiger und vierziger Jahre miterlebt hatte und entschlossen war, dazu beizutragen, daß sich das, was in jener Zeit geschehen war, nicht wiederholen würde. Nach der Veröffentlichung des Buches Henry Charles Lea, *Superstition and Force* (Philadelphia, 1866) folgte als nächste umfassende Erörterung des Themas in englischer Sprache die Arbeit von Malise Ruthven, *Torture: The Grand Conspiracy* (London, 1978). Ein drittes Werk, auf das ich mich immer wieder stütze, ist der Band *La Preuve*, Recueils de la Société Jean Bodin pour l'histoire comparative des institutions, Bd. XIX, Teile 1–4 (Brüssel, 1963), dessen verschiedene Beiträge jeweils in verkürzter Form aufgeführt werden. Von den eher fachlich orientierten Darstellungen habe ich vor allem John H. Langbein, *Torture and the Law of Proof, Europe and England in the ›ancien regime‹ (Chicago, 1977)* benutzt, ein Buch, auf das ich auch noch näher eingehen werde.

Eine interessante, allgemeine historische Übersicht über die Regeln des öffentlich sanktionierten Einsatzes von Gewalt (für die es in englischer Sprache nichts Vergleichbares gibt) bietet das Buch von Jean Imbert und Georges Levasseur, *Le pouvoir, les juges et les bourreaux* (Paris, 1972). Eine Reihe von wichtigen Beiträgen enthält ferner der von Franz Böckle und Jacques Pohier herausgegebene Band *The Death Penalty and Torture*, Concilium: Religion and the Seventies, Bd. CXX (New York, 1979).

Einige Spezialenzyklopädien enthalten hervorragende Artikel zur Folter, wohingegen bei der Benutzung allgemeiner Enzyklopädien Vorsicht geboten ist. Verwiesen sei beispielsweise auf L. Chevalier, »Torture«, in: *Dictionnaire de droit canonique*, Bd. VII (Paris, 1965), Spalten 1293–1314, und A. Erhardt, »Tormenta«, in: Pauly-Wissowa, *Real-Encyclopädie*, II.xii, Spalten 1775–94.

Im folgenden soll auf die Literatur im Zusammenhang der einzelnen, im Text angesprochenen Themen eingegangen werden, d. h. zunächst kapitelweise, im Falle der komplizierteren Kapitel 4 und 5 dann abschnittsweise.

Eine Reihe von Untersuchungen zur frühen europäischen und zur modernen Folter bieten auch Illustrationen (im Falle neuerer Arbeiten Fotos), aber die Geschichte der Illustration der Folter ist nicht immer verläßlich, und zudem kann nicht jede bildliche Darstellung – das gilt vor allem für die im 18. und 19. Jahrhundert entstandenen – graphische Authentizität beanspruchen. Es gibt ein paar zuverlässige und wichtige Illustrationen in den Büchern von Fiorelli und Langbein, und einige weitere in den wichtigen von Hans Fehr, *Das Recht im Bilde* (München/ Leipzig, 1923) und *Das Recht in der Dichtung* (Bern, o. J.). Eine vorbildliche Untersuchung der Beziehung zwischen Kunstgeschichte und Rechtswesen ist die von Samuel Y. Edgerton, Jr., *Pictures and Punishment: Art and Criminal Prosecution during the Florentine Renaissance* (Ithaca, N. Y., 1984). Der Bericht von Amnesty International »*Torture in the Eighties*«, 1984, erschien deutsch unter dem Titel »*Wer der Folter erlag . . .*«. *Ein Bericht über die Anwendung der Folter in den 8oer Jahren*. Frankfurt 1984. Eine frühe Geschichte der Folter ist von Franz Helbing, 1926: *Die Tortur. Geschichte der Folter im Kriminalverfahren aller Zeiten und Völker*. Neu bearbeitet von Max Bauer, Aalen 1973 (1. Nachdruck, 2. Nachdruck 1983).

Filme zum Thema Folter sind zumeist ebenfalls unzuverlässig. Zwei noch relativ neue Ausnahmen bilden da Herbert Radtke, *Im Jahr der Folter*, und der dänische Film *Your Neighbor's Son* (zu beziehen durch Amnesty International, Frederiksborggade 1, DK-1360 Kopenhagen K).

Kapitel 1: Eine heikle und gefährliche Angelegenheit

Es reicht nicht aus, einfach nur wiederzugeben, was verschiedene Quellen und Forscher allein zum Thema Folter zu sagen haben, sondern man muß jedes rechtliche Phänomen als Teil seines eigenen historischen und kulturellen Kontextes untersuchen. Ein paar allgemeine Studien zur griechischen Rechtskultur tun dies in vorbildlicher Weise. Die nützlichste, kurze Einführung bietet George M. Calhoun, *Introduction to Greek Legal Science*, ed. F. de Zulueta (Oxford, 1944). Umfänglicher und detaillierter sind die Arbeiten von J. Walter Jones, *The Law and Legal*

Theory of the Greeks (Oxford, 1956), besonders S. 141–3, sowie Eric A. Havelock, *The Greek Concept of Justice* (Cambrigde, Mass., 1978). Die neueste Untersuchung ist die von A. R. W. Harrison, *The Law of Athens*, 2 Bde. (Oxford, 1968), hier besonders Bd. II, S. 147–50. Die detaillierteste Darstellung der Folter im griechischen Recht bietet das Werk von Gerhard Thur, *Die Beweisführung vor den Schwurgerichtshöfen Athens. Die Proklesis zur Basanos* (Wien, 1977). In Band I von *La Preuve* sind vor allem die Aufsätze von Gerard Sautel und Claire Preaux von Interesse, die sich mit dem Griechenland der heroischen Zeit bzw. dem griechischen Ägypten befassen. Als Werke, die fachlichen Aspekten, d. h. speziell der Arbeitsweise griechischer Gerichte bzw. den griechischen Beweisregeln gewidmet sind, seien genannt: Robert J. Bonner, *Evidence in Athenian Courts* (1905; repr. New York, 1979) und ders. mit Gertrude Smith, *The Administration of Justice from Homer to Aristotle*, 2. Bde. (1930; repr. New York, 1970).

Was die Folter im römischen Recht anbelangt, so ist die beste Darstellung die von Piero Fiorelli in *La tortura giudiziaria*, Bd. I. Im Sinne einer Übersicht klassische Werke sind A. Esmein, *A History of Continental Criminal Procedure*, (Boston, 1913) und Theodor Mommsen, *Das römische Strafrecht* (repr. Graz, 1955), bes. S. 401–11. Eine gute Übersicht bietet auch Peter Garnsey, *Social Status and Legal Privilege in the Roman Empire* (Oxford, 1970). Ein wichtiger Beitrag zum Thema ist ferner Alan Watson, »Roman Slave Law and Romanist Ideology«, in: *Phoenix* 37 (1983), 53–65.

Kapitel 2: Die Königin des Beweises und die Königin der Folterqualen

Das Standardwerk für das mittelalterliche und frühneuzeitliche Europa ist Fiorellis Werk *La tortura giudiziaria*. Des weiteren sind für diesen Zeitabschnitt relevante Artikel in *La Preuve* zu finden. Zu den wichtigsten gehört der von R. C. van Caenegem, der jüngst von J. R. Sweeney und David A. Flanary ins Englische übersetzt worden ist: »Methods of Proof in Western Medieval Law«, in: *Mededelingen van de Koninklijke Academie voor Wetenschappen, Letteren en Schone Kunsten van Belgie, Academiae Analecta*, 45 (1983), 85–127 (mit einem bibliographischen Anhang). Eine umfangreiche Bibliographie ist in meinem eigenen Buch *The Magician, the Witch and the Law* (Philadelphia, 1978) als »Appendix I: *Res fragilis*: Torture in Early European Law« zu finden. Wichtige Abschnitte zum Thema enthalten auch Langbein, *Torture and the Law of Proof*, Mellor, *La torture*, und Esmein, *A History of Continental Criminal Procedure*. Eine sehr wichtige primäre Quelle ist der *Tractatus de Maleficiis*, abgedruckt in: Herman Kantorowicz, *Albertus Gandinus und das Strafrecht der Scholastik*, Bd. II (Berlin, 1926). Als neuere Erörterung der rechtlichen Revolution des 12. Jahrhunderts sei die von Harold J. Berman, *Law and Revolution* (Cambrigde, Mass., 1983, genannt.

Zum Wandel im Rechtswesen, der sich im 12. Jahrhundert vollzog, siehe auch die beiden wichtigen Untersuchungen von Stephan Kuttner und Knut Nörr in: Robert

L. Benson, Giles Constable (eds.), *Renaissance and Renewal in the Twelfth Century* (Cambrigde, Mass., 1982). Eine sehr umfangreiche Bibliographie zur Inquisition findet sich in meinem Buch *Heresy and Authority in Medieval Europe* (Philadelphia, 1980).

Was die frühe Neuzeit anbetrifft, so sind mit Blick auf die allgemeinen Zusammenhänge die gleichen Quellen zu empfehlen, ferner John H. Langbein, *Prosecuting Crime in the Renaissance: England, Germany, France* (Cambrigde, Mass., 1974), wo auch englische Übersetzungen zentraler Gesetzestexte zu finden sind. Es gibt leider nur wenige englische Übersetzungen von Werken des 16. und 17. Jahrhunderts zur strafrechtlichen Praxis der Zeit, immerhin aber werden viele Autoren sehr ausführlich zusammengefaßt in: Henry Charles Lea, *Materials for a History of Witchcraft*, ed. Arthur Howland (Philadelphia, 1939; repr. New York, 1957), hier besonders Bände II und III. Einige Ausführungen von Sebastian Guazzini bringt in englischer Übersetzung James C. Welling, *The Law of Torture: A Study in the Evolution of Law* (Washington, D. C., 1982).

Zusätzlich zu den von Langbein und Lea angeführten Werken über Strafverfahren und Strafen im frühen Europa sind in jüngster Zeit eine Reihe von Forschungsarbeiten erschienen, die sich mit dem Verbrechen als einem sozialen Phänomen befassen. Hier sei vor allem auf V. A. C. Gatrell, Bruce Lenman, Geoffrey Parker (eds.), *Crime and the Law: The Social History of Crime in Western Europe since 1500* (London, 1980) hingewiesen. Henry Charles Lea: *A History of the Middle Ages*, 1877, erst knapp ein Jahrhundert später ins Deutsche übersetzt: *Geschichte der Inquisition im Mittelalter*. Übers. u. bearb. von Heinz Wieck und Max Rachel, Nördlingen 1987.

Kapitel 3: Der Schlaf der Vernunft

Die meisten Geschichten der Aufklärung befassen sich sehr eingehend mit jenem Aspekt der Strafrechtstheorie der Aufklärung, den Langbein in *Torture and the Law of Proof* als »Märchen« abtut. Eine nützliche, überzeugende und lesbare Darstellung der konventionellen Auffassung gibt Marcello T. Maestro, *Voltaire and Beccaria as Reformers of Criminal Law* (New York, 1942). Seine kritischen Einwände gegen diese Position hat Langbein sehr beredt in *Torture and the Law of Proof* vorgetragen.

Die ausführlichste Erörterung der gesetzlichen Abschaffung der Folter bietet Fiorelli, *La tortura giudiziaria*. In diesem Falle ist das Buch von Mellor, *La torture*, von nur geringem Nutzen. Die meisten Bücher zu diesem Thema verweisen den Leser an Fiorellis ausführliche Darstellung.

Eine gute, allgemeine Erörterung der moralischen Einstellung der Aufklärung zur Folter bietet Malise Ruthven in *Torture: The Grand Conspiracy*, (3–22), wo auch auf die wichtige Arbeit von W. L. und P. E. Twining, »Bentham on Torture«, in: *Northern Ireland Legal Quarterly*, 24 (1973), 305–56 hingewiesen wird.

Zur Folter im Osmanischen Reich und zum traditionellen islamischen Recht siehe Uriel Heyd, *Studies in Old Ottoman Criminal Law*, ed. V. L. Menage (Oxford, 1973), 252–4. Über die Rolle, die der Beweis in der Scharia spielt, informieren Robert Brunschwig, »La preuve en droit musulman«, in: *La Preuve*, Bd. III, 170–86, sowie Muhammad Hamidullah, »La genèse du droit de la preuve en Islam«, ebda., S. 187–200. Die im gleichen Band zu findende Studie von Mario Grignaschi, »La valeur du témoignange des sujets non-Musulmans (*dhimmi*) dans l'empire ottoman«, 211–323, macht deutlich, daß die Folter nicht das einzige Thema war, bei dem sich die Muftis im Widerspruch zur Reichspolitik sahen. Zusätzlich zu den oben aufgeführten Quellen sei der Aufsatz von Mohammed Arcoun, »The Death Penalty and Torture in Islamic Thought«, in: Franz Böckle, Jacques Pohier (eds.), *The Death Penalty and Torture*, 75–82, empfohlen, der einen anregenden Vergleich des klassischen und des modernen islamischen Rechts und Hinweise auf weiterführende Literatur enthält. Im Jahr 1982 verlangten die Anwaltsvereinigungen Marokkos die Abschaffung aller Sonderstrafverfahren und beriefen sich in ihrer rechtlichen Begründung dieser Forderung auf die islamische Tradition. Das wird in dem Bericht von Amnesty International mit dem Titel *Torture in the Eighties* dt. *Wer der Folter erlag. Ein Bericht über die Anwendung der Folter in den 80er Jahren* (Frankfurt/M., 1985), geschildert.

Zur Folter im jüdischen Recht siehe Clemens Thoma, »The Death Penalty and the Jewish Tradition«, in: Böckle, Pohier (eds.), *The Death Penalty and Torture*. Aufschluß über die Folter im japanischen Recht geben der Aufsatz von Ryosuke Ishii, »The History of Evidence in Japan«, *La Preuve*, Bd. III. 521–34, und die dort angegebenen Quellen.

Obwohl wir im Text nicht auf China eingegangen sind, sei doch auf die anschaulichen Schilderungen der chinesischen Rechtspraxis und der Folter in einem chinesischen Roman aus dem 18. Jahrhundert hingewiesen, den Robert van Gulik ins Englische übersetzt hat: *Celebrated Cases of Judge Dee (Dee Goong An): An Authentic Eighteenth–Century Chinese Detective Novel* (repr. New York, 1976). In seinem Vorwort befaßt sich van Gulik mit der Verläßlichkeit dieses Romans als Beitrag zur Erhellung der Geschichte der chinesischen Rechtspraxis vom Altertum bis zur Gründung der Chinesischen Republik im Jahr 1911.

Zur Folter und der frühen Rechtsgeschichte Rußlands siehe Daniel H. Kaiser, *The Growth of the Law in Medieval Russia* (Princeton, 1980), ein Standardwerk zum Thema, das auch eine umfangreiche Bibliographie bietet. Die Zeit vom 16. bis 19. Jahrhundert wird mit beträchtlicher Feindseligkeit von Ronald Hingley in seinem Buch *The Russian Secret Police: Muscovite, Imperial Russian and Soviet Political Security Operations, 1565–1970* (London, 1970) abgehandelt. Zur späteren »Dritten Abteilung« siehe die beispielhafte Arbeit von P. S. Squire, *The Third Department* (Cambridge, 1968), in der er sich auch sehr eindrücklich mit dem frühen 19. Jahrhundert befaßt. Neueste sowjetische Forschungen sind in der Zeitschrift *Kritika* 19 (1983), 7–15 aufgeführt. Was die spätere russische Polizeigeschichte anbetrifft, so sei auf die Literaturangaben zu Kapitel 4 verwiesen.

Die klassische Untersuchung zur Folter in England ist die von David Jardine, *A Reading on the Use of Torture in the Criminal Law of England Previously to the*

Commonwealth (London, 1837). Siehe ferner die neuere, sehr umfängliche Übersicht von James Heath, *Torture and English Law: An Administrative and Legal History from the Plantagenets to the Stuarts* (Westport, 1980), die man mit Langbein, *Torture and the Law of Proof*, 73–179, John Bellamy, *The Tudor Law of Treason* (Toronto, 1979) und G. R. Elton, *Policy and Police* (Cambridge, 1972) ergänzen sollte.

Bei Frankreich sei auf die allgemein unkritische Arbeit von Peter de Polnay, *Napoleon's Police* (London, 1970) hingewiesen, die mit dem Jahr 1667 einsetzt. Mit Blick auf das 18. Jahrhundert nützlicher sind Alan Williams, *The Police of Paris, 1718–1789* (Baton Rouge, 1979); John A. Carey, *Judicial Reform in France before the Revolution of 1789* (Cambridge, 1981) und Antoinette Wills, *Crime and Punishment in Revolutionary Paris* (Westport, 1981).

Ein »Klassiker« von bleibendem Wert zu einem speziellen Bereich ist das Buch von Eugéne Hubert, *La torture au Pays-Bas autrichiens pendant le XVIIIe siècle* (Brüssel, 1897). Siehe ferner P. Parfouru, *La torture en Bretagne* (Rennes, 1896).

Zur Frage der Polizei und der sozialen Ordnung in Frankreich während und nach der Revolution siehe Richard Cobb, *The Police and the People: French Popular Protest, 1789–1820* (Oxford, 1970) und Howard C. Payne, *The Police State of Louis Napoleon Bonaparte, 1851–1860* (Seattle, 1966). Trotz aller Kritik Paynes an den Polizeiverfahren des Zweiten Kaiserreiches ist nirgends von Folterungen die Rede. Alec Mellor setzt sich in *La torture* sehr eingehend mit dem französischen 19. Jahrhundert auseinander, und dies tut auch Gordon Wright, *Between the Guillotine and Liberty: Two Centuries of the Crime Problem in France* (New York, 1983), wobei er leider nicht ausführlicher auf die Polizei eingeht. Bei einer Betrachtung Englands, Frankreichs und Deutschlands sollte auch das Buch von Barton L. Ingraham, *Political Crime in Europe: A Comparative Study of France, Germany and England* (California, 1979) nicht unberücksichtigt bleiben. Michel Foucault hat seine Ansichten in *Surveiller et punier. La naissance de la prison.* (Paris 1975) entwickelt (die englische Übersetzung ist von 1977: *Discipline and Punish: The Birth of the Prison.* New York; übers. v. Alan Sheridan; die deutsche Übersetzung von Walter Seitter, Frankfurt 1977: *Überwachen und Strafen. Die Geburt des Gefängnisses.* Dieser hat sich in seiner Arbeit *Michel Foucault: The Will to Truth* (London, 1980), S. 135–63, sehr intensiv mit Foucaults Buch auseinandergesetzt. Eine solche Auseinandersetzung findet sich auch in Hubert L. Dreyfus und Paul Rabinow, *Michel Foucault: Beyond Structuralism and Hermeneutics* (Chicago, 1982), S. 143–67. Eine Diskussion mit Foucault zum Thema in Michelle Perrot (ed.), *L'Impossible prison. Recherches sur le système pénitentiaire au XIXe siècle. Débat avec Michel Foucault* (Paris, 1980) festgehalten.

Alle diejenigen, die sich für die im Ancien régime üblichen Formen der Bestrafung interessieren, seien auf das bemerkenswerte enzyklopädische Werk von Hans von Hentig, *Die Strafe*, 2 Bde. (Berlin, 1954) hingewiesen. Zu Folterkammern und Gefängnissen siehe Bd. 2, S. 178–83. Eine Beschreibung und ausführliche Kommentierung der mittelalterlichen und frühneuzeitlichen Strafen findet sich einschließlich Bibliographie in Hans von Hentig, *Studien zur Kriminalgeschichte*, Hrsg. Christian Helfer (Bern, 1962), 112–30.

Kapitel 4: »Werkzeug des Staates, nicht des Gesetzes«

An den Grenzen des Rechts. Zu allen Themenbereichen, die in diesem Kapitel behandelt werden, gibt es eine Fülle von Literatur. Ich gebe für jeden nur ein paar wenige an. Ich habe mich sehr weitgehend auf Mellor, *La torture*, gestützt, da dies praktisch die einzige Arbeit zum Thema Folter ist, die den Versuch unternimmt, das gesamte 19. und 20. Jahrhundert zu behandeln. Im Hinblick auf die allgemeineren Zusammenhänge war mir Hannah Arendts *The Origins of Totalitarianism* (1951; New York, ²1973) [deutsch: *Elemente und Ursprünge totaler Herrschaft* (Frankfurt/M., 1955] eine gute Orientierungshilfe, was auch für die Bücher von J. L. Talmon, *The Origins of Totalitarian Democracy* (repr. New York, 1970), *Political Messianism: The Romantic Phase* (New York, 1960) und *The Myth of the Nation and the Vision of Revolution* (Berkeley, 1980) gilt. Der Band IV von *La Preuve* ist ebenfalls wichtig, ferner die Arbeiten von Otto Kirchheimer, die sich weiter unten aufgeführt finden, und: Rudolf Quanter: *Die Folter in der deutschen Rechtspflege einst und jetzt. Ein Beitrag zur Geschichte des deutschen Strafrechts.* Dresden 1900.

Die Polizei und der Staat. Im Falle der Vereinigten Staaten gibt es eine sehr umfangreiche Literatur. Besonders nützlich sind die folgenden Bücher: Wilbur R. Miller, *Cops and Bobbies: Police Authority in New York and London, 1830–1870* (Chicago, 1970), Samuel Walker, *Popular Justice* (New York, 1980) und Eric H. Monkonnen, *Police in Urban America, 1860–1920* (Cambridge, 1981). Die beiden besten, an die Adresse eines breiteren Publikums gerichteten Auswertungen der Ergebnisse des *Wickersham Report*, d.h. des offiziellen Berichts der *National Commission on Law Observance and Enforcement* (Washington, D.C.: U.S. Government Printing Office, 1930–1), sind Ernest Jerome Hopkins, *Our Lawless Police* (1931) und Emmanuel H. Lavine, *The Third Degree: American Police Methods* (1933). Zu England und Frankreich siehe die bibliographischen Ausführungen zu Kapitel 3.

Zum Überleben der Folter in Neapel und Österreich während dieser Zeit siehe Ruthven, *Torture: The Grand Conspiracy*, 159–82.

Kriegführung, Gefangene und militärischer Geheimdienst. Die beste allgemeine Darstellung des Problemkreises Krieg, Gefangene und militärischer Geheimdienst ist – in Hinsicht auf das Thema des vorliegenden Buches – Alex Mellors *La torture*.

Das politische Verbrechen. Es gibt eine immense Literatur zum Problem des politischen Verbrechens und der politischen Justiz, die aber nicht durchweg verläßlich ist. Zum späten Mittelalter siehe S. H. Cutler, *The Law of Treason and Treason Trials in Later Medieval France* (Cambridge, 1982), und John Bellamy, *The Tudor Law of Treason* (Toronto, 1979). Von allgemeinem Interesse ist ferner Pierre A. Papadatos, *Le délit politique. Contribution à l'étude des crimes contre l'état* (Genf, 1955). Zur Neuzeit siehe Ingraham, *Political Crime in Europe.* Im Zusammenhang des vorliegenden Buches besonders interessant sind ferner die Arbeiten von Otto

Kirchheimer, also *Political Justice* (Princeton, 1961)*, *Politics, Law and Social Change*, ed. Frederick S. Burin, Kurt L. Shell (New York, 1969) und zusammen mit George Rusche *Punishment and Social Structure* (New York, 1939).

Von den politischen Verbrechen waren für diese Untersuchung vor allem der Hochverrat und die Hexerei von Bedeutung, im 19. und 20. Jahrhundert sind es dann aber das ideologische Verbrechen und der Terrorismus. Zu den letzten beiden siehe Walfer Laquens, *Terrorism* (Boston, 1977), und die von Yonah Alexander und Kenneth A. Myers herausgegebenen Studien *Terrorism in Europe* (New York, 1982): vgl. Hannah Arendt, *Crises of the Republic* (New York, 1972), vor allem Kapitel 3 »On Violence«.

Das Recht und der Staat in revolutionären Gesellschaften. Literatur über faschistische Länder gibt es viel, über die rechtlichen Verfahren des Faschismus aber nicht. Zusätzlich zu Mellor, *La torture*, und Kirchheimer, *Political Justice* (dies die beste allgemeine Studie zur modernen Behandlung des politischen Verbrechens durch das Recht) siehe zu Italien: H. Arthur Steiner, *Government in Fascist Italy* (New York, 1938), bes. 83–8; Gaetano Salvemini, *The Fascist Dictatorship in Italy* (New York, 1927), bes. Kap. 3 u. 4; Herman Finer, *Mussolini's Italy* (repr. Hamden, Ct., 1964), bes. Teile III und IV. Zu den wichtigsten Beiträgen zur Erforschung der Rechtsauffassung der Nationalsozialisten gehören die Arbeiten von Peter Schneider, so zum Beispiel sein Aufsatz »Rechtssicherheit und richterliche Unabhängigkeit aus der Sicht des SD«, in: *Vierteljahrshefte für Zeitgeschichte*, 4 (1956), 399–422. Siehe außerdem die umfangreiche Literatur zu den Nürnberger Prozessen, ferner Hannah Arendt, *The Crises of the Rebublic* und *The Origins of Totalitarianism*, sowie Ingraham *Political Crime in Europe*.

Zu Deutschland siehe auch die großartige Arbeit von Otto Kirchheimer, *Von der Weimarer Republik zum Faschismus: Die Auflösung der demokratischen Rechtsordnungen* (Berlin, 1976). Die Frage der Folterungen im Dritten Reich wird auch von Ruthven in *Torture: The Grand Conspiracy*, 286–291, sehr eingehend und kritisch erörtert.

Die Rechtsauffassung in der Sowjetunion geht – über Lenin – auf Marx zurück. Drei neuere Arbeiten bieten sehr gute Analysen dieser Rechtsauffassung: Maureen Cain, Alan Hunt, *Marx and Engels on the Law* (London, 1979); Paul Phillips, *Marx and Engels on Law and Laws* (Oxford, 1979); Hugh Collins, *Marxism and the Law* (Oxford, 1982). Die Frage nach der sowjetischen Rechtsauffassung ist gerade im Hinblick auf das konventionelle und das politische Verbrechen von Wichtigkeit, da die Unterschiede zwischen den jeweiligen Verfahren erheblich sind. Zu den ersteren siehe Vladimir Gsovsky, Kazimierz (eds.), *Government, Law and Courts in the Soviet Union and Eastern Europe*, 2 Bde. (New York, 1960), und Harold J. Berman, James W. Spindler (ed., trans.), *Soviet Criminal Law and Procedure: The RSFSR Codes* (Cambridge, Mass., 1972). Wichtig sind auch die folgenden, in Band IV von

---

* (dt.: *Politische Justiz. Verwendung juristischer Verfahrensmöglichkeiten zu politischen Zwecken.* Frankfurt Europäische Verlagsanstalt, 1981).

La Preuve enthaltenen Aufsätze: Jan Gwiazdomorski, Marian Cieslak, »La preuve judiciaire dans les pays socialistes à l'époque contemporaine«, und J. D. Kprevaar, »La preuve en droit soviétique.« Zur sowjetischen Kriminologie siehe Peter H. Solomon, *Soviet Criminologists and Criminal Policy* (New York, 1978), und L. Fuller, »Pashukanis and Vyshinsky«, *Michigan Law Review*, 47 (1949), 1159 ff.

Zum politischen Verbrechen und zur Tscheka siehe George Leggett, *The Cheka: Lenin's Political Police* (Oxford, 1981), die gründlichste und am besten dokumentierte aller Arbeiten zu diesem Thema, und Lennard D. Gerson, *The Secret Police in Lenin's Russia* (Philadelphia, 1976). Beide Bücher enthalten umfangreiche Bibliographien. Sehr ausführlich und eigenständig setzt sich Malise Ruthven in *Torture: The Grand Conspiracy*, 218–78, mit diesen Themen auseinander.

Zur Beziehung zwischen Marxismus und heutiger sowjetischer Rechtspraxis siehe R. W. Makepeace, *Marxist Ideology and Soviet Criminal Law* (London, 1980), und Ivo Lapenna, *Soviet Penal Policy* (Toronto, 1968). Die beste neuere Arbeit – O. S. Joffe, *Razvirie tsvilisncheskoi mysli v S.S.S.R.* (Leningrad, 1975) – liegt noch nicht in englischer Übersetzung vor.

Die Entdeckung Algeriens. Zu Südafrika siehe Hilda Bernstein, *South Africa: The Terrorism of Torture*, International Defense and Aid Fund, Christian Action Publications (London, 1972); Albie Sachs, *Justice in South Africa* (London, 1973); William R. Frye, *In Whitest Africa: The Dynamics of Apartheid* (Englewood Cliffs, N. J., 1968). Das klassische – aus der Perspektive der Kolonisierten geschriebene – Werk zum Thema ist Frantz Fanon: *The Wretched of the Earth* (repr. New York, 1968).*

Ein frühes Beispiel für europäische Besorgnisse über die Praktiken in den Kolonien wie jenen, die wir in diesem Abschnitt erwähnen, ist der *Report of the Commissioners for the Investigation of Alleged Cases of Torture in the Madras Presidency* (Madras, 1855). Eine sehr ausführliche Darstellung der Umstände und Zusammenhänge findet sich wiederum bei Ruthven, *Torture: The Grand Conspiracy*, 183–217.

Die beste und genaueste Untersuchung zum Problem der Folterungen in Algerien ist die von Alistair Horne, *A Savage War of Peace: Algeria, 1954–1962* (New York, 1977), eine Arbeit, der ich viel zu verdanken habe. Eines der einflußreichsten, zu dieser Zeit in Algerien entstandenen Bücher ist das von Henry Alleg, *The Question*, übers. John Calder, mit einer Einführung von Jean-Paul Sartre (New York, 1958). Sonst gibt es zu diesem Thema nur wenig mehr Literatur in englischer Sprache. Zu der unerläßlichen, in Frankreich publizierten gehören: Pierre-Henri Simon, *Contre la torture* (Paris, 1957); Pierre Vidal-Naquet, *L'affaire Audin* (Paris, 1958); ders., *La raison d'état. Textes publiés par le Comité Maurice Audin* (Paris, 1962), wo auch der Text des Wuillaume-Berichts von 1955 (S. 55–68) und andere relevante Dokumente aus den Jahren 1954 bis 1961 abgedruckt sind. Eine französische Ausgabe von Vidal-Naquets Buch *Torture: Cancer of Democracy* (1963)

---

* *Les damnés de la terre* 1961; dt.: *Die Verdammten dieser Erde*, Vorw. von Jean-Paul Sartre, übers. Traugott König, Frankfurt/M. 1968.

erschien erst 1972 unter dem Titel *La torture dans la République*. Siehe außerdem Fanon, *The Wretched of the Earth*.

Die Frage der Folter in Frankreich selbst ist Gegenstand des Buches von P. Péju, *Les harkis de Paris* (Paris, 1961).

Die jüngste Arbeit von Alec Mellor, *Je dénonce la torture* (Tours, 1972), bietet eine kritische und aktuelle Geschichte der Folter mit Blick auf das Geständnis, die militärische und politische Information sowie den Totalitarismus und behandelt im 4. Kapitel das, was die Franzosen heute offensichtlich als *Massuisme* bezeichnen – die Rechtfertigung der Folter durch außergewöhnliche Umstände, ein Thema, das in den Memoiren von General Jacques Massu, *La vraie bataille d'Alger* (Paris, 1971), eine große Rolle spielt. Das genannte Kapitel zeugt von großem Sachverstand und ist wichtig.

Mindestens in einer Hinsicht führte die Erfahrung in Vietnam – vor allem was die sozialen und politischen Folgen anbetrifft – die amerikanische Gesellschaft zu einer Entdeckung bestimmter Aspekte ihrer selbst, die jener der Franzosen in Algerien entsprach. Obwohl es zu diesem Thema eine riesige Menge von Literatur gibt, sei hier nur – obwohl es nicht speziell auf die Folter eingeht – als besonders repräsentativ das Buch von Nevitt Sanford, Craig Comstock et. al., *Sanctions for Evil* (San Francisco, 1971), genannt. Eine gute, allgemeine Auseinandersetzung mit Vietnam und den hier interessierenden Zusammenhängen bietet das Buch von Telford Taylor, *Nuremberg and Vietnam: An American Tragedy* (New York, 1970), in dessen Anmerkungen sich eine Fülle von bibliographischen Hinweisen findet.

Kapitel 5: »Menschlich zu werden oder zu bleiben...«

Eine neue Aufklärung? Relevante Dokumente der Vereinten Nationen sowie die Europäische Menschenrechtskonvention finden sich bei Ian Brownlie, *Basic Documents on Human Rights* (Oxford, ²1981), und in Teil IV von ders., *Basic Documents in International Law* (Oxford, ³1983), beide mit sehr nützlichen Kommentaren. Als weitere Textsammlung sei genannt: James Avery Joyce, *Human Rights: International Documents*, 3 Bde. (Alphen, 1978). In diesem Zusammenhang empfehlenswert ist auch die Studie von Paul Sieghart, *The International Law of Human Rights* (Oxford, 1983). Siehe auch B. G. Ramcharan (ed.), *Human Rights: Thirty Years after the Universal Declaration* (Den Haag, 1979).

Zu heute bestehenden Meinungsverschiedenheiten bezüglich des Wesens und der Priorität der Menschenrechte siehe Fouad Ajami, *Human Rights and World Order Politics*, World Order Models Project, Working Paper No. 4, Institute of World Order (New York, 1978).

Es gibt eine vollständige Ausgabe aller bei der Vorbereitung der Europäischen Menschenrechtskonvention in den Jahren 1949–50 angefallenen Unterlagen: *Collected Edition of the »Travaux Préparatoires«/Receuil des »Travaux Préparatoires«*, 7 Bde. (Den Haag, 1957–79). Für die folgenden Jahre siehe *European Convention on Human Rights, Collected Texts/Convention européenne des droits de l'homme. Receuil de textes* (Straßburg, [8]1972). Zur Geschichte der Anwendung der Konvention siehe J. E. S. Fawcett, *The Application of the European Convention on Human Rights* (Oxford, 1969), und Frede Castberg, *The European Convention on Human Rights*, ed. Torkel Opsahl, Thomas Ouchterlony (Leiden, Dobbs Ferry, 1974). Der Europarat bringt zudem einen Jahresbericht seiner Menschenrechtskommission heraus: *Annual Review/Compte Rendu Annuel* (Straßburg, 1973–). Eine gute, sich an den allgemein interessierten Leser wendende Einführung bietet David P. Forsythe, *Human Rights and World Politics* (Lincoln, London, 1983), während sich ein sehr anspruchsvoller und kontroverser Austausch von Expertenmeinungen bei D. D. Raphael (ed.), *Political Theory and the Rights of Man* (Bloomington, 1967) findet. Siehe auch die vom Europarat herausgegebene *Bibliography Relating to the European Convention on Human Rights* (Straßburg, 1978) und Hurst Hannum (ed.), *Guide to International Human Rights Practice* (Philadelphia, 1984).

Eine sehr umfangreiche, Folterungen und ähnliche Verbrechen gegen die Menschenrechte betreffende Dokumentation enthält der Band *Human Rigths and the Phenomenon of Disappearance*, Hearings before the Subcommittee on International Organizations of the Committee on Foreign Affairs, House of Representatives, Ninety-Sixth Congress, First Session (Washington, D.C., 1980). Sich in der Hauptsache auf Lateinamerika konzentrierend, geben diese Anhörungen einen sehr lebendigen Hintergrund zu dem Thema dieses Buches ab. Sie sind außerdem ein beredtes Zeugnis für das Ausmaß an Informationen, das im Rahmen der Menschenrechtspolitik der Carter-Administration in den Jahren zwischen 1976 und 1980 zutage gefördert wurde.

Die Sprache Edens. Es gibt kaum eine genauere Darstellung der das 20. Jahrhundert kennzeichnenden Mischung aus intellektueller Verworrenheit, Zorn und Gewalt als jene in dem Bericht von V. S. Naipaul, *The Return of Eva Perón* (New York, 1981).

Was die Sprache der Politik angeht, so möchte ich dem Leser empfehlen, das Thema anhand der Werke von Orwell selbst und der Biographie von Bernard Crick, *George Orwell: A Life* (Boston, 1980) weiterzuverfolgen. Die genannte Biographie ist ein verläßlicherer Führer als die vier Bände der *Essays and Letters*, die nicht vollständig sind, und sie ist sehr viel genauer als viele andere Bücher über George Orwell. Siehe ferner Doris Lessing, *Documents Relating to the Sentimental Agents in the Volyen Empire* (New York, 1983)*. Die Diskussion über Hannah Arendt wird in zuverlässiger Weise zusammengefaßt von Stephen J. Whitfield, *Into the Dark: Hannah Arendt and Totalitarianism* (Philadelphia, 1980).

Nach Algerien. Als Bücher über Amnesty International seien genannt: Egon Larsen, A Flame in Barbed Wire, 1979 (dt.: *Im Namen der Menschenrechte. Die Geschichte von Amnesty International*, München 1980), und Jonathan Power, *Amnesty International: The Human Rights Story (New York, 1981).* Beide Bücher

* (dt.: *Die sentimentalen Agenten im Reich der Volyen*, übers. Manfred Ohl, Hans Sartorius, Frankfurt/M.: S. Fischer, 1985).

gehen auch auf die Anti-Folter-Kampagne von Amnesty International ein, wobei gesagt werden muß, daß Larsens historische Beobachtungen nicht verläßlich sind, und Powers sich auf Larsen stützt. Die Veröffentlichungen von Amnesty International sind über die verschiedenen nationalen Sektionen zu beziehen, die Jonathan Power in einem Anhang zu seinem Buch aufführt. Neben den im Text erwähnten Berichten wäre noch auf den 1981 veröffentlichten über Korea *(Republic of Korea: Violations of Human Rights)* zu verweisen. 1984 gab Amnesty International den umfassenden Bericht *Torture in the Eighties* heraus, der in deutscher Sprache unter dem Titel *Wer der Folter erlag. Ein Bericht über die Anwendung der Folter in den 80er Jahren* (Frankfurt/M., 1985) erschienen ist.

Zum »Fall Timerman« siehe Jacobo Timerman, *Wir brüllten nach innen. Folter in der Diktatur heute*, übers. Joachim A. Frank (Frankfurt/M.). Eine für die Debatte über Timerman nützliche Bibliographie bietet die Rezension von Michael Walzer, »Timerman and His Enemies«, in: *New York Review of Books*, 24. Sept. 1981; Timerman hat sich zuletzt in seinem Artikel »Return to Argentina«, in: *New York Times Magazine*, 11. März 1984, 36f. geäußert.

Es ist wichtig darauf hinzuweisen, daß die Untersuchungen von Amnesty International auch Einfluß auf die wissenschaftliche Forschung haben. So verarbeitet Peter Flynn in seinem Buch *Brazil: A Political Analysis* (London, Boulder, Colo., 1978) das in dem Bericht *Amnesty International Report on Allegations of Torture in Brazil* (London, 1977) zusammengetragene Material. In gewisser Weise kann die Arbeit Flynns als Vorbild für diese Art der Untersuchung gelten. Welche Aufmerksamkeit derartige Analysen und Anstrengungen auf Vorkommnisse lenken können, die von den Verantwortlichen nur zu gern im Verborgenen gehalten werden, illustriert ein Vergleich von Flynns Buch mit zwei anderen, voneinander unabhängigen und etwas früher entstandenen Arbeiten zur Folter in Argentinien: Roberto Estrella, *Tortura (Reportaje al Horror) 1943–1955* (Buenos Aires, 1956), und Raul Lamas, *Los Torturadores. Crímenes y Tormentos en las Cárceles Argentinas* (Buenos Aires, 1956).

Seit 1970 ist die Folter zum Thema einer Fülle von Veröffentlichungen geworden, von denen mir nicht alle zugänglich waren. Genannt seien hier: C. de Goustine, *La torture* (Paris, 1976); A. Guindon, *La pédagogie de la crainte* (Montreal, Paris, 1975); Gustav Keller, *Die Psychologie der Folter* (1978).

Zu Griechenland sind neben dem Bericht von Amnesty International, *Torture in Greece: The First Torturer's Trial 1975*, vor allem die erschütternden Erinnerungen von Nicholas Gage, *Eleni* (deutsch 1985), zu nennen.

Aussagen von Folterern selbst hat J. Victor in *Confessiones de un Torturador* (Barcelona, 1981) zusammengetragen, wobei der Name des Autors das Pseudonym einer Gruppe von Folterern ist.

Raum 101 – und andere Räume. Ich stütze mich in diesem Abschnitt sehr weitgehend auf Ronald Melzack und Patrick D. Wall, *The Challenge of Pain* (New York, 1983), eine überarbeitete Fassung von Melzacks wegweisendem Buch *The Puzzle of Pain* (New York, 1973).

Zur Physiologie der Folter siehe J. Corominas, J. M. Farré, *Contra la tortura*

(Barcelona, 1978). Ich muß John T. Conroy, MD, nochmals für seine Hilfe bei der Abfassung dieses Abschnitts danken.

Mit dem seitens der Ärzteschaft zunehmenden Problembewußtsein befassen sich Michael Kosteljanetz und Ole Aalund in ihrem Aufsatz »Torture: A Challenge to Medical Science«, in: *Interdisciplinary Science Review*, 8 (1983), dessen Anmerkungen viele Literaturhinweise enthalten. Mit Dankbarkeit habe ich von einer Reihe von Untersuchungsberichten profitiert, die mir das *Internationalt Rehabiliterings-og Forskningscenter for Tortureofre* (RCT), das Rehabilitations- und Forschungszentrum für Folteropfer in Kopenhagen, zur Verfügung gestellt hat. Die Leiterin dieses Zentrums, Dr. Inge Kemp-Genefke, hat sehr viel dazu beigetragen, Mediziner in aller Welt für die Folter als therapeutisches und ethisches Problem zu sensibilisieren. Meine Darstellung der somatischen und psychologischen Folgen der Folter basiert sehr weitgehend auf den Forschungsunterlagen des Kopenhagener Rehabilitationszentrums.

Die Erklärung der *World Medical Association*, die 1975 in Tokio verabschiedet wurde, findet sich im *World Medical Journal*, 22 (1975), 87–8, abgedruckt. Weitere Texte enthält der von Amnesty International herausgegebene Band *Professional Codes of Ethics* (London, 1976). Die Erklärung der Spanischen Gesellschaft für Psychosomatische Medizin und Psychotherapie, die 1977 in Lérida beschlossen wurde, ist in *Psiquiatrika*, I/1 (1978), 62–3, zu finden und Gegenstand des Aufsatzes von A. M. Ruiz-Mateos Jiménez de Tejada, »Medical Care of Prisoners«, in: F. Böckle, J. Pohier (eds.), *The Death Penalty and Torture*, 114–8.

Ohne Ende? Die beste in jüngster Zeit erschienene Auseinandersetzung mit der Gegenwart und der unmittelbaren Zukunft ist die schon erwähnte Veröffentlichung von Amnesty International, *Wer der Folter erlag*. Die beste Zusammenfassung von Vorschlägen zur Frage, wie auf die Zukunft der Folter wirksam Einfluß genommen werden kann, ist die von der Internationalen Juristenkommission und dem Schweizer Komitee gegen die Folter erarbeitete Schrift *Torture: How to Make the International Convention Effective* (Genf, ²1980). Die Debatte wird zweifellos fortgesetzt werden und weitere Literatur zum Thema erscheinen.

Stanley Milgram: *Obedience to Authority*. 1974, dt. *Das Milgram-Experiment. Zur Gehorsamsbereitschaft gegenüber Autorität*. Übers. von Roland Fleissner, Reinbek 1982.

Im August 1984 meldete die Deutsche Presseagentur (dpa), daß das schwedische Rote Kreuz plane, in Stockholm ein Rehabilitationszentrum nach dem Vorbild des Kopenhageners zu eröffnen. Die Nachrichten sind durchaus nicht immer schlecht. Im November 1984 gab Amnesty International bekannt, daß die Folter in der Hälfte der Mitgliedsstaaten der Vereinten Nationen Anwendung findet. Die Nachrichten sind also auch nicht immer nur gut.

▬▬▬ BIBLIOGRAPHISCHE ERGÄNZUNGEN
ZUR DEUTSCHEN AUSGABE 1991:

Seit der Veröffentlichung dieses Buches im Jahre 1985 haben Untersuchungen in zwei unterschiedlichen Bereichen zur weiteren Erhellung der Entstehungsgeschichte von Folter beigetragen.

Den ersten dieser Bereiche macht eine Gruppe von historischen Studien aus, die erheblich zur Erklärung des Falles Algerien beitragen.

Benjamin F. Martin, *Crime and Criminal Justice Under the Third Republic: The Shame of Marianne* (Baton Rouge, Lousiana, 1990), untersucht die Entwicklung des französischen Strafrechtsystems und dessen Wirkungslosigkeit, ein Anwachsen der offiziellen Gewalt zu verhindern;

David Prochaska, *Making Algeria French* (Cambridge, 1990), deckt die tiefgreifenden Unterschiede zwischen Kolonisten und einheimischen Algeriern auf, die die eigentliche Ursache der Unruhen waren, die zum Französisch-Algerischen Krieg führten;

Rita Marans *Torture: The Role of Ideology in the French Algerian War* (New York, 1989) schließlich ist der erste von mehreren Bänden, die die Geschichte der Folter in Algerien völlig neu schreiben.

Der zweite Bereich ist der der Medizin. Die *Annual Reports of the Rehabiliteringscentret for Torturofre/Rehabilitation Center for Torture Victims of Copenhagen* sind ein ausgezeichneter, fortlaufender Bericht der medizinischen Forschung, die sich den Opfern von Folter und der Pathologie von Folter widmet.

Unter dieser Schirmherrschaft ist eine erste Monographie der Pathologie von Folter erschienen: Ole Vedel Rasmusssen, *Medical Aspects of Torture: Torture Types and their relation to symptoms and lesions in 200 victims, followed by a description of the medical profession in relation to torture* (Copenhagen, 1990).

Eine vergleichbare Arbeit auf dem Gebiet der Psychologie stellt eine Sammlung von Essays dar, die aus der Arbeit des Subcommittee of the American Psychological Association on Psychological Concerns Related to Torture hervorging: Peter Suedfeld, ed., *Psychology and Torture* (New York, 1990).

Weitere Studien über Folter erscheinen fortlaufend in einzelnen Ländern, zum

Beispiel Brasilien: Glauco Mattoso, *O que é Tortura* (São Paulo, 1984), trans. Jaime Wright, ed., mit einer Einleitung von Joan Dassin (New York, 1986).

Ein Aspekt von Folter, der noch zu untersuchen bleibt, ist das Problem der Versöhnung – ein Problem, mit dem ein Land konfrontiert wird, wenn sein Folter-Regime stürzt und die Bevölkerung entscheiden muß, in welchem Ausmaß sie für die vom Regime verursachten Schrecken Vergeltung fordert. Obwohl solche Regime bereits gestürzt sind, gibt es bis jetzt noch keine Literatur zu der Frage: Was kommt nach Folter?

Edward Peters.

INDEX

Zeitgeschichte – Zeitgeschehen

Zygmunt Bauman
Dialektik der Ordnung
Die Moderne und der Holocaust
Aus dem Englischen von Uwe Ahrens
eva-TB 105, 256 Seiten

Greg Campbell
Tödliche Steine
Der globale Diamantenhandel
und seine Folgen
Aus dem Amerikanischen von
Angelika Hildebrandt
Broschur, 260 Seiten

Giulietto Chiesa
Das Zeitalter des Imperiums
Europas Rolle im Kampf um
die Weltherrschaft
Aus dem Italienischen von
Bettina Müller-Renzoni
Broschur, 230 Seiten

György Dalos
Der Gast aus der Zukunft
Anna Achmatowa und Sir Isaiah Berlin
Eine Liebesgeschichte
Geb. mit Schutzumschlag, 256 Seiten

György Dalos
Olga
Pasternaks letzte Liebe
Fast ein Roman
Geb. mit Schutzumschlag, 180 Seiten

György Dalos
Die Reise nach Sachalin
Auf den Spuren von Anton Tschechow
mit zahlreichen Abbildungen
Geb. mit Schutzumschlag, 286 Seiten

Dirk Fust
Klimabank und Umweltbörse
Neue Wege aus der Klimamisere
Broschur, 156 Seiten

Iring Fetscher
Joseph Goebbels
im Berliner Sportpalast
»Wollt ihr den totalen Krieg?«
Broschur, 280 Seiten
mit CD

Ernst Fraenkel
Der Doppelstaat
herausgegeben und eingeleitet von
Alexander v. Brünneck
Broschur, 288 Seiten

Josef Gräßle-Münscher
Kriminelle Vereinigung
Von den Burschenschaften bis zur RAF
Broschur, 200 Seiten

Josef Gräßle-Münscher
Terror und Herrschaft
Die Selbstbespiegelung der Macht
Broschur, 165 Seiten

Kai Hirschmann
Terrorismus
eva wissen 3000
Broschur, 96 Seiten

Michael Ignatieff
Die Politik der Menschenrechte
Aus dem Englischen von Ilse Utz
Broschur, 121 Seiten